KB168747

문예신서
349

신의 존재와 과학의 도전

클로드 알레그르

송대영 옮김

東 文 選

신의 존재와 과학의 도전

Claude Allègre

Dieu face à la science

© Librairie Arthème Fayard, 1997

All rights reserved
This edition was published by arrangement
with Librairie Arthème Fayard, Paris

차 례

서 문

세상을 설명하는 방법에는 두 가지 형태가 있다. 하나는 종교와 신화가 제공하는 설명 방법이고, 또 하나는 과학이 제시하는 설명 방법이다.

종교들은 전체적이고, 내재적이고, 영속적이고, 완벽한 진리를 표방하며, 자연과 인간을 마찬가지로 다룬다.

과학은 부분적이고 잠정적인 가설을 제시하는데, 이에 따르면 인간은 자연의 한 요소일 뿐이며, 인간은 자연의 산물이다.

종교와 과학은, 예측 불가능한 세상에 부합하는 해석을 제시하려고 하는 공통된 열망 이외에, 인간 사상 분야에 대해서도 똑같이 관심을 가지고 있다.

따라서 세상에 접근하고, 세상을 파악하고 세상에 파고드는 이 두 가지 방법들간에 경쟁이나 그보다 더한 갈등이 있었다고 해도, 놀라거나 할 필요는 없는 것이다. 몇 세기 동안에 걸쳐서 종교는, 종교들은 인간들이 초월할 수도 없고 인간들에게 없어서도 안 되는 진리를 부여하면서 우위를 점해 왔었다. 오늘날에는 과학이 세상의 중심이거나 아니면 적어도 문명들의 중심에 위치하고 있다는 인상이어서 오히려 과학이 우위를 점하고 있지 않나라는 생각이 든다.

과학이 그 어느 때보다도 강력하고 정복적이고 학술적이면서도, 동시에 반박당하고 비판받고 비난당하고 있는 시대에 우리는 살고 있다. 동시에 '세상의 중심'이라는 말은, 과학이 수많은 고통을 겪게 되는 원인이 되었다.

과학은 인간이 노동으로부터 해방되도록 도와주었지만, 이러한 혜택을 관리하는 데 있어서는 무능력한 것처럼 보인다. 인간에 의해 탐험되고 정복되었던 지구는, 결국에 가서는 인간에 의해 위협을 받게 되었다. "과학이 세상의 역사를 창조한다"라고 하는 설명은 권위를 잃었을 뿐만 아니라 무엇보다도 의미를 상실하게 되었다. '세상의 발전'이라는 의미 자체를 상실한 것이다.

이런 상황에 직면한 종교들은 대처하는 방법도 몰랐고 또 그럴 능력도 없었기 때문에 동요하게 된다. 종교들은 학문 분야에서 퇴보하게 되고, 신앙 활동도 위축되었다. 종교들이 갈피를 잡지 못하고 휩쓸려 가는 상황이 되자, 이를 보다 못한 몇몇 사람들은 신앙심을 자극하는 것이 그 어느 때보다 더 절실하다는 것을 느끼게 된다. 이로 인해 어떤 종교들이, 맹신적인 신앙이라는 고리타분한 교리를 더 이상 다시 부활시키지 못하도록 해야 할 것이다.

근본주의가 또다시 위협하고 있다. 보수주의 종교는 억압과 폭력 그리고 범죄를 통해 과학을 붕괴시키고, 동시에 자유와 자유 의지를 말살시키려고 혈안이 되어 있다. 또 다른 형태로는, 새로운 종파들이 불가사의하고, 게다가 어떤 면에서는 위험하기 짝이 없는 새로운 신앙에 왜곡된 과학을 접목시킬 것을 권하고 있다.

토속적이고 추상적인 동양 종교들이 서양에서 영역을 넓혀 가고 있다. 그 이유는, 파고들수록 뭔가가 불분명한 그들 종교의 교리가 과학적 합리주의와의 충돌을 피하고 있기 때문이다.

어디로 흘러가는지도 알지 못한 채, 아주 빠르게 '발전'해 가고 있고, 한편으로는 의미를 되찾고 싶어 하는, 학술적이면서도 동시에 환멸을 느끼게 만드는 이 사회 상황 속에서, 우리는 신(神)과 과학 간의 관계들을 조명해 보고자 했다.

과거에는 이러한 관계들이 학문의 역사뿐만 아니라, 지식 분야를 만들어 나가면서 사고방식과 사회의 발전을 규명했던 것이다.

종교에 의해 종종 위협받고 탄압받았던 과학은, 이런 갈등 속에서 승리를 이끌어 냈다. 하지만 오늘날, 사람들은 두려움과 함께 다음과 같이 자문하고 있다. 이란이나 알제리에서, 갈릴레이나 아베로에스 재판, 또는 화형 선고를 받은 브루노 재판 같은 것이 다시는 일어나지 않을 것인가? 아니면 또 다시 일어나게 될 것인가?라고 말이다.

과학이 세력을 확장해 가고 있으면서도 비난받고 있고, 종교보다 우위를 점하면서도 거부당하고 있는 이런 상황 속에서, 인간들은 아직도 신을 믿는 종교인이 될 수 있단 말인가?

만약, 과학의 영향 때문에 종교가 쇠퇴한 것이 분명하다고 한다면, 신의 존재에 대해서도 같은 식으로 단언할 수 있을까?

이것이 가장 중요한 문제이다.

근대 지식 세계에서, 근대 이성 세계라 해도 좋고, 신이 개입할 만한 여지의 가능성은 있는 것일까?

과학은 자신의 '분야'를 정립해 가는 과정 속에서, 그리고 그 방법론에 있어서조차도 신의 존재를 '배제'해 왔다. 이 말의 의미는, 과학은 세상을 설명하는 데 있어서 초자연적인 힘을 인정하지 않는다는 것이다. 하지만 동시에, 과학은 스스로가 신의 존재를 거부할 만한 능력이라도 있단 말인가?

결국, 이 책을 쓰게 된 이유는 이 질문에 대한 해답을 찾아보기 위해서이다. 금기시한 것도 없고, 선입견도 가지지 않고 단지, 문명사회의 법칙으로 존속되어야 할 '관용'을 유일한 믿음으로 삼아서 말이다.

이 주제에 관해 의견을 교환할 수 있었고, 충고와 식견으로 나에게 도움을 주었던, 기 오베르·장 루이 르 무엘·장 클로드 카리에르·장 보테로·프랑수아 비조에게 감사를 드린다.

아널드 토인비·자크 블라몽·조르주 미누아, 특히 베르나르 풀먼이 쓴 몇몇 도서들은 여러 가지 면에서 도움이 되었다.

끝으로, 주의 깊게 읽어 주고, 적절한 의견을 제시해 주었던 알랭 에 추고엥에게 특별히 감사의 마음을 전하는 바이다.

제1장
'그래도 지구는 돈다!' [1]

　1633년 6월 22일, 69세의 갈릴레오 갈릴레이는 흰색의 죄수복을 입고 로마의 미네르바 수도원 법정에 들어섰다. 그는 교황 우르바누스 8세의 추상 같은 엄명을 받고, 이 사건을 위해 지명된 열 명의 추기경으로 구성된, 로마 교황청의 종교재판소 수도회 종교재판에 출두하게 된 것이다.

　여기서 '출두하다' 라는 말은 우리가 쓰고 있는 현대적인 언어의 의미로 볼 때 과장된 표현이다. 왜냐하면 그는 사전 심리도 거치지 않은 채, 판결문이 낭독되는 것만 들었기 때문이다. 6개월 전부터 그는 로

---

1) 연대표:
　　1610: 앙리 4세 암살.
　　1615: 루이 13세 결혼.
　　1622: 리슐리외 추기경 임명.
　　1636: 코르네유 〈르 시드〉 공연.
　　1642: 갈릴레이와 리슐리외 사망, 뉴턴 태어남.
　갈릴레이 재판을 다루거나 이 문제에 대해 거론한 몇몇 저서들을 통해 그 정보들을 본연구에 이용하였다. 인용하자면:
　《갈릴레이 사건》, J.-R. Lonchamp, Paris, Le Cerf, 1988.
　《갈릴레이 사건》, E. Waner, Paris, Gallimard/Julliard, 1975.
　《갈릴레이의 실수》, E. Festa, Paris, Austral, 1995.
　《수치와 공상》, J.-E. Blamont, Paris, O. Jacob, 1991.

마에서 '죄수'로 취급되고 있었다. 그는 종교재판소의 하급 관리자들로부터 자신의 주장을 철회하라는 종용을 받았고, 갈릴레이의 옛 친구였던 교황뿐만 아니라 추기경에 대한 면담조차도 허용되지 않았다. 가장 가까운 동료들과 면회할 수 있는 기회도 박탈당했다. 갈릴레이는 너무 화가 나고 반항심도 생겨서 자신을 고발했던 사람들과의 반대 심문을 요구하였으나 이마저도 받아들여지지 않았다. 그는 어떤 음모가 획책되고 있는지, 자신의 운명이 어떻게 될지 알지도 못하는 상태로 지내고 있었다. 6월 22일 이전까지 갈릴레이는 재판관들을 대하지도 못하였을 뿐만 아니라 재판다운 재판의 기회도 주어지지 않았으니, 결국 30여 년 전부터 수많은 성직자들의 마음을 사로잡고 매료시켰던 이 위대한 지식인은 자신을 항변할 기회를 전혀 가지지 못했던 것이다.

갈릴레이는 종교재판소의 법정 앞에 서 있다. 무릎이 꿇린 채, 긴장되고 창백한 모습으로 입을 다문 채, 소름끼치는 내용의 서약이 낭독되는 것을 듣고 있다. 이 서약은 갈릴레이 자신이 쓴 것처럼 보였으나, 실제로는 갈릴레이 자신도 다른 사람이 낭독하는 것을 들음으로써, 처음으로 그 내용을 알게 된 것이다.

나 갈릴레오 갈릴레이는, 고인이 된 피렌체 출신의 빈센조 갈릴레이의 아들이고, 나이는 70세이며, 이 법정 앞에 직접 출두하여 전 기독교 세계에서 이단의 사악함에 맞서는 종교재판관들이신 여러 추기경 예하 앞에 무릎 꿇고 앞에 놓인 성서에 손을 얹고 선서합니다.

맹세하거니와 나는 사도전승의 로마 가톨릭 교회가 진리로 여기고, 설교하고 가르치는 모든 것을 믿어 왔고 지금도 믿고 있으며, 신의 은총으로 앞으로도 계속해서 믿을 것입니다.

하지만 종교재판소가, 태양이 세상의 중심이고 움직이지 않으며, 지구는 세상의 중심이 아니고 움직인다는 이 그릇된 교리를 포기하고 구두나 서면으로 유포해서도 안 된다는 명을 내린데다 더불어 전술한 교리는 성서에 위배된다는 경고를 했음에도, 나는 이 금지된 교리를 결정적인 증거가 될 만한 그 어떤 단서도 얻어내지 못했으면서도 상당히 설득적인 논거를 제시한 내용처럼 꾸며서 글로 써 책으로 출간했습니다. 이런 사실로 인하여, 다시 말해서 태양이 세상의 중심이고 움직이지 않으며, 지구는 세상의 중심이 아니고 움직인다는 교리를 포기하지 않고 계속해서 신봉했던 사실로 인하여 이단이라는 무시무시한 혐의를 받게 된 것입니다.

이에 대해 추기경님들과 모든 진실한 신자들이 당연히 나에 대해 품고 있을 이 무시무시한 의혹을 해소시켜드리고자 진실된 마음과 가장되지 않은 신앙심으로 나의 과오와 위에 언급된 이단 행위들, 그리고 일반적인 다른 과오와 이단 행위, 그리고 교회에 반하는 행동을 저주하고 공식적으로 포기하는 바입니다. 맹세하건대 앞으로는 더 이상 나를 이와 유사한 혐의로 빠뜨릴 만한 내용에 대해 말하지도 구두나 서면으로 표명하지도 않을 뿐더러 만약 이단자나 이단자로 의심될 만한 사람을 만나게 된다면, 이 종교재판소나 종교재판관께 또는 내가 거주하는 지역의 교구장에게 고발할 것입니다.

또 하나 맹세하건대 이 종교재판소가 이미 내게 내렸거나 앞으로 내리게 될 속죄의 고행을 끝까지 엄숙하게 이행할 것임을 약속드리는 바입니다. 만에 하나, 그런 일은 절대로 일어나지 않겠지만, 내가 한 약속이나 서약에 위배되는 경우가 생긴다면, 교회법령집과 범죄자 같은 사람들에게 내려지는 일반법과 특별법에서 규정하고 공포된 형벌과 징계를 달게 받겠습니다. 하느님과 내가 손을 얹고 있는 이 성서의 은총이 함께하소서.

나 갈릴레오 갈릴레이는 상술한 바와 같이 철회 맹세를 하고, 맹세하고 서약하고 책임질 것을 약속하겠습니다. 그리고 상기한 바에 의거하여, 사실을 증명하기 위해 나의 주장을 철회한다는 본 각서에 친필로 서명하고 한 자도 빠뜨리지 않고 낭독하였습니다.

로마, 미네르바 수도원에서.
1633년 6월 22일

　법의 공정함이 살아 있어서, 예상 밖의 판결이 내려지거나 하는 일은 없을 것이라고 믿어 의심치 않았던 갈릴레이는, 자신에게 내려진 판결에 대해 너무나도 어안이 벙벙해서 아무런 말도 하지 못한 채 서약서에 서명을 했다. 그러고 나서 허리를 구부린 채 비틀거리면서, 여태껏 이런 마음의 상처를 받아 본 적이 없었다는 모습으로, 아주 천천히 재판정을 빠져나왔다. 지난 30년 동안, 이탈리아 지식인들 위에 군림했던 이 엄청난 자존심에 상처를 받고 말이다. 갈릴레이는 나중에 교황의 조카가 이 판결에 반대를 한 세 명의 추기경 가운데 한 명이었다는 사실을 알게 된다. 하지만 현재 그는, 10년 이상 동안 자신의 보호자였고 친구였으며, 아무런 문제없이 자신을 구해 줄 것이라 믿었던 우르바누스 8세가 자신을 부인(否認)한 데에 대한 마음의 상처를 입고 있다.

　가택 연금이라는 형벌을 받고, 피렌체에 있는 자신의 집으로 유유히 돌아가는 동안 이 소식은 꼬리에 꼬리를 물고 유럽으로 퍼져 나갔다. 데카르트는 잔뜩 겁이 나서 세상에 관한 설명을 다룬 자신의 책의 출간을 중단했고, 개신교 신자들은 뭐라고 항의 좀 하거나 반박문 좀 쓰라고 개신교 과학자들을 종용하였으며, 과학자들 중에 가장 존경받았던, 1630년에 사망한 궁정 수학자 케플러가 쓴 저서들의 명예를 회복시켜 주었다.

　존경받고 찬양받던 학자인 갈릴레이는 하룻밤 사이에 순교자가 되었다. 그는 거만함에 맞선 진실, 검열에 맞선 사상의 자유, 암흑의 신앙에 맞선 빛을 발하는 영원한 과학을 상징하는 세기적인 전설적 인물이 되었다. 갈릴레이 재판은 가톨릭 교회가 영원히 관용을 베풀 줄도 모르고, 민중의 계몽, 교화에 반대하는 입장이라는 것을 각인시켜

준 전형적인 사례가 되었다.

'그래도 지구는 돈다!'(갈릴레이는 분명 이렇게 말한 적은 결코 없다)라는 유명한 말로 요약되는 갈릴레이 재판은, 부당한 재판의 전형이 되었다.

그럼에도 불구하고 만약 이 사건의 내용만을 이해하는 것으로 그친다면, 7세기 전부터 가톨릭 교회와 과학이 유지해 온 복잡한 관계에 대해 전혀 이해하지 못하게 될지도 모른다.

갈릴레이 사건은 분명, 신앙이 과학에 제기한 소송이고, 계몽에 반하는 교리주의자가 진정한 천재 지식인에게 제기한 소송이기도 하지만, 또 한편으로는 절친한 친구였던 교황을 격노시키기 이전까지만 해도 관용을 베풀 준비가 되어 있었던 가톨릭 구교를 실망시킨, 오만불손하기 짝이 없는 한 과학자에 대한 재판이기도 한 것이다.

갈릴레이 재판은 또한, 교황이 가톨릭 교회의 추기경이 되기 이전에, 프랑스의 재상이었던 리슐리외가 비밀리에 후원한 개신교의 확산에 맞대응하기 위해 이용했던 여러 수단 중의 하나였다. 우르바누스 8세는 무시무시한 종교적 징계를 통해 급속도로 쇠약해진 교회의 권위와 교황의 지상권을 재건하려고 시도하고자 했던 것이다.

이 재판을 통해서 결국은 과학의 발전에 대항하여, 종종 종교적인 것보다 정치적인 성찰에 훨씬 더 연계된, 애매하고 변덕스럽고 유동적인 태도를 취한 기독교 사상의 큰 흐름의 위치를 규명한 문제로 보아야 할 것이다.

갈릴레이와 같은 모험이 일어나게 되는 배경을 살펴보도록 하자. 8세기에 대학들이 생겨난 이후부터 가톨릭 교회는, 어쩌면 그 누구보다도 토마스 아퀴나스가 연구했던 신앙과 지식 간의 관계라는 문제로 술렁거리고 있었다. "자연의 법칙을 이해하기 위해 탐구하는 것은, 신의 업적을 이해하기 위해 탐구하는 것으로 결국은 신에게 다가가는 것이다.” 지식에 대한 탐구는 따라서 신앙 활동이고, 과학은 신앙과 협력 관계인 것이다. 이러한 태도는 이보다 2세기 전에 “신앙심이란 본래 이해할 수 있는 차원도 아니고, 신의 섭리도 평범한 법칙에 따라 움직이는 것이 아니다”라고 말한 아벨라르에 대항하여, 맹신적인 신앙을 설파한 클레르보, 베르나르 수도원장의 사상과는 전혀 다른 것이다.

자유분방한 학생들이 전 유럽에서 모여들고, 교수들이 볼로냐대학이나 옥스퍼드대학, 파리대학과 별반 차이가 없는 강의를 하고, 아주 대담한 지적 고찰들이 태동되었던, 성직자들에 의해 설립된 초창기 대학에서 토론 활동은 순조롭게 진행되어 갔다. 더군다나 이 토론들은 저 유명한 ‘조롱이 넘치는 격론’처럼 강의나 시험의 주제이기조차 했던 것이다. 새로운 생각들을 담아내는 진정한 도가니라고 할 수 있는 공개적이고 지속적이고 열정적인 토론들이, 이 대학들에서는 일상적인 모습이었다.

그리하여 모든 유럽에서 볼로냐대학, 파리대학, 옥스퍼드대학, 케임브리지대학, 파도바대학, 몽플리에대학, 하이델베르크대학, 코르도바대학 간에 활력적이고 왕성한 대학 연계망이 생겨나게 되었다.

이에 대항하는 가톨릭 교회는 경계심을 늦추지 않고, 대부분을 학식이 출중한 주교들을 중심으로 한 조직을 유지하고 있었으며, 그들은 논리 경쟁과 합법적으로 주위를 주는 방식을 통해서 교리를 벗어나는 일탈 행위들을 통제할 수 있을 것이라고 생각했는데, 이것이 훨씬 용이했던 이유는, 설령 대학의 훌륭한 교수들이 여러 이론들을 만들어 낸다 할지라도, 그들은 신과 (최소한) 성서에 대한 존경이라는 규칙을 지키고 있었기 때문이다. 아베로에스가 아리스토텔레스에 대한 해석을 하고, 토마스 아퀴나스가 이에 대한 재해석을 내린 이후, 아리스토텔레스는 과학뿐만 아니라 보편적인 철학의 지표가 되었으며, 동시에 거의 종교적인 지표로도 인정받게 되었다.[2]

교회의 따뜻한 시선 아래——몇몇 고위 성직자나 몇몇 엄격한 교황들을 제외하고는──대학을 중심으로 횡행하고 있던 연구와 자유에 대한 분위기는, 인쇄술과 종교 개혁이라는 둘이 서로 연관된 두 사건의 영향을 받아 맥이 끊기게 된다.

1440년 인쇄술의 발명은 곧바로 교회에 불안감을 안겨 주게 된다. 주지하다시피 그 당시까지만 해도, 지식 전파는 그럭저럭 통제가 되고 있었고 필사생들도 대부분 성직자들이었지만, 구텐베르크 이후부터는 반대로 이러한 통제가 불가능하게 되었다. 더구나 이 인쇄술로 만들어진 책들은 상업 분야로 파고들어 갔다.

종교의 독점적 지위를 위협하는 첫번째 움직임인 인본주의가 생겨난 것도 이때였다. 페트라르카나 로렌초 발라에게는 어떤 것이었든간에, 인본주의는 종교와 성직자들의 매개 역할 기능을 거치지 않고서도 결국은 쉽게 접근할 수 있어서, 성서뿐만 아니라 그리스 문헌들에 대한 연구에 있어서도 무엇보다도 원전(原典)에 충실하도록 깊은 영향을 끼쳤다.

무엇보다 성경이나 다양한 신약 복음서들과 같은 진귀한 문헌들을 통해서, 각자가 스스로 생각하도록 이끌어 주는 페트라르카의 가르침은 교회를 위험에 빠뜨리게 하는 것이었다. 교회는 진실과 도리를 말하기 위해서, 신과 인간 사이의 중간 역할을 하도록 생겨났던 것이 아니었던가?

이러한 교회의 불안감은, 몇 년 후에 출현하는 종교 개혁과 함께 완전히 현실화되었다. 이러한 움직임에 있어서 결정적이면서도 근간이 되는 사건은, 1520년에 일어났던 루터의 종교 파문이었다. 종교 개혁은 정치적인 이유로 인해, 독실한 가톨릭 신자인 프랑스 국왕과 그의 대주교 장관에 의해 암암리에 조장되었던 것이다. 교회 지상권(地上權)

---

2) 《중세의 지식인들》, J. Le Goff, Paris, Seuil, 1957, 그리고 〈Points histoire〉 문고, 1985, 개정 증보판.

때문에 교회의 권력 남용이 수그러들지도 않았고, 정치 권력도 약하고 국가도 분열된 상태인 독일에서 종교 개혁은 짚에 붙은 불처럼 퍼져 나갔다. 샤를 퀸트의 용기 없는 행동과 로마 고위 성직자들의 완고함 때문에 몇 번에 걸친 타협의 시도가, 루터의 거만하고 완강한 태도 앞에서 실패하게 되자 로마 교황청이 대응에 나섰다. 전쟁을 일으킨 것이다. 이 전쟁은 성지를 탈환하기 위한 십자군 전쟁이나, 알비종파(12-13세기경 프랑스의 알비 지방을 중심으로 퍼진 기독교의 이단 종파)를 상대로 보낸 살육 원정대처럼, 군주들이 일으키는 고전적인 전쟁이 더 이상 아니었다. 이 전쟁은 이데올로기 전쟁이자 종교 전쟁이고 곧이어 경제 전쟁으로 비화되는 그런 전쟁이었다. 사실 비텐베르크의 수도사들은, 오늘날의 개신교도들처럼 교황의 교리주의와 통일에 대한 완고한 고집에 대해 비판했던 것이 아니라, 교회 행정, 성직자들의 종교활동 그리고 교리의 해석에 대한 그의 방임주의적인 태도에 대해 비판했던 것이다.

적법성——교리에 대한 믿음의 수호——이라는 본질에서조차도 비난받고, 도전받고, 위협받고, 또한 자신들의 교회 지상권에 대해서도 공격받은 교회는 결국 대응에 나서게 되는데, 이 대응은 두 가지 목적을 띠고 있다.

하나는, (어렵게) 공의회를 준비하는 것이다. 이것이 트리엔트 공의회가 된다. 다른 하나는, 효과적으로 굴복시킬 수 있는 방법을 조직하는 것이다. 이 방법으로 금서 목록 제도와 로마 종교재판소를 복원시키는 것이다.

트리엔트 공의회는 1545년 10월에 열려서 1564년까지 지속되었다. 트리엔트 공의회는 새 교리서와 성무일도서, 그리고 미사 전례서를 발간하였다. 이 칙서들은 토마스 아퀴나스의 승리를 뜻하고, 따라서 아리스토텔레스의 승리를 의미하는 것이었다. 이 공의회는 신학적인 관점에서 교의의 정의를 명백히 하였으며, 더불어 과학의 범위에 대해서도 그 한계를 규정하였다. 그래서 지구는 움직이지 않고, 지구가 세상의 중심이라는 것이 성경의 말씀이 된 것이다. 로마 교황들은 모든 것에 대해, '과학' 분야에서조차도 결정하는 권리를 찬탈하고, 이를 어기는 사람은 누구든간에 가장 엄격한 형벌을 받도록 만들었다.

결국 교황 바울로 3세는 자신이 직접 나서서 탄압을 목적으로 하는 관료 체제를 조직하는 데 몰두하게 되고, 이를 로마에서 직접 관장했다. 금서 목록에서 불살라야 할 책들과 허용되는 책들은 그렇게 결정되었다. 에라스무스의 책들은 불 속으로 던져졌다. 300년 전부터 이어져 온, 부차적인 특성에 임시방편적인 형태로 꾸려져 온 종교재판소는 재정비되고 중심적인 역할로 자리잡게 되었다. 로마 종교재판소가 등장하게 된 것도 이때부터이다. 오래전부터, 특히 스페인에서, 화형(火刑)이라는 정화 장치를 운영하는 데 있어서 도미니크회 수도사들이 유능하다는 것이 입증되었기 때문에, 화형식 거행에 대한 임무는 그들에게 부여되었다. 그리고 교황은 전체를 보다 효과적으로 통제하기 위해 로마에 금서 목록과 종교재판소를 위한 건물을 짓게 하고, 교황 자신이 일주일마다 행해지는 종교재판소에 참석하였다.

동시에 교황청 당국은 대학들이 도를 넘어서거나, 규율을 어기는 행위를 더 이상 하지 못하도록 하기 위한 방법도 모색하였다. 교황청 당국은 대학들에게 정통 종교에 충실하고, 신학에 대해서는 신중하고, 교리에는 엄격하라고 권고하면서, 그들을 더욱 긴밀하게 통제하려고 시도하였다. 그래서 '착한 딸'(소르는 '딸,' 본은 '착한'이라는 뜻을 내포하고 있음)인 소르본대학은, 그리스어나 물리학과 같은 '근대' 학문으로 발전시켜 나가는 것을 모두 포기하고, 루터와 칼뱅 그리고 인본주의를 표방하는 모든 사람들에게 지나칠 정도로 엄격하게 유죄판결을 내렸다. 프랑수아 1세는 이런 태도에 격분해서 왕립대학을 설립하게 된다. 르네상스가 완전히 꽃을 피우고 있던 이탈리아에서, 수많은 성직자들이 간여한 교회와 지식인들 간의 갈등은 날로 심해져 갔다.

1600년에 로마에서 행해진 조르다노 브루노에 대한 공개 처형은 교회와의 심각한 갈등 속에서, 점점 더 경색되고 있는 혼란 속에서, 자기 모순과 순수에 대한 탐구를 경험한 이 유럽이, 지적(知的)으로 용솟음치고 있음을 의미한다.

과학과 종교에 중대한 영향을 미치게 되는 사건이, 종교 개혁이 저항을 받고 있던 이러한 상황 속에서 벌어진다. 예수회가 출현한 것이다. 오늘날 종종 엉큼함이나 위선의 동의어로 쓰이는(이유는 차차 알게 될 것이다) 이 종교단체는, 성직자들 내에서뿐만 아니라, 서양 전체에서, 과학 이론들을 전파하는 실로 막중한 역할을 하게 된다.

초창기에 예수회 수도사들은, 도미니크 수도회에 반대하는 입장으로 자신들을 규정하였다. 자신들은 탁발 수도회라고 했지만, 실제로는 종교재판에서 채찍질이나 하는 수도회로 전락해 버린 도미니크 수도회에 분노한 예수회 수도사들은, 교육을 예방책으로 삼아서 신앙심을 지켜내야 한다고 주장하였다. 그들은 성직자들을 교육시키고 민중들을 교화시키며, 신앙에 관한 이론적 고찰을 심화시킬 것을 목표로 삼았는데, 그렇다고 해서 어떤 새로운 교리를 만들어 내고자 하는 의도는 아니었다. 그들은 순종과 준수의 원칙을 따를 것을 분명히 표명하고 있지만, 그들이 관여하고자 했던 핵심은, 교회와 교황청이 허락하는 범위 내에서 진정한 연구를 발전시키고 싶었던 것이다.

또한 그들의 행동은, 정교회에 몸담고 있으면서도, 다른 성직자 수도회의 행동과는 뚜렷이 구별되었다. 가장 두드러지면서도 어쩌면 가장 의미심장한 차이를 보여준 것은 개종한 유대인에 관해서였다. 스페인에서 성직자들이 이 '회개한 사람들'을 받아들이기를 거부했을 때, 이그나시오 드 로욜라 신부는 기꺼이 그들을 맞아 주었다. 그는 굳건한 의지를 가지고 '어떻게 그리스도의 식구들을 거부한단 말인가?'라고 외쳤을 것이다. 당시에 예수회 수도사들은 사색하고 교육하고 그리고 연구할 수 있는 장소인, 즉 예수회 대학교를 설립할 궁리를 하고 있었다. 수많은 난관과 망설임과 격려와 실망 끝에 마침내 로마 신학교의 전신이 되는 대학이 로마에 설립되었다. 이그나시오 드 로욜라 신부의 설립 취지는, 파리의 왕실 독서 학교와, 파도바대학과 볼로냐대학을 합쳐 놓은 것에다, 교황청의 정통 노선에 대한 엄격한 복종과 개방 정신 사이에서 균형을 맞추고, 정통 교리에 공헌하고자 하는 생각에서였다.

명망 높은 교수들을 불러 모으고, 학력 서열과 구태의연함에 빠지지 않도록 전임 교수 순번제 원칙을 적용시켰다. 교회 내부에 있었는데도, 관장하는 방식이나 적용하는 방법에 있어서, 당시로서는 매우 근대적인 대학이 그렇게 성장된 것이다. 훌륭한 교수들의 사고방식은 자연스럽게 엄격한 신학의 범주를 급속도로 벗어나게 된다. 트리엔트 공의회 이후, 신학은 토마스 아퀴나스와 아리스토텔레스의 영향을 완전히 받고 있었기 때문에, 아리스토텔레스, 형이상학 그리고 물리학에 관한 연구가 이루어지게 된다. 뿐만 아니라 천문학과 수학에 대한 연구도 이루어진다. 하늘을 관찰하고 수학을 실재에 적용하는 시도가 이루어졌다. 그리고 많은 토론이 벌어지고, 그 주제도 모든 분야에 걸쳐서 거론되었다.

이러한 새로운 형태의 지식의 발원에 대해, 로마 교황청 당국은 어떻게 대처했는가? 로마 교황청은 현실 가능성이 높은 발견들이 가져다줄 결과에 대해 두려움을 가지고 있었던가? 어쨌든간에 성직자들이 주축이 된 대학 창설은 솔직히 교회의 평온에 도움이 될 만한 것은 아니었다. 그렇다 하더라도, 이 대학이 로마 한가운데에서 교황청 산하의 첨단 과학 연구 중심지가 되도록 요청을 받았던 것은 의심의 여지가 없다.

교회는 불안해하거나 수세적인 전망에 휩싸이기는커녕, 그 반대로 로마에 학자들을 두고 있다는 사실이, 루터파와 칼뱅파 그리고 영국성공회로부터 끝없이 중상모략당하고 있는 자신들의 명성을 굳건히 지켜줄 뿐이라고 믿었다. 게다가 예수회 선교사들의 성원을 등에 업고 있었던 교황의 견해도 마찬가지였던 것이다. 교회 역사에 있어서 결정적인 역할을 하게 되는, 로마 신학교의 거장인 로베르토 벨라르미노라는 사람이 있었다. 재능 있는 교수이면서 학식이 출중하고, 조직 능력이 탁월하고, 영향력이 높았던 그는 이 로마 신학교가 명성을 얻는 데 상당한 기여를 한다. 그의 뒤를, 그 또한 종교 지식의 위대한 수호자였던 클로드 아쿠아비바가 계승하게 된다. 갈릴레이의 모험이 벌어지게 되는 것은, 과학에 대한 교회의 관심과 예수회의 영향력이 확산일로에 있던 이런 상황에서였다.

갈릴레이가 성장하고 지적인 면에서 발전을 이룬 것은, 실제로 이런 분위기에서였다. 사람들이 흔히 이야기하는 것처럼 갈릴레이는 독불장군에다 인정받지 못하고, 결국에는 유죄판결을 받고, 무식하고 미개한 세상의 볼모가 된, 그런 천재가 아니었다. 그는 16세기말에서 17세기초까지, 재능과 개성 강한 사람들이 유난히 많았던 시대에 살았던 지식인이자 교수였다. 갈릴레이와 동시대를 살았던 사람으로는 티코 브라헤 · 요하네스 케플러 · 조르다노 브루노 · 르네 데카르트 · 바루쉬 스피노자 · 프랜시스 베이컨 · 가상디 · 블레즈 파스칼이 있고, 여기에, 오늘날에는 별로 알려지지 않았지만 재능이 뛰어난 다수의 사람들도 포함된다. 당시 유럽은 지식 분야에서 전대미문의 활기를 띠고 있었는데, 이 중에서 가장 앞서가는 나라는 이탈리아였다. 파도바대학, 파비아대학, 볼로냐대학, 피사대학, 피렌체대학, 로마대학까지도 번창하고 있었고, 이들 대학에서는 매우 학식 높은 교수들이 강의를 하고 있었다. 아리스토텔레스 이론들이 지배적이었고 스콜라철학이 만연한 상태였지만, 몇몇 독창적인 사상들도 확산되고 있었다. 갈릴레이가 대학생활을 보내게 되는 때가 이때였는데, 그 이유는 무엇보다 그가 아주 재능 있는 교수였기 때문이다.

갈릴레이는 거의 모든 것을 발명해 낸 사람이라고, 아주 널리 알려지게 만든 몇몇 사실들에 대해 진실을 가려 보도록 하자. 갈릴레이는 실험적 방법을 고안해 내지도 않았고, (그의 고향인) 피사의 사탑에서 물체 낙하 실험을 맨 처음으로 한 것도 아니고, 처음으로 천체망원경을 만들어 내지도 않았다. 하지만 이 모든 분야에서 첨단을 걸었고, 가장 치밀하고 가장 훌륭한 성과를 거두었으며, 가장 독창적임을 보여주었던 사람이 갈릴레이였다. 동료들 중에서는 최고 1인자였다(Primus inter pares). 하지만 매우 명석한 이 최고 1인자의 업적은, 결국 그의 동료들이 이룬 모든 업적들의 빛을 바래게 만들어 버린다.

갈릴레이의 업적을 극단적으로 간추리면,――16세기말 이탈리아의 소름끼쳤던 혼란으로부터 벗어나고자 해도 이를 모면할 수가 없다――역학과 천문학 이렇게 두 개의 큰 축으로 구분지을 수 있고, 그의 개인사(個人史)는 1616년 소송 이전, 1616년 소송과 1633년 사이 기간 그리고 1633년 이후, 이렇게 세 개의 주요 기간으로 나눌 수 있다.

내가 보기에는, 갈릴레이가 발견한 운동학은, 물리학에서 케플러·뉴턴·러더퍼드나 아인슈타인의 노력이 있었고, 생물학에서 다윈이나 크릭의 노력이 있었듯이, 과학자 혼자서는 절대로 이루기 힘든 그런 중대한 업적들 중의 하나이다.

운동학은 무엇인가? 그것은 역학 원리 그 이상도 이하도 아니고, 따라서 물리학에서는 대부분의 원리가 이를 기초로 하고 있다.

아리스토텔레스는 힘이 운동을 창조한다고 생각했다. 갈릴레이는 힘은 속도와 관계가 있다는 것을 증명하였다. 탑에서 떨어뜨린 물체가 낙하하면서 속도가 점차 증가된다는 것을 밝혀낸 사람이 갈릴레이이다. 그는 수평 운동과 수직 운동, 이 두 운동의 구성을 기울어진 판자 위의 구슬의 운동으로 설명하였다. 구슬의 움직임은 기울어진 판자의 각도에 따라 이루어졌다. 역학에서 말하는 벡터는 이렇게 발견된 것이다. 마침내 그는 물체의 운동을 설명하는 방정식을 만들어 냈다

(그것의 인과 관계에 대해 제대로 이해하지 못했으면서도 말이다. 훗날 뉴턴이 이를 밝혀낸다). 이를 증명하기 위해 갈릴레이는 자신의 탁월한 경험적 재능을 선보이게 된다. 증명을 하는 데 있어서 가장 중요한 문제는, 시간을 재는 일이었다. 시간을 측정하는 도구도 없이 순간적으로 일어나는 순간을 어떻게 잴 것인가? 피사의 사탑 꼭대기에서 떨어뜨린 구슬이 땅바닥에 도달하는 데 걸린 시간을 어떻게 측정할 것인가? 하나 둘 셋 하고 셀 수는 있지만 구슬이 너무 빨리 떨어지기 때문에 정확도는 하나도 없다.

갈릴레이가 맨 처음 생각해 낸 아이디어는 이러했다. 실험의 본질을 훼손하지 않는 범위 내에서 구슬의 속도를 늦추는 것이다. 그 방법으로 각도에 따라 속도가 변하는 것을 감안하여, 기울어진 판자 위에서 구슬을 굴리는 방법을 썼다. 하지만 구슬의 속도를 늦추었다 하더라도 속도를 재는 일이 문제였다. 그래서 그는 수도꼭지가 달린 물통을 장착해서 물을 용기로 받아내는 아이디어를 생각해 냈다. 구슬이 굴러가기 시작할 때 수도꼭지를 틀고 기울어진 판자 끝에 구슬이 도달할 때 수도꼭지를 잠갔다. 받아낸 물의 무게를 달면 그 무게가 곧 속도가 되는 것이다. 그렇게 해서 그는 구슬이 굴러간 거리는 시간 제곱의 힘에 상응한다는 것을 증명해 냈다. 거의 뉴턴 수준이 아니던가!

하지만 이 실험은 만족할 만한 결과를 가져다주질 못했다. 그래서 그는 시계추에 관심을 가지고 추의 진동을 달리해 가면서 법칙들을 증명해 나갔다. 이런 식으로 그는 호이겐스보다 훨씬 앞서 시간을 측정해 냈다. 그는 관성 법칙이라고 정확하게 표현하지는 않았지만, 이 관성 법칙은 그가 고안해 낸 것이었다. 한마디로 그는 실증적인 방법을 통해 아리스토텔레스의 물리학에 대해 맨 처음으로 이의를 제기한 사람이었던 것이다.

그는 이런 식으로 연구를 함으로써 근대적인 과학 연구 방식, 즉 관찰과 실험과 수량에 기초한 방식에 의해 만들어진 이론 사이를 오고가는 연구 방식을 창안해 냈다. 아리스토텔레스나 조르다노 브루노가 했던 것처럼 관찰 내용을 철학적이고 질적으로 논의하던 추론식 연구 방법은 막을 내린 것이다. 갈릴레이는 측정하고 계산을 했다. 관찰한 내용들은 수치로 표시하고, 실험은 수량 법칙들을 증명하는 데 사용하고, 이론을 만들어 내는 데 수학을 이용하였다. 계산으로 얻어낸 결과와 측정으로 얻어낸 결과를 비교하였다. 사람들은 갈릴레이가 물리학을 수학화하였다고 종종 말하지만, 그 반대로 그가 수학을 '물리학화' 하였다고 말할 수도 있고, 그가 추상적인 개념을 유용한 개념으로 바꾸어 놓았다고 말할 수도 있으며, 무엇보다도 특히 그는 장차 과학 발전에 있어서, 상당히 논란거리가 될 이 토론을 주도하면서, 이론과 실험에 대해서 놀라울 정도로 균형을 잡아 나갔다고 말할 수 있을 것이다. 게다가 그는 당시의 아리스토텔레스학파의 스콜라철학자들의 난해한 설명 방식과는 대비되는, 명확하면서도 때로는 통찰력 있는 언어를 사용해서 표현하였다.

그래서 이 근대적이고 효과가 탁월한 방법론을 바탕으로, 트리엔트 공의회가 '공을 들였던' 중세기 지식의 대가인 아리스토텔레스에 대해 이의를 제기하게 된 것이다. 이탈리아에서 이런 방법론을 구사한 사람들은 또 누가 있었는가? 그들은 로마 신학교의 예수회 수도사들이었다. 따라서 갈릴레이는 아주 자연스럽게 그들과 의견을 나누고 친분 관계를 나누는 사이가 되었다.

실제로 클라비우스 신부의 주도로 물리적 현상을 수량적으로 측정하고, 그것을 표현하는 데 수학을 이용하자고 하는 이론이 발전된 곳은 로마에 있는 예수회 대학에서였다. 물론 예수회 수도사들이 이에 대한 모든 것을 창안해 냈던 것이 아니고, 아르키메데스와 알렉산드리아 학교에 있는 그의 동료들이 그 선구자였던 것은 의심의 여지가 없지만, 중세기 때 잠시 꺼져가던 불빛을 다시 되살린 곳은 바로 로마 신학교였다.

16세기말 이탈리아 아리스토텔레스학파 대학들의 교리의 표적 대상이자, 젊은 시절 당시 교수였던 갈릴레이는 로마 신학교에서 도움과 위안을 얻게 된다. 그는 그들의 강의 내용들을 옮겨 적고, 그들의 강의 방식과 고찰 방법들을 본받았다. 사실 갈릴레이가 아리스토텔레스에 반대했었다고 보기보다는, 그의 생각이 아리스토텔레스의 생각보다 별반 다를 것이 없었다고 보아야 한다. 실제로 관찰을 불신했던 자신의 스승 플라톤에 반대하면서, 사실에 대한 관찰과 추상적인 사고를 접목할 때만 지식이 창출될 수 있다고 여긴 최초의 사람이 아리스토텔레스였다. 그리고 라지드 지배하의 알렉산드리아와 아리스토텔레스 이론에 수량적인 차원을 접목시킨, 아르키메데스가 있던 시라쿠스에서 이런 연구 방법이 확산되고, 조금씩 자리를 잡아가다가 완전히 정착되었다. 13세기에 아리스토텔레스 연구 방식이 다시 소생했을 때, 그것은 더 이상 과학적 연구 방식의 자세로서가 아니라 교리화되어 있었다.

아리스토텔레스가 주창하고, 코르도바대학에서 토마스 아퀴나스와 아베로에스가 계승한 이론 전개 방식은 가정(suppositio), 증명(compositio), 확인(resolutio), 이 3단계로 구성된다.

갈릴레이는 처음에 이 방식대로 연구를 했지만, 2단계와 3단계 사이에 수학적 증명과 수량적 확인을 해주는 수량적 접근 방법을 도입시켰다. 약간 도식적으로 말하자면, 갈릴레이는 아리스토텔레스와 아르키메데스 계보에 속하면서도, 동시에 순전히 로마 신학교 예수회 사상학교가 배출한 사람이라고 말할 수 있다. 하지만 이때부터 그는, 자신을 근대적이고 세계적인 최고봉으로 올려 놓게 되는, 정확하고 품위 있고 깊이 있는 훌륭한 과학적 성과를 이룩하게 된다. 역학에서 이룩한 갈릴레이의 업적은, 자신을 전시대를 통틀어 물리학의 거장들의 한 사람으로 추앙받게 만들었다. 게다가 언제나 고인들에게 너그러웠던 뉴턴은 수많은 자신의 이론들을 갈릴레이의 공으로 돌렸다. 그리고 자신들의 친구이자 제자였던 갈릴레이가 특출한 과학적 재능을 타고났음을 인식하고 있던 예수회 수도사들은, 오랜 기간에 걸쳐서 그들에게 따라다녔던 평판처럼, 무서울 정도의 단호함, 간사함, 신중함 그리고 유능함을 동원하여 그를 칭송하고, 존경하고, 도와주고, 지지하고 진가를 높여 주게 된다.

갈릴레이가 역학에 전념했던 이 기간 내내 교회와는 어떠한 마찰도 없었다. 그가 이미 코페르니쿠스 이론만이 타당한 것이고, 지구가 자전하고 태양의 주위를 돌고 있다는 생각을 가지고 있었다는 것을 보여주는 증거들과 편지들은 어떠한 문제도 되지 않았으나, 다만 자신에게 첫번째 저서를 보내 주었던 케플러에게 보낸 1579년의 편지는 상황이 달랐다. 갈릴레이는 나중에 자신이 신중을 기했었다는 것을 보여주는 편지를 1610년 마테오 카로지오에게 보낸다. '나는 내 명성에 금을 가게 만들고, 내가 모시는 군주를 조롱할 정도로 어리석은 사람이 아니다.' 대학교수였던 그는 피사대학과 파도바대학에서 강의하면서 두각을 보이고는 있었지만, 힘겨운 대학생활을 보내고 있었다. 그는 질투를 받고 비난을 받았지만 이에 맞서 나갔다. 하지만 완고함과 자신의 재능에 대한 자신감은 아무런 도움이 되지 못했다. 그러나 교회가 그의 편에 있었고, 특히 그의 친구인 예수회 수도사들이 있어서, 그는 지원을 받고 있다는 느낌을 가지고 있었다. 이탈리아와 유럽에서 그의 명성은 날로 커져만 갔다.

자신이 완성한 천체망원경을 가지고 천문학에 뛰어들게 되는, 그의 관록 2기에 해당되는 시기에, 그의 운명은 파란을 겪게 된다.

이탈리아의 물리학 문헌에는 "갈릴레이의 망원경은 달을 관찰하는 일종의 도구이다"라는 글이 아직도 남아 있다. 이미 지적했듯이, 갈릴레이는 망원경을 발명하지 않았다. 망원경이 이탈리아에 모습을 나타낸 것은 1594년이고, 1602년경에 네덜란드에서 발전되었다. 1605년에는 파리의 모든 안경점에서 판매용 망원경을 팔았다. 관의 양쪽 끝에 두 개의 렌즈를 부착한 이 망원경은, 2배에서 4배까지 확대가 가능해서 군인들과 선원들이 관심을 가졌다. 새로운 도구가 존재한다는 사실이 알려지기 시작했을 때 갈릴레이는 이에 관심을 보였다. 그는 안경전문가는 아니었지만, 돈이 필요했던 데다가, 군사적으로 적용이 가능하게 되면 돈을 벌게 될 소지가 있다는 것을 알고 있었다. 그는 먼저 먹고 사는 문제를 해결하기 위해 일을 하기 시작했다.

얼마 되지 않아서, 1609년부터 그는 7배 확대가 가능한 망원경을 만들어 냈다. 그가 생각해 낸 아이디어는, 눈에 대는 쪽에 있는 네덜란드의 이중 볼록렌즈를 이중 오목렌즈로 대체하는 것이었다. 결과는 놀라웠다. 육안으로 적군의 돛을 확인하는 것보다 네 시간이나 앞서서 그것을 확인할 수 있게 된 것이다.

갈릴레이는 아주 영리하게도, 자신이 만든 망원경을 당시 유명한 총독인 레오나르도 도나토가 통치하고 있었던 베네치아 공화국의 권력가에게 갖다 바쳤다. 그 이후 갈릴레이는, 부강하고, 군중들로 활기가 넘쳐나고, 자부심이 누구 못지않았던, 베네치아의 후광으로 자신의 이름을 날리게 되고, 동시에 그의 위신은 확고해졌다. 실제로, 그가 강의했던 파도바대학이 베네치아 공화국의 보호 아래 있었던 관계로, 갈릴레이의 망원경은 베네치아 사람에 의해 발명한 것처럼 여겨졌던 것이다.

그러나 갈릴레이는 자신이 만든 고성능 기구에 만족하지 않고, 보다 더 성능이 뛰어난 망원경을 만들기로 작정한다. 목적을 달성하기까지, 그는 수차례의 시행착오를 겪게 된다. 그는 여러 개의 렌즈를 만들어 내기 위해서 유리 조각들을 세공하고, 세공된 렌즈를 끼워 맞추기 위해 관의 길이를 늘이기도 하면서, 그가 생각해 낸 방법은 멀리 떨어진 곳에 있는 목표물을 설정하고, 선명한 이미지가 나올 때까지 렌즈의 두께와 렌즈 간의 거리를 조절하는 것이었다.

그가 선택한 목표물은 지구와 가까운 행성으로, 맑은 밤하늘에 육안으로 볼 수 있던 목성이었다. 렌즈들을 맞추고, 수많은 세공으로 렌즈의 두께를 조절한 끝에, 그는 목성 주위에 네 개의 빛나는 작은 행성이 있음을 발견하고 감탄을 금치 못했다. 1610년의 일이었다. 다음날 관찰을 재개하면서, 그는 목성 위성들의 위치가 달라져 있음을 확인했다. 여러 날 밤에 걸친 관찰 끝에, 네 개의 작은 행성들이 거대한 목성의 주위를 돌고 있다는 것을 확인했다.

이후 그는, 이제는 20배 가량 확대되는 망원경을 달 쪽으로 조준해 보았다. 이 또한 놀라운 결과를 가져다주었다. 사람들은 이 지구의 위성이 생명체가 없고, 표면이 밋밋하고, 적막한 것으로 믿고 있었다. 그는 달이, 급경사면과 산맥, 지표의 기복이 있어서, 한마디로 지구와 견줄 만한 행성이라는 것을 발견하게 된다. 망원경이 이러한 환상들을 만들어 낸 것인가? 갈릴레이는 그렇지 않다는 것을 확인하기 위해, 자신이 알고 있던 멀리 떨어진 곳에 있는 교회의 종에 조준해 보고, 또 자신이 올라가 보았던 산꼭대기에 있는 바위에다 망원경을 조준해 보았다. 매번에 걸쳐 망원경은, 너무 멀어서 가늠할 수 없었던 것을 가까이서 보이는 것처럼 만들어 주었다. 그래서 갈릴레이는 베네치아 총독을 생마르크 건물 옥상 누각 위로 초청해서는, 그와 함께 망원경으로 선박들을 발견해 냈는데, 총독이 이 선박들을 육안으로 볼 수 있으려면 몇 시간이 지난 후에 항구로 입항할 때나 가능한 것이었다. 그의 망원경은 기대를 저버리지 않았던 것이다.

그래서 갈릴레이는 미친 듯이 하늘을 관찰하고, 수많은 별들을 찾아냈다. 육안으로는 몇몇 별들밖에 보이지 않았지만, 그는 수백 개의 별들을 더 볼 수 있었던 것이다. 밤하늘이 반짝이기 시작한다. 그는 금성을 관찰하고 달이 기우는 것처럼, 금성도 기운다는 것을 발견해 냈다. 그는 당연히 수성에 대해서도 연구를 했는데, 이 수성의 움직임은 케플러가 이론을 수립하는 데 있어서, 상당히 결정적인 역할을 하게 된다.

자신의 망원경 끝에 나타나는 이 환상적인 장면들 앞에서, 그는 조금씩 코페르니쿠스가 완전히 옳았다는 생각을 굳히게 된다. 태양이 지구의 주위를 도는 것이 아니라, 그 정반대였다. 그는 기하학 연구를 통해서 이미 이러한 가설을 주장해 왔고, 1579년에 이런 내용을 케플러에게 편지로 보냈던 적이 있었다. 그의 관찰들이 이 사실을 확인시켜 주었던 것이다. 게다가 또 어떤 놀랄 만한 일이 있었던가? 목성의 작은 행성들은 바로 큰 행성의 주위를 도는데, 어째서 지구나 금성은 거대한 태양의 주위를 돌지 않는다고 할 수 있단 말인가?

결론적으로, 지구만이 산맥과 계곡이 있다고 사람들이 말해 왔으나, 결국에는 지구와 달이 별반 차이가 없음이 드러났다. 지구는 24시간 자전을 하는데, 밤과 낮이 바뀌는 것이 이를 뒷받침해 주고 있다. 그리고 아리스토텔레스가 요지부동이라고 말했던, 하늘 저 멀리서 갈릴레이는 별이 움직이는 것을 보았고, 티코 브라헤가 1604년에 새로운 별을 관찰했었다는 사실을 떠올렸다. 마침내 그의 신념은 확고해졌다. 아리스토텔레스 이론이든, 프톨레마이오스 이론이든, 기존의 이론들을 뒤집는 새로운 천문학을 만들어 내는 것이다.

갈릴레이는 자신의 주장을 뒷받침하기 위해 예전에 티코 브라헤나 케플러가 했던 방식의 정확하고 세밀하고, 체계적이고 시간을 많이 잡아먹는 그런 계산은 하지 않았다. 그는 몇 개의 지표와 약간의 핵심적인 관찰, 약간의 기하학적인 고찰 그리고 전체적인 추론을 한데 묶어서 판단했는데, 이때 직감은 정확성만큼이나 중요한 역할을 했다. 놀랄 만한 점은 여기에 있다. 갈릴레이는 안경기술자도 아니고 천문학자[3]도 아니다. 그의 재능은 렌즈를 세공하고 결합하고, 추론할 줄 알고, 모델을 구성할 줄 아는 천재적인 조작 솜씨가 있었다. 그는 안경기술자가 아닌데도 광학 천문학의 토대를 만들었다. 천문학자가 아닌데도 역사상 한번도 없었던 가장 중요한 천문학적 발견이라는 성과를 거두었다.[4] 하지만 그는 과학계에 자신의 발견들을 비밀로 하거나 감추

---

3) 그의 망원경을 설명하는 광학 개론을 저술한 사람은 그가 아니다. 반면에 케플러는 망원경을 사용하지 않았다.

4) 쇠이유 출판사에서 펴낸 갈릴레오 갈릴레이의 《별들의 메신저》를 읽어볼 것.

기는커녕, 발견 즉시 그들에게 대대적인 광고를 하였다.

갈릴레이는 모든 이탈리아의 저명한 인사들을 파도바대학, 베네치아대학, 볼로냐대학 그리고 나중에는 피렌체대학으로 초청해서, 그들과 함께 이제 막 베일을 벗기 시작한 거대한 천공(天空)을 관찰했다. 그는 베네치아에 있는 생마르크 성당의 옥상 꼭대기에서, 볼로냐대학이나 피렌체대학의 테라스 위에서, 하늘과 함께하는 천체의 밤행사, 야간 사교만남 행사 등을 개최하였다. 총독을 위시해서 원로원 의원들, 대학인들 그리고 고위 성직자들 모두가 모여들었는데, 성직자들 중에서는 누구보다도 예수회 수도사들이 갈릴레이와 망원경과 하늘에 매료되고 황홀해하고 감탄하게 된다. 벨라르미노 추기경도 몸소 갈릴레이가 주최한 저녁 행사에 참여하고, 이 '새로운 하늘'의 관찰에 대해 매우 흡족해했다.

하지만 대학인들은 망원경의 신뢰도에 대해, 결국은 관찰의 신뢰성에 대해 의견이 분분해졌다. 케플러 제자인 마르틴 호르키가 의문을 제기함에 따라, 갈릴레이는 어쩔 수 없이 그에게 증거와 증언들을 제시하기 위해 장문의 편지를 써서, 자신의 망원경이 신뢰할 만한 것임을 설명해야만 했다. 그 망원경을 보자고 한 케플러의 요청에 대해 갈릴레이는 들은 척도 하지 않았다.[5] 그러자 케플러는 프라하에 있는 망원경을 살펴보고 갈릴레이가 옳았다고 생각을 다시 바꾸게 된다. 그는 그런 사실을 갈릴레이에게 편지를 써서 알리고, 호르키 제자가 잘못 알고 있었음을 공개적으로 지적하였다. 군주들이나 성직자들이 보인 반응은 대체로 열광적이었는데, 토스카나 대공(大公)이 특히 그러했다. 예수회 수도사들의 반응 또한 우호적이었다. 클라비우스는 로마 신학교에서 사용하기 위해 갈릴레이 망원경의 복제품을 하나 만들도록 지

---

5) 케플러에 대한 갈릴레이의 거리감 있고 불신적인 이 태도는 가장 유익한 공동 작업이 될 수도 있었던 것을 불가능하게 만들었다.

시를 내렸고, 예수회 수도사들은 주도면밀하게 하늘을 탐구하기 시작했다. 그들은 나중에 천문학 전문가들이 된다.

이탈리아에서 지식인들이나 자칭 그렇다고 하는 모든 사람들은, 하늘의 신비를 벗겨 주는 이 신비스런 망원경으로 하늘을 관찰했다. 이보다 몇 년 전에, 티코 브라헤가 자신이 발명한 육분의(六分儀)와 천체 관측기를 가지고, 단지 육안으로 훌륭한 관찰을 했다는 사실을 비추어볼 때, 하물며 망원경을 가지고서 못할 일이 무엇이 있단 말인가? 하지만 운명이란 원래 그런 법, 천문학의 방법과 천문학의 차원과 천문학의 관점을 한꺼번에 바꿔 놓으면서 근대 천문학을 창안한 사람은 갈릴레이가 된 것이다.

갈릴레이는 불과 몇 년 만에 갑자기 이탈리아에서 가장 유명한 사람이 되었다. 그리고 그가 이렇게 된 데에는, 그가 커뮤니케이션에 있어서도 특출한 재능을(그 당시에!) 계속해서 보여준 것이 한몫을 했다. 강연회에서 사교계 만찬에 이르기까지, 천체 행사의 밤에서 학구적인 강의에 이르기까지 사방에서 그를 불러들였다. 그는 참석해서 납득시키고 매혹시키면서도, 자신의 재정적인 문제를 항상 염두에 두고 있었는데, 그 이유는 갈릴레이는 돈이 필요하고 또 돈을 많이 썼던 사람이기 때문이다.

성공에 성공을 거듭하게 되면서, 마침내는 최고의 영예인 교구의 공식적인 초청을 받고 로마로 초대된다. 그는 교구로 가는 길에 먼저 친구들이 있는 로마 신학교를 방문해서, 거기서 열렬하고도 우애 있는 환영을 받는다. 여기에 모인 사람들은 물리학, 천문학 그리고 철학을 논했음이 분명했을 것이다. 낙천적이고 사려 깊은 옛 스승인 클라비우스는 자신이 막역한 제자로 여기고 있던 갈릴레이에 대해 탄복하고 있었다. 벨라르미노 추기경은 갈릴레이를 축하해 주기 위해 몸소 방문을 했고, 그는 로마 신학교 명예박사 학위를 수여받았다. 사교만찬이 줄을 이었다. 벌써 여기저기에서 '사람'들은 신(新)링크스 아카데미의 수석 회원이 된 갈릴레이 교수가 도시에 퍼뜨리고 있는 이론들에 대해 염려하고 있었다. 갈릴레이가 마침내는 코페르니쿠스의 이론이 정당하고, 행성들이 태양 주위를 돌고, 지구도 태양의 주위를 돈다고 대놓고 주장했기 때문이다. 이에 대한 이의 제기를 하면, 갈릴레이가 그 이의 제기에 대해 반박하고 또 그것을 조롱거리로 만드는 데 너무나 탁월했기 때문에, 그의 주장에 반대 의견을 가진 사람들은 감히 반대할 엄두를 내지 못했다. 그래도 그들은 암암리에 적개심을 키워 나갔다. 특히 예수회에 증오심을 갖고 있던 도미니쿠스회 수도사들은 갈릴레이의 말 내용 중에서 꼬투리를 잡아내는 데 그리 오랜 시간이 걸리지 않았다. 말뿐만이 아니라, 갈릴레이는 당시까지는 조심스러운 방법으로 우주에 대한 자신의 새로운 관점을 제기한 책들을 펴내고 있었기 때문에, 저서에 대해서도 꼬투리를 잡았다.

하지만 이런 반대 의견들은 당시에 전혀 먹혀들지 않았고, 갈릴레이는 로마 전체의 주요 관심사가 되어 있었다. 한번은 저녁만찬중에, 갈릴레이는 그의 마음을 사로잡은 마페오 바르베리니라는 추기경을 알게 되었다. 예수회 수도사이자 로마 신학교 출신이며 높은 학식을 겸비한 바르베리니는, 토스카나에 대한 상당한 지식과, 자신의 의견에 반대하는 사람들에게 날리는 촌철살인적인 말솜씨를 자랑하는 갈릴레이에 매료되었다. 분명한 것은, 자주색과 보라색 의상이 넘실거리는 추기경들 중에, 어떤 이들은 갈릴레이가 다시 빛을 보게 만든, 코페르니쿠스의 지동설에 대해 약간은 걱정하고 있었다는 사실이다. 이 이론은 성서에 반하는 이론이 아닌가?

벨라르미노 추기경을 필두로 한 예수회 수도사들은 이런 반대 의견들을 일고의 가치도 없다는 듯한 손짓으로 묵살해 버렸다. "갈릴레이는 지구가 태양의 주위를 돈다거나, 지구가 자전한다는 것을 증명하지 않았다. 그는 어떤 사실을 설명하는 이 이론을 합당한 연구 가설로 채택한 것이다. 그가 증명하겠다고 주장하는 경우에만 이러한 노력이 교리에 어긋난다고 보아야 할 것이다. 가설에 기초한 연구가 신학적으로 위배된 경우는 한번도 없었다."

예수회 수도사들의 상대편들은 이 말을 '양심 문제를 이성과 기독교 교리에 따라 해결하려는 결의론'으로 받아들이게 된다. 왜냐하면 어떤 교회는 불만을 표출하고 있었고, 그 불만이 점차 고조되고 있는 것이 사실이기 때문이었다. 갈릴레이는 이에 개의치 않았다. 그의 태도는 돌변했고, 거드름을 피우고 말하면서 이유를 설명해 주었다. 그는 호감이 가는 사람이었고 명석했고 인기가 있었다. 갈릴레이는 교황 바울로 5세로부터 그의 모든 연구에 대해 찬사를 보낸다는 말과, 그가 이탈리아와 기독교 세계를 명예롭게 만들었다고 하는 최고의 찬사를 받았다. 갈릴레이는 더 이상 환희를 느끼지 못했다. 더군다나 갈릴레이는 피렌체의 토스카나 대공 수하에 있는, 보수도 괜찮은 공직을 얻은 터였다. 그는 굳이 강의하지 않아도 되는 대공의 수학자로 임명되었다.

50세 때 그의 명성은 최고조에 달했다. 그리고 그때 그의 거만함은 분명 이성의 한계를 좀 넘어선 상태였다. 자기 자신과 자신의 학문에 자신감이 넘치고, 자신이 당대의 최고 과학자라고 확신한(그는 의도적으로 요하네스 케플러를 무시했다) 그는, 더 이상 어떠한 반대 이론도 인정하려 들지 않았다. 그는 하늘의 대가(大家)였고, 하늘에 관해 옳고 그름을 결정하는 그런 사람이었다. 슈라이너라고 하는 예수회 신부가 태양의 흑점에 관한 책을 출간했을 때, 갈릴레이는 자신이 하지 못한 것을 그가 먼저 했다고 치켜세웠다. 영광, 부(富), 성공, 완강한 고집, 교만함, 적의 무리들이 들고 일어나기에 이 모든 것들의 벽은 너무나 높았다.

평신도회 내부와 대학 내에서 갈릴레이에 대한 반론이 제기되고, 그의 연구와 주장과 이론을 의심하는 일들이 점차적으로 시작되었다. 논쟁이 일기 시작했고, 어떤 때는 공개적인 말싸움으로 번졌다. 갈릴레이는 논쟁에서 손쉽게 승리를 거두었고, 토스카나 대공은 어쩔 수 없이 더더욱 말을 자제하도록 갈릴레이에게 주위를 주어야 했다. 토스카나를 찬미하고, 갈릴레이에게, 나중에 근대 과학의 초석이 되는 자신의 저서인 《신천문학》을 보내 준 케플러처럼 다른 사람들도 갈릴레이를 도와주려고 애를 썼다. 하지만 갈릴레이는 계속해서 케플러를 노골적으로 무시했다. 그는 코페르니쿠스가 옳은지 알아보기 위해 '이 독일인'이 필요하지 않았던 것이다! 이 불신은 나중에 중대한 판단 실수가 된다.

자신감과 자신의 천재성에 기고만장한 갈릴레이는 지체 없이 '코페르니쿠스 이론을 어떻게 증명할 것인가?'라는 새로운 목표를 지향해 나갔다.

그리고 갈릴레이는 다른 사람의 도움을 전혀 받지 않는, 자신만의 증명 방법을 찾아내려고 애를 썼다. 케플러의 계산을 무시하고, 티코 브라헤의 관찰들을 무시한 자신만의 방법을 말이다. 그는 이런 것들을 배제한 것을 자랑으로 삼았다. 금성의 상(相)의 변화에 대한 자신만의 관찰 방법은 지동설에 유리한 논거를 이루고 있었지만, 지지를 얻어내는 데는 충분하지 못했다. 갈릴레이는 금성이 지구의 조수간만에 영향을 미치고, 동시에 이 조수활동은 지구가 자전을 하고, 그리고 지구가 태양의 주위를 도는 것과 연관되어 있다고 설명했던 것으로, 1611년에 이 결정적인 이론을 밝혀냈다고 믿고 있었다. 하지만 갈릴레이가 주창한 운동학이라는 것은 보잘것없는 것이었다. 이 운동학에 대한 고찰 방법을 엄밀히 따져 보면, 직감에 의존하고 있는 것이 확실하며, 갈릴레이 스스로가 기발하다고 생각한 조수 간만에 대한 이론도, 두말할 것도 없이 역사상 가장 어리석은 이론이었던 것이다.

갈릴레이에 따르면 지구는 태양의 주위를 돌고 있을 뿐만 아니라 자전을 하고 있는데, 이 두 움직임은, 낮에는 '상승적(相乘的)'으로 작용하고, 밤에는 '서로 상반되게' 작용하는 것으로, 즉 하나의 움직임은 '긍정적으로,' 또 다른 움직임은 '부정적으로' 작용함으로써 두 번의 조수가 발생한다고 했다. 이 황당한 이론은 같은 시기에 케플러가 지구에 미치는 달의 인력에 관한 연구의 일환으로, 조수 현상에 대한 정확한 이론을 제시했던 것보다 더 '용서할 수 없는' 이론이었다. 어떻게 그가 이런 우를 범할 수 있었단 말인가?[6]

이에 아랑곳하지 않고, 자신감에 넘치고 확실한 논거를 제시할 수 있다고 믿은 갈릴레이는, 신학에서 금지하고 있던 주제에 대해 논쟁을 하기로 결심한다. 예수회 선교사들의 지원을 받고, 교황의 후광을 받고 있던 갈릴레이는, 지구가 세상의 중심이 아니라는 것을 인정하게 만들고, 과학과 철학을 신학의 굴레로부터 벗어나게 하기 위해서, 공세를 감행할 수 있는 유일한 사람이 아니던가?

그래서 그는 공세를 감행한다. 그의 전략은 신학 분야에서 교리와 교회의 최고 권위를 부정하고자 하는 것이 아니라, 철학 · 물리학 · 천문학이 교회의 영역이 아닌, 후에 과학적 방식이라 불리게 되는 순수한 논리에 따라 발전하는, 별개의 분야에 속한다는 것을 주장하려 했던 것이 분명하다. 갈릴레이는 이렇게 주장하면서 아리스토텔레스를 정면으로 공격했다. 그의 물리학이 퇴색되었음은 역학 실험에 의해 증명되었고, 천체는 변함도 움직임도 없다고 하는 천체에 대한 그의 이론이 틀리다고 하는 것도, 1604년에 관찰된 초신성〔超新星: 매우 밝은 빛을 발하며 폭발하는 별의 마지막 진화 과정〕이 그것을 증명하고 있으니, 결국 그가 제시한 행성 움직임에 대한 기하학적 설명은 잘못되었다는 것이다. 갈릴레이는 이런 사실을 말하고, 가르치고, 책으로 펴내고, 널리 전파시키는 데 있어서 단도직입적이었고 또 크게 신경 쓰지도 않았

---

6) 시간을 거슬러 올라가서 보면 갈릴레이는 진자 전문가였고, 관성의 법칙을 이해하고 있었기 때문에, 갈릴레이가 지구 자전을 증명하기 위한, 필요한 모든 요소들을 갖추고 있었다는 점을 주목할 수 있다. 레온 푸코라는 사람이 결국은 200여 년이 지난 후인 1851년에, 판테옹에서 그의 유명한 실험을 행하면서 지구 자전을 설명하게 된다.

다. 그러면서도 그는, 자신이 옹호하는 이론들이 성서에 대한 공식적인 해석과는 배치되는 데다가, 자기 자신도 가톨릭 신자이고, 종교인 친구들도 많고, 자신의 스승인 메디치 코메 2세도(그의 형제는 추기경이었고 과거에 메디치 가문은 두 명의 교황을 배출했다) 아주 독실한 가톨릭 신자였던 만큼, 신학적으로 곤경에 처하리라는 사실을 알고 있었다. 하지만 자신이 몸담고 있었던 피사대학의 수학 교수자리에 임명되도록 해줄 만큼, 총애하는 제자이자 독실한 베네딕트파 수도사인, 카스텔리가 전적으로 갈릴레이를 지지해 주고 있는 것도 사실이었다.

그것이 어쨌든간에 갈릴레이는 자신이 직접 신학을 다루어 보기로 결심한다. 갈릴레이는 조금이라도 성경의 몇몇 구절을 글자 그대로가 아닌 비유적인 해석을 해보면, 지구가 태양을 중심으로 움직인다는 내용이 성서에 반하지 않는다는 것을 증명하려고 애썼다. 갈릴레이는 친구들과의 수차례에 걸친 서신 왕래 끝에, 1613년 카스텔리에게 보낸 편지에서, 자신이 성서를 어떻게 해석하고 있는지를 드러냈다. '카스텔리에게 보낸 편지'라고 불리는 이 서신은 곧바로 피렌체와 토스카나 전 지역으로 유포되었다. 이후에도 그는 계속해서 신학적 고찰을 심화시켜 나갔다. 다시 말해서 이번에는 토스카나의 대공부인인 크리스틴에게 보낸 두번째 편지에서, 자신이 내린 성서의 비유적 해석을 심도 있게 다루었다. 이 서신은 나중에 '크리스틴 드 로렌에게 보낸 편지'라는 이름으로 알려지게 된다. 1615년에 작성된 이 편지는 지동설과 관련해서, 카스텔리에게 보낸 편지에서 다루었던 이론을 전개하고 있을 뿐만 아니라, 아리스토텔레스의 물리학에 대한 또 다른 비판과, 데모크리토스의 원자 이론을 옹호하는 내용을 함축적으로 담고 있다. 이런 와중에 갈릴레이는 성서에 대해 자신이 새롭게 해석한 내용을 제시하였다. 교회가 내린 공식적인 해석이라는 것이 소양이 부족한 주교들이 내린 해석이기 때문에, 자신의 해석이 그것에 반할 수밖에 없다고 갈릴레이는 설명하였다.

이번에는 도가 너무 지나쳤다. 몇 년 전부터 토스카나 사람들의 도발적인 언사 때문에 상당히 화가 나 있었던 종교재판관들은, 피렌체 종교재판관들을 필두로 행동에 돌입하기 시작했다. 피렌체 사람들의 억지스러운 증언과, 갈릴레이에게 적의를 품은 교수들의 주장에 근거한 고소장이 피렌체 종교재판소와 로마에 있는 교황청에 접수되었다. 이 고소장에는 애매하고 정확하지도 않고 이교도적인 이론을 옹호하는 사람은 갈릴레이라고 기재되어 있다.

예수회 수도사들이 소송을 지연시키고, 게다가 이를 저지시키기 위해 모든 노력을 동원했지만 소용이 없었다. 상대의 숫자도 너무나 많았고, 갈릴레이에 대해 쌓인 불만들도 너무나 많았다. 종교재판에 연루된 모든 소송이 그랬던 것처럼, 비밀스럽고 은밀한 심리가 시작되었다. 1616년의 일이었다.

소문으로 이 소식을 접한 갈릴레이는 로마로 달려가서, 교황을 만나 자신이 생각하기에는 부당하기도 하고 또 자신의 명예에 손상을 입히는 이 소송을 중지시키도록 만들고 싶었다. 이탈리아에서 가장 위대한 학자인 그를 어떻게 감히 고소한단 말인가?

토스카나 대공과 예수회 수도사 친구들은 갈릴레이에게 자중하고 입을 다물고 있으라고 충고했지만, 그는 이런 충고를 따르지 않았다. 갈릴레이는 대공의 법적 지원과 허락을 받고 로마로 갔다. 하지만 그는 거기서 감정을 누그러뜨리지 못하고 자신의 정당함을 호소하지만, 오히려 잘난 척하는 그의 거만함이 거의 모든 신부들의 신경을 거슬리게 만들었다.

상황이 불리하게 돌아가기 시작하자 예수회 수도사들과 거기에 소속된 추기경들, 벨라르미노와 바리베리니 그리고 델 몬테와 같은 여러 사람들이 그를 위한 중재에 나섰다. 벨라르미노는 교황과 자신의 동료인 추기경들에게 갈릴레이의 유명한 이론은 연구 가설에 기초한 것으로서, 이 가설은 진실 규명을 주장한 것이 아니기 때문에 결과적으로 범죄로 간주될 수 없다고 설명해 주었다. 그는 갈릴레이에게 신중에 신중을 거듭하고, 자중하고, 겸손하라고 충고했다. 그는 무슨 일이 벌어질지 알고 있었고, 과거에 도미니쿠스회 수도사들이 그의 의견을 무시하고 조르다노 브루노를 화형에 처했던 종교재판소가 행했던 일을 잊지 않고 있었던 것이다. 그는 또한 도미니쿠스회 수도사들이 궤변을 늘어놓는 데 천재들은 아니지만, '화형에 처하도록 조작하는 데' 탁월한 재능이 있다는 것도 알고 있었고, 그들이 예수회 수도사들의 친구인 갈릴레이에 대한 처형을 만끽할 것이라는 것도 알고 있었다.

세력 다툼이 벌어지고 있던 이런 상황 속에서, 예수회 수도사들은 사건을 매듭짓기 위해 수많은 로비활동과 비밀 집회를 열면서, 자신들의 재능과 인맥을 총동원하였다. 갈릴레이는 뒤에서 암암리에 영향력을 행사하고 쑥덕거리는 이런 전략을 제대로 이해하지 못하고 있었던 데다가, 사람을 설득시키는 자신의 개인적인 능력을 과대평가하고 있었다. 그는 사람들이 자신에게 사건을 은폐시키라고 충고했을 때, 속마음 같아서는 맞서 싸우고 싶었다. 그는 자신의 친구들인 예수회 수도사들의 태도에 대해 몹시 못마땅하게 여기기까지 했다. 갈릴레이는, 자신의 관점의 탁월함을 만천하에 보여줄 수 있도록 그들의 단호하고도 공개적인 지지를 기대했던 것은 아닌가? 갈릴레이는 자아도취와 엄청난 자만심에 휩싸여 있었기 때문에 예수회 수도사들이 자신의 명예와 자유, 그리고 어쩌면 자신의 생명까지도 구해 주기 위해 힘을 쏟고 있음을 알아채지 못했던 것이다.

'1616년 소송'이라 불리는 이 첫번째 소송을 종식시킨 방법은 사실상 특별한 것은 거의 없었다. 코페르니쿠스가 저술한 《천체의 회전에 관하여》라는 책을 금서로 정하면서, 그의 지동설 이론을 단죄하고, 포르카리니가 저술한 여러 권의 책들을 압수하였지만 갈릴레이의 이름은 언급되지 않았다. 벨라르미노는 도미니쿠스회 수도사인 세기치의 입회하에 갈릴레이를 접견한 후, 자신이 복속되어 있는 교구집회에서 그에 대한 보증을 구두로 서약하였다. 그리고 사건을 마무리짓기 위해, 갈릴레이는 교황 바울로 5세와 반 시간 동안의 면담을 하였고, 교황은 이 자리에서 그에 대한 애정을 확신시켜 주었다.

분하고, 억울하고, 분통이 터진 갈릴레이는 피렌체로 돌아왔다. 영향력은 최고조에 있었고, 이탈리아에서 가장 유명한 사람인데도 거의 아무런 영문도 모른 채 소송을 당하다니! 유죄판결을 받지 않았는데도 족쇄에 묶이고, 적들이 명예를 훼손하는 소문을 퍼뜨려도 수수방관해야 되고, 또 꼼짝없이 당하고만 있어야 하는가?

어떤 사람들이 그가 개종했다고 주장하자, 갈릴레이는 벨라르미노에게 자신은 전혀 그렇지 않다는 것을 증명해 주는 편지를 써 달라고 부탁해서 그것을 얻어냈다. 하지만 갈릴레이의 가슴속 깊은 곳에는 응어리가 남아 있었다. 그런데 아주 중대한 것은, 갈릴레이는 이 사건을 겪으면서도 아무것도 깨닫지 못했다는 것이다. 분명한 것은, 갈릴레이는 얼마 동안은 코페르니쿠스에 대해 너무 말을 많이 하지 않는 것이 신상에 이롭다는 것은 알고 있었다(그리고 그는 7년 동안 사람들 앞에 나타나지 않았다). 그렇다 하더라도 그는 특히, 천문학 분야에서 과학의 최고봉에 있다고 하는, 거만함과 자기 도취와 자기 주장에 대해서는 전혀 바뀌지 않았다. 결국 그는 제일 먼저 배신자들인 자신의 옛 친구 예수회 수도사들에 대한 공격을 준비하면서 복수의 시간을 기다려 왔던 것이다.

'혜성 사건'이라고 불리게 되는 사건이 일어난 틈을 타서, 로마 신학교 예수회 수도사들에 대한 공격을 감행하게 되는데, 이 사건은 갈릴레이가 명성을 쌓는 데 전혀 도움이 되질 않았다. 주지하다시피, 갈릴레이의 뒤를 이어 로마 신학교 예수회 수도사들은 망원경을 제작해, 이 망원경으로 하늘과 수많은 별들을 관찰했다. 그런데 1618년, 하늘에 세 개의 혜성이 지나갔다. 이 예수회 수도사들은 오늘날에도 아직까지 사용하고 있을 정도로 아주 정교한 관찰 방법을 통해 이 사건을 정성을 다해 기술했다. 이 굉장한 발견의 기회를 놓쳐서 극도로 화가 난 갈릴레이는 병에 걸려 침대에 꼼짝 않고 누워서, 글을 하나 써서 발표하였다. 갈릴레이는 이 글에서 예수회 수도사들의 천문 관찰 내용을 반박하고, 관찰된 혜성들의 존재조차도 부정하기에 이른다.

이 소동이, 금성과 태양 흑점에 관해 행해진 관찰들은 로마 신학교가 갈릴레이보다 먼저 시행했는데도 갈릴레이는 이 관찰들을 자기가 했다고 주장하고, 늘 그랬던 것처럼, 갈릴레이가 '과학' 논쟁을 할 때 인신공격을 섞어 가면서 지나치게 거만한 면을 보여주는 사태로 비화되자, 예수회 천문학자들은 이번에는 넌덜머리가 나서 예수회 수도사인 그라시라는 중개인을 통해 맹렬하게 반격을 가하였다. 갈릴레이는 조금도 굴하지 않고, 자신이 무단으로 그의 천문학적 발견들을 '도용'했던 사르시에게(혜성에 조예 깊은 관측자인 예수회 수도사 그라시의 가명) 다음과 같은 편지를 썼다. "사르시 선생님, 당신은 어쩔 도리가 없습니다. 하늘에서 일어나는 모든 새로운 현상들은 다른 사람들이 아닌 본인만이 발견하도록 되어 있습니다." 예수회 수도사들이 하는 관찰은 진지하고 정확하고 나무랄 데 없어서 갈릴레이의 과학적 명성을 침해할 정도였다. 갈릴레이의 정직성은 의심을 받게 되었다. 동시에 갈릴레이와 예수회 수도사들 간의 갈등의 골은 하염없이 깊어져만 갔다.

1622년 갈릴레이는 《시도하는 사람》이라는 제목의 책을 썼다. 이 책의 내용은 다시 한번 아리스토텔레스를 공격하고, 교회에 의해 배척된 원자 이론을 옹호하고, 자신의 옛 친구들인 예수회 수도사들에게 공격의 화살을 돌리고, 혜성들은 대기 현상이지 혜성 자체는 존재하지 않는다는 주장을 굽히지 않는 그런 내용이었다. 완전히 기고만장한 갈릴레이는, 피렌체 도미니쿠스회 수도사인 니콜로 리카르디로 하여금 이 책의 서문을 쓰게 했다.

종교계 내부에서 갈릴레이에 반대하는 목소리가 끊임없이 커져 가고 있는 동안, 우리가 주목할 만한 중대한 사건이 터진다. 갈릴레이의 팬이었던 마페오 바르베리니가, 1623년 8월에 우르바누스 8세라는 이름으로 교황으로 선출된다. 로마 신학교 출신인 그는, 과학보다는 예술과 문학에 조예가 더 깊었지만, 전반적으로 지식을 추앙하는 학문적 소양이 강한 사람이었다. 55세의 권위적인 교황은, 종교 개혁 성공으로 인해 종교적으로 피폐해진 유럽에서, 교황청이 제자리를 다시 회복하기를 간절히 바라고 있었다. 그리고 교황이 즉위하면서 모든 가톨릭 군주들의 움직임이 활기를 띠었다.

1624년, 교황은 갈릴레이를 로마로 불러들여서 여섯 차례에 걸친 면담을 가졌다. 사실 교황은 개신교와 투쟁하는 데 있어서 과학을 자기편으로 끌어들이고 싶었고, 이를 위해 그는 여러 가지를 양보할 각오가 되어 있었다. 그래서 교황 우르바누스 8세는 지동설에 관해 전임 교황들보다 훨씬 관대한 입장을 보여주게 된 것이다(1616년에 그는 이미 코페르니쿠스를 옹호했고, 그리고 여러 가설들에 대한 토론을 해도 좋다는 교회 법령서를 받아냈다). 교황은 자신의 입장을 정당화하기 위해서 다음과 같은 논리를 폈다. 비록, 결국에는 하나의 세상만을 창조하셨지만, 얼마든지 수많은 세상을 창조할 수 있었던 신에 대한 환상을 제한하는 것은 아무것도 없다. 가설이라는 영역을 벗어나지 않는 한, 여러 가능성들에 대해 연구하는 것은 전혀 금지되어 있지 않다. 그는 갈릴레이에게 책을 저술하도록 지시를 내렸고, 이 책은 1629년에 《대화》라는 제목으로 출간되었다. 갈릴레이가 추락하게 되는 원인을 제공하게 되는 것이 바로 이 책이었다.

이 책은 세 명의 친구가[7] 4일 동안에 걸쳐서 주고받은 이야기를 내용으로 하고 있다. 이 대화 내용은 움직이는 배의 돛에서 떨어뜨린 물체는 바다가 아니라 돛의 바닥끝에 떨어진다는, 조르다노 브루노의 주장

---

7) 갈릴레이 이론들을 옹호해 주는 사람인 살비아티, 좀 '모자라는' 전통주의자인 심플리시오, 심판 역할을 맡은 개방적인 성격의 사그레도.

을 강조하면서, 갈릴레이가 지구 자전을 부정하는 아리스토텔레스의 이론을 반박하는 것이 정당한 것처럼 비쳐지게 하고 있다. 과학적인 내용이 본질적인 면에 있어서 틀리지 않았다고는 하지만[8] 반대로 그 형식은 유감스러운 것이었다. 조수간만에 대한 이론과 같이(그는 이 주장을 포기하지 않았다) 맞지도 않는 이론들을 포함해서, 모든 내용은 아무런 증명도 하지 않은 채 거의 아무런 증거 없이 주장되고 있다. 그는 망원경을 이용한 모든 천문학적 발견들은 자신이 제일 먼저 했다고 주장했는데, 이는 도를 넘는 행위였다. 그의 말투는 위협적이고 건방지고 빈정거리는 투인데다가, 어리석은 인물로 등장하는 심플리시오의 입을 빌려 교황의 타협적인 태도를 웃음거리로 전락시킴으로써, 교황 우르바누스 8세를 모욕하기까지 했다. 그리고 그는 당연하다는 듯이 교황의 충고를 어기고, 지동설에 대해 단호하고도 확신에 찬 목소리를 냈다. 그는 지동설은 증명된 사실이자 확고한 사실이라고 주장했다.[9] 결국 그는 자신의 친구인 교황의 권고에 반하는 행동을 하게 된 것이다.

교황은 매우 격노했다. 그는 갈릴레이의 공개적인 도발 행위를 더 이상 참을 수가 없어서 종교재판소로 하여금 그를 잡아들이도록 했다. 유럽의 정치적 상황이 악화되고 있었기 때문에, 교황은 강한 면모를 보여주기 위해서 이를 그 본보기로 삼기로 작정했던 것이다. 실제로 스

---

8) 아인슈타인은 이것이 자신의 상대성 이론에서 가장 중요한 문제라고까지 간주하게 된다.

9) 기술적인 토론으로 들어가지 않더라도 어쨌든 로마 신학교의 예수회 신부들은 티코 브라헤의 이론에 동조했다는 사실을 정확히 밝혀두자. 이 이론은 태양은 지구의 주위를 돌고 다른 행성들은 태양의 주위를 도는 것으로 되어 있다. 그는 명백하게 드러나는 화성의 움직임을 제외하고는 천체 관측에 대한 내용들을 훌륭하게 설명하였다. 다른 한편에서는 갈릴레이가 실제적인 연구도 해보지 않고 코페르니쿠스 이론을 옹호하였다. 갈릴레이는 프톨레마이오스가 행성의 궤도를 주전원(周轉圓: 코페르니쿠스 이전에 혹성의 불규칙 운동을 설명하기 위해 고안한 원)으로 본 반면에 코페르니쿠스는 이 궤도를 동심원으로 본 것이라고 생각했다. 갈릴레이의 주장은 결국 티코 브라헤보다 과학적인 정확도가 떨어지는 것이었다. 지동설 체계를 증명하게 되는 사람은 케플러가 유일하다. 《대화》, Galileo Galilei, Paris, Seuil, 1995 참조.

웨덴 국왕 구스타프-아돌프를 위시한 독일의 개신교 군주들은, 정복에 정복을 거듭하면서 이탈리아까지도 그들의 수중에 넣게 된다. 프랑스와 스페인의 가톨릭 국왕들은, 자기 나라의 분쟁을 해결하느라 너무 정신이 없어서, 저들을 저지하는 데 아무런 힘도 되어 주질 못했다. 교황청이 보기에는 영국도 거만하고 무례한 이교도들의 구심점이 되어 있었다.

신의 버림을 받은 이 세상에서, 교황은 자신이 신앙과 정통 종교의 수호자임을 보여주어야 했다. 따라서 갈릴레이가 이 유명한 1633년 소송에서, 피렌체 근방의 자신의 별장에 가택 연금을 당하는 형벌에 처해지게 된 것은 교황의 의도이고, 또 이 의도밖에는 없었다. 교황은 자신이 존경하던 지식인이었음을 참작해서, 갈릴레이에게 가장 무거운 형벌만은 면하게 해주었고, 갈릴레이에게 모욕을 당했던 예수회 수도사들은, 이번에도 또다시 은밀하게 그를 도와주었다.

이 소송은 많은 논쟁을 불러일으켰다. 그 소송이 상징하는 바를 훼손하지 않는 범위 내에서 오늘날 말할 수 있는 것은, 이 《대화》라는 책은 그 결론이 추측에 근거한 것이고, 또 그것이 사실로 판명되었다 하더라도 과학적으로는, 증명이라는 부분이 상당히 빈약하다는 것이다. 교회에 대해서 말하자면, 교회는 사람들이 종종 말하는 것처럼 과학을 반대하고 앞뒤가 꽉 막힌 그런 기관이었던가?

과학이 수세기 동안에 걸쳐서 종교들과 나누었던, 그리고 종교를 통해 신과 나누었던 복잡한 관계들을 이해하고자 한다면, 모든 사람들이 이 소송에 대해 각자 가지고 있는 통속적인 이미지는 분명 미묘한 차이를 보이게 될 것이다.

실제로 350년이 지난 '갈릴레이 사건'을 연구하면서, 모든 과학자들은 역사가 완전히 지워 버리거나 왜곡시킨 몇몇 사실들 때문에 놀라움을 금치 못한다.

갈릴레이가 과학을 위해서 교회를 상대로 사상의 자율을 주장한 것이 철학적으로 타당했을지도 모르고, 과학 분야에서 전혀 실력이 되지 않는 교회로 하여금 과학적 진실 여부를 묻도록 만든, 이 트리엔트 공의회의 주장에 맞서 저항의 경종을 울린 것이 정당했을지도 모르고, 그의 과학자적인 용기가 코페르니쿠스나 데카르트 같은 사람이 보여준 좀 졸렬했던 신중함과는 사뭇 다르기는 했지만, 형식적인 면에서 그의 논리가 완벽했던 것은 아니다. 조수간만에 대한 이론, 혜성에 대한 반박, 코페르니쿠스 이론에 대한 대략적이거나 정확하지 않은 분석 등과 같은 것들이 보여주고 있는 것은, 만약 갈릴레이가 태양이 행성들 움직임의 중심이라고 직감적으로 이해하고 있었다면, 그는 그 정도로 정확하고도 설득력 있는 증명을 하지 못했다는 것이다. 그래서 정확히 말하자면, 과학이 종교와 다른 것은 과학에서는 믿는 것만으로는 충분하지 않고, 증명을 해야만 한다는 것인데, 갈릴레이는 이 증명을 하지 못했던 것이다.

'상대적으로,' 이 논리를 예수회 수도사들에게 적용해 보면, 그들이 논리 근거가 없었던 것은 아니다. 그들은 정확히 혜성들을 관찰해 냈고, 별들의 위치를 추산해 내는 연구를 했고, 그리고 세밀하고 엄격한 관찰자들이었던 그들이 보기에, 티코 브라헤 이론이 천체 관측과 행성 위치 계산의 정확도라는 두 가지 관점에서 코페르니쿠스 이론보다 '더 훌륭한' 이론이었던 것이다. 그래서 로마 신학교 예수회 수도사들이 과학적으로는 갈릴레이보다 훨씬 신뢰도가 높았다. 사실에 대한 예지 능력은 갈릴레이가 앞섰지만, 정확성에 있어서는 예수회 수도사들이 더 높았던 것이다.

교회로 말할 것 같으면, 교회는 갈릴레이에게 그의 연구를 포기하라고 강요했던 것이 아니라, 코페르니쿠스 이론이 증명되지 않았다는 것을 말하라고 강요했던 것이다.

물론 1609년 이후 케플러의 논문에는 지동설 이론에 대한 증명을 분명히 포함하고 있었다. 하지만 주지하다시피, 갈릴레이는 케플러를 노골적으로 무시하고 있었다. 갈릴레이는 그의 연구를 읽어보기라도 했을까?

달리 말하자면, 과학에 대한 교회의 태도에 관해서뿐만 아니라 지동설에 관해서 갈릴레이는 '철학적인' 논쟁에서는 타당했던 반면에, '과학적인' 면에서는 하자가 있었던 것이다. 이 사건에서 가증스러웠던 것은, 과학의 실체에 무지한 이 열 명의 추기경들이 진실을 결정하는 권한과, 더불어 어떤 변호나 한마디의 설명도 들어보지 않고 유죄를 선고하는 권한을 장악하고서 벌였던 소송, 이런 소송에 대한 발상 자체였다.

게다가 더 심각했던 것은, 교회가 지동설과 갈릴레이에 대해 범했던 자신들의 잘못을 시인하는 데 지지부진했다는 것이다. 1757년에 교황 브누아 14세는, 태양과 관련된 성서의 상징적인 해석을 허락하였다. 종교재판소가 코페르니쿠스와 갈릴레이를 금서 목록에서 제외시킨 것은 1846년이 되어서였고, 교황 요한 바울로 2세가 교황청 과학 아카데미 앞에서 갈릴레이의 복권을 공식 선언한 것은 1992년 10월 31일, 그가 유죄판결을 받은 지 350년 만이었다.

갈릴레이 사건은 여러 가지 전형을 보여주고 있다. 먼저 역사적인 측면에서 보면, 교회는 갈릴레이 사건과 같은 정치를 앞으로도 자주 되풀이할 거라는 것이다. 그리고 심리학적인 측면에서 보면, 한쪽에서 덜 폐쇄적인(사람들은 덜 폐쇄적이라고 말하지 않는) 교회가 과학과 좋은 융화 관계를 맺으려고 하면, 다른 한쪽인 과학은 훨씬 더 많은 거만함을(사람들은 거만함이라고 주장했다) 내세운다는 것이다. 이 사건은 몇 세기 동안에 걸쳐서 개신교 세계에서는 과학이 도약하는 것으로, 그리고 가톨릭 세계에서는 과학이 쇠퇴하는 것으로 고착됨으로써 이 또한 전형이라 할 수 있다.

제2장
세상의 중심

모세 5경의 서두 부분인 〈창세기〉에서는 다음과 같은 구절이 있다.

태초에 하나님이 천지를 창조하시니라
땅이 혼돈하고 공허하며 흑암이 깊음 위에 있고
하나님의 신은 수면에 운행하시니라
하나님이 가라사대 빛이 있으라 하시매 빛이 있었고
그 빛이 하나님의 보시기에 좋았더라
하나님이 빛과 어두움을 나누사
빛을 낮이라 칭하시고 어두움을 밤이라 칭하시니라
저녁이 되며 아침이 되니 이는 첫째 날이니라.

땅이 맨 먼저 창조되었기 때문에 지구가 세상의 중심이라는 것을 어떻게 믿지 않을 수 있단 말인가? 만약 신이 인간이 살 수 있도록 세상을 창조했다면, 어떻게 신은 신이 창조한 모든 것의 중심에 인간이 살 수 있는 생태적 보금자리를 마련해 주지 않을 수 있단 말인가? 따라서 인간과 인간이 처한 환경에 대해 염려하고 있는 창조주인 신의 존재를 발현하고 있는 성경을 해석해 보면, 지구는 당연히 세상의 중심에 위치하고, 견고하고 그리고 움직이지 않는다는 개념이 도출되는 것이다.

이때 성서의 기록 내용이 신의 계시를 담고 있는 것인지, 아니면 성서가 기록되던 그 당시에 널리 퍼져 있던 믿음 내용들을 옮겨 적어 놓은 이야기인지 살펴보아야 하는 문제가 제기된다.

성서의 역사적인 기원의 문제에 대한 유대-그리스도교와 이슬람 종교 각각의 입장을 이해하기 위해서는, 성서에 근거한 종교의 토대가 되는 것들 중의 하나와, 가장 심각하게 과학과 대립했던 주제들 중의 하나가 관계되는 범위 내에서, 지구중심설이 수립되었던 방법을 간추려 거론해 보아야 할 것이다.

태고 이래로 인간은 '우주의 별들을 어떻게 설정할까'를 놓고 고민해 왔으며, 그리고 이 별들을 신의 표상으로 자리매김하였다. 인간들은 이 모든 별들을 신 그 자체로 여기는 경우도 있었으나 전반적으로는 신들이 별들을 지배한다고 여겼다. 아주 오래전부터 하늘에 대한 세심한 관찰을 통해 거의 고정되어 있는 것처럼 보이는 별들을 배경으로 행성들이 움직이고 있다는 것을 지적하고 있었다. 이 움직임들 중에 가장 확실하고 명확한 움직임은 두말할 것도 없이 태양의 움직임이었다. 낮과 밤의 교체, 주기적으로 반복되는 계절들은 처음부터 인간들의 삶을 지배하였다. 나일 강, 유프라테스 강 또는 황하 강에서 일어나는 강물의 범람은 자연의 리듬이 언제나 변함없이 되풀이된다는 것을 인간의 머릿속에 심어 주었다. 또한 달의 상(相)에 대한 관찰을 통해 달의 주기가 하늘에 있는 별들의 움직임과 관련이 있음을 알아냈다.

그렇게 해서 일식처럼 별들에게서 일어나는 현상과 땅 위에서 일어나는 돌발적인 사건과의 관계는 당연한 것처럼 느끼게 되었고, 그리고 이를 바탕으로 천문학의 모태인 점성술이 생겨났던 것이다.

그래서 인간들은 별들의 움직임에 관한 연구에 몰두하게 되었고, 그 사람들 중에 어떤 이들은 미래를 점치는 탁월한 재주를 습득하게 되자, 왕과 군주들은 미래를 대비하는 하는 일에 있어서 천문학자-점성술사들에게 의존하게 되었다.

따라서 고대 시기에 이집트, 중국은 물론 메소포타미아에서는 공전, 주기, 천체 그리고 신은 당연히 연관되어 있었다. 이 주기적인 공전에 대한 생각을 제일 먼저 표출한 사람들은 바빌로니아 사람들이고 그 다음에는 수메르인들과 이집트인들이 뒤를 이었다.

그런데 도대체 무엇이 무엇의 주위를 돈단 말인가? 하나는 달이 지구의 주위를 도는 것으로, 이는 애초부터 알고 있었던 사실이다. 다른 하나는 태양이 지구의 주위를 도는 것이다. 매일 저녁 태양이 지평선 너머로 사라지고 아침마다 반대편에서 떠오르지 않던가?

지구의 주위를 돌고 있다는 것으로 설정된 지구-달-태양이라는 체계는 수많은 현상들을 예견하는 것을 가능하게 해주었다. 옛날 사람들이 달력과 별들의 위치를 계산하는 추산력과, 일식과 월식 등을 정확하게 예견하는 천체일람표를 제작했던 것이 바로 그 때문이다. 비록 이집트인들이 가장 실용적인 달력을(이 달력에서는 벌써 1년이 365일로 되어 있다) 발명해 냈고, 인도인들도 분명 상대적으로 정확한 천체 지도를 그려냈다 하더라도, 이런 부분에서 가장 우수한 실력을 보여준 사람들은 바빌로니아 사람들이었다.

이러한 관점은 아주 자연스럽게 우주생성론을 탄생시켰다. 여기 사뮈엘 크레이머[1]가 〈길가메시 서사시〉라는 유명한 시(詩)에서 발췌한 수메르인들의 우주생성론을 아주 간명하게 요약한 시가 있다.

하늘이 지구에서 멀어졌을 때
지구가 하늘에서 분리되었을 때
인간이라는 이름이 정해졌을 때

---

1) 《역사는 수메르에서 시작한다》, S. Kramer, Arthaud, 1975.

아누가 하늘을 '취하였을' 때
엔릴이 땅을 '취하였을' 때.

크레이머는 이 시를 바탕으로 다음과 같은 가설을 세웠다.
1) 어떤 시대에 하늘과 땅은 하나였다.
2) 하늘과 땅이 분리되기 전에 어떤 신들이 존재했었다.
3) 땅과 하늘이 분리될 때 하늘의 신인 아누는 하늘을 '취했고,' 대기(大氣)의 신인 엔릴은 땅을 '취했다.'
설령 여기의 표현들이 성경의 관점과 정확히 일치하지 않는다고 하더라도, 특히 하늘과 땅이 동시에 창조되었다고 하는 점에서 그 관점이 매우 동떨어진 것은 아니다. 어쨌든 그것이 다르게 느껴지게 만드는 본질적인 차이점은, 성경에 나오는 태초라는 개념이다. 역사의 시작 · 창조 · 벡터 시간이라는 이 개념은, 실제로 언뜻 보기에 또 다른 세상에 대한 관점들과 근본적인 차이를 나타내는 근간이 될 수 있는 중요한 특징이다. 사실 수메르인들은 전에 이미 창조라는 개념을 언급하고 있었고, 그리고 성서가 쓰여졌던 당시 중동에서 통용되었던 우주생성론 신앙들과 대조해 본다면, 성서는 전혀 바뀌지 않았다고 인정할 수밖에 없다. 무신론자임이 확실한 보테로는 다음과 같은 글을 남겼다. "줄기차게 문학 작품이라는 이야기를 들어온——기원전 3000년경을 전후해서 문자가 발명된 이후로——성경은 이스라엘 문학은 분명 아니지만, 유대교도들이 첫 천년 동안의 자신들의 예속되기 이전의 삶에 대해 기록했던 내용들 중에서 뽑아 엮어낸, 일종의 단편 모음집에 해당된다."[2]
그런데 모든 별들에 대한 체계적인 관찰을 할 수 있게 되면서부터 하늘의 구조에 대한 문제는 복잡해졌다. 달 이외에도 빛을 발하고 있는

---

2) 《신의 탄생》, J. Bottero, Paris, Gallimard, 1986.

다른 별들이 움직이지 않는 별들을 배경으로 이동하고 있다는 것이 확인되었다. 오늘날 이 별들은 금성·화성·목성·토성이라 불리고 있고, 이들은 별이 아니라 복잡한 천체 궤적을 그리고 있는 행성들인 것이다.

이 행성들의 움직임에 대해 바빌로니아 사람들과 아시리아인들은 아주 정확하게 파악하고 있었고, 어쩌면 그들 이전부터 알려져 있었던 사실일지도 모르나, 서양에서 최초로 이 행성들의 움직임에 관한 조리 있는 표현, 즉 오늘날 모델이라 불리는 것을 제시한 사람들은 그리스인들이었다. 그래서 최초로 태양계 모델을 만든 사람으로 크니도스의 에우독소스(기원전 408-355)를 꼽게 된 것이다. 자크 블라몽[3]은 이 모델을 다음과 같이 소개하고 있다.

"각 행성은 일정한 속도로 극(極)이라는 축을 중심으로 회전하는 행성의 적도 상공을 일정한 속도로 이동한다.

이 행성의 극(極)은, 이번에는 첫번째 행성을 중심으로 동심원을 그리고 있는 또 다른 행성의 적도 상공에 위치하고, 훨씬 큰 두번째 행성의 극(極)은 세번째 행성 위에 위치한다……."

블라몽은 계속해서

"각 행성은 각자 고유한 시스템을 가지고 있고, 각 행성들은 지구의 중심을 중심으로 해서 동심원을 그린다. 이 시스템을 '원심'이라고 부른다. 항성들의 영역권 내에서는 모두 이런 시스템이다. 서로 얽히고 끼워 맞추어진 약간 복잡한 이 행성 시스템은, 공전과 지구중심설을 동시에 설명해 주고 있으며, 복잡한 것으로 인식되어 있는 행성들에 대한 다양한 천체 관측들을 설명하는 데 도움을 준다.

아리스토텔레스가 채택하고, 가르치고, 전파시킨 학설이 바로 이 학설이다.

---

3) 《수(數)와 공상》, J.-E. Paris, O. Jacob, 1993.

이 이론은 알렉산드리아 시대까지 지속된다."

기원전 300년부터 로마에게 점령당할 때까지 이르는 기간 동안, 알렉산드리아는 전례를 찾아보기 힘든, 가장 활발한 지식의 중심지들 가운데 하나였다. 과학적인 면에서, 고대(古代)에는 페리클레스의 아테네나 전성기 때의 바빌로니아조차도 이곳과 견줄 만한 곳이 되지 못했다. 라지드 왕조 지배하에서는 알렉산드리아가 세계의 교류지였을 뿐만 아니라, 지중해의 다양한 인종들이 모여드는 장소이기도 했다. 라지드 왕조는 예술, 문학 그리고 과학에 대한 위대한 정복자의 사랑을 도시에 가져다주었는데, 이는 라지드 왕조의 스승인 위대한 아리스토텔레스의 뜻에 따른 것이다. 파라오는(이 그리스 왕들은 이 해묵은 직함을 사용했었다) 예술가들과 학식 있는 사람들과 과학자들을 도와주었다. 7대 불가사의에 해당되는 도서관을 건립했던 것도 이 왕들이었다(이 도서관은 나중에 화재로 파괴되었다).

지금까지 전해 내려오는 이 시기의 위인들의 이름을 들자면, 유클리드 · 히파르코스 · 에라토스테네스 · 아리스타르코스, 의사 갈리에누스 · 클라우디오스 프톨레마이오스가 있고, 그리고 여기에 시칠리아의 시러큐스에서 가톨릭 성무 일과를 집행하는 사람임에도 불구하고, 알렉산드리아 학교의 옛 제자였으며, 생애의 마지막 순간까지 이 학교와 관계를 유지했던 아르키메데스의 이름도 포함시켜야 할 것이다.

알렉산드리아에서 천문학은 단숨에 가장 주목받은 과학이 되었으며, 이는 아시리아-바빌로니아(종종 칼데아라고 불리기도 한다) 전통을 계승한, 대체로 영리한 상인들이 실현시킨 세밀하고 정확한 천체 관측을 토대로 발전하였다. 실제로 알렉산드리아 사람들은 장사를 하기 위해서 별자리 점을 만들어서 판매했다.

그래서 기원전 250년경에 아리스타르코스 드 사모스가 새로운 천체 모델을 제시하게 된 것도 점성학이 지배하던 시대 상황과 연관이 있는 것이다.

그는 에우독소스와 아리스토텔레스와는 달리 세상의 중심을 태양에 다 두었고, 지구를 포함한 모든 행성들은 이 태양을 중심으로 돈다고 주장하였다. 그의 주장은 항명(抗命)에 가까웠던 것이었다. 클레안테 스는 그가 신성모독과 신을 모욕한 죄를(하늘과 신(神) 간의 관계가 이 미 설정되어 있음을 보여주는 증거임) 저질렀다고 비난하고, 그를 법정 에 세워야 한다고 주장했다. 실제로 아리스타르코스 학설을 믿는 사 람은 아무도 없었다. 이 모델은 매우 정밀한 천체 관측에 근거한 것이 아니었고, 별들의 움직임 속에서 관찰된 비정상적인 현상들을 설명하 기에는 원형 궤도가 너무 일정했으며, 그리고 이는 별자리 점을 만드는 바탕이 되었다. 게다가 그는 "돌을 공중으로 던지면 돌은 같은 장소로 떨어진다. 그런데 만약 지구가 움직인다면 돌은 던진 장소가 아닌 다 른 장소로 떨어져야 한다"는 논리로, 지구는 움직이지 않는다는 것을 증명했던 아리스토텔레스의 물리학에 반기를 들었다. 이런 그를 1500 년 동안이나 망각하고 있었던 것이다!

그리고 나서 알렉산드리아는 가장 중대한 과학적 사건의 무대가 되 었다. 에라토스테네스는 지구의 반지름을 측정했는데, 이는 지구는 둥 글다는 이론이 이 시기에 벌써 인정받고 있었음을 증명하는 것이다.

하지만 역사에 획을 긋는 결정적인 행보는, 기원전 150년경에 《알마 게스트》(천문학 관측 기록서)를 펴낸 위대한 지리학자이자 천문학자인 클라우디오스 프톨레마이오스가 남긴 족적이다. 세상과 천체 운동에 관한 그의 관점은, 에우독소스나 아리스타르코스의 표현처럼 단순히 '미학적'이고 논리적인 모델이 아니었다. 프톨레마이오스는 근대적인 의미의 단어로 행성 모델을 만들었다. 그가 주장한 '배치'라든가 '행 성의 움직임'이라든가 '행성의 배열'이라는 말은 수량적인 관찰을 의 미하는 것으로 여겨진다.

그는 지구를 중앙에다 움직이지 않도록 위치시키고, 태양과 행성들이 지구의 주위를 도는 것으로 만들었다. 그는 그리스인들처럼 이 움직임들은 완벽한 기하학적인 형태인 원형 궤도에 의해 이런저런 방식으로——결국 신에 의해——통제되었다고 생각했다. 기하학·조화·우주·신, 이 네 개의 조합은 시대를 거쳐 오면서 사람들의 머릿속에 각인된다.

하지만 계절이나 화성의 움직임처럼 불규칙한 운동이 존재하는 원형 궤적에 대해서는 어떻게 이해해야 할 것인가? 프톨레마이오스는 에피사이클로이드와 이심률(離心率)이라는 두 가지 수단을 동원하였다. 에피사이클로이드란 큰 원의 바깥쪽을 또 하나의 작은 원이 굴러 회전할 때 작은 원주상의 한 점이 그리는 곡선이고 그 중심은 큰 원주 위로 이동하는 것을 말한다. 그 궤도는 서로 교차하는 소용돌이 모양을 그린다. 이심률이란(타원 중심에서 초점까지 떨어진 거리와 타원의 장반경에 대한 비율), 아주 간단하게 요약해서 말하자면 궤도 중심으로부터, 예를 들면 태양의 궤도 중심으로부터 지구가 어긋나는 것을 말한다. 그래서 자신의 원형 궤도를 도는 태양의 규칙적인 선회를 달에서 보게 되면 불규칙한 것처럼 보이게 되는 것이다. 클라우디오스 프톨레마이오스는 이런 식으로 놀라울 정도로 예측이 정확하게 들어맞는 태양계 모델을 만들었고, 이 모델은 코페르니쿠스까지 그리고 그 이후에도 명맥을 유지하게 된다. 이때가 기원전 1세기였고, 로마가 급부상하기 시작한 때였다.

기독교는 어떻게 해서 이러한 진보에 대치되는 입장을 취하게 되었는가? 기독교는 유대교에서 파생되었다. 그런데 새로운 종교에 편입된 '최초의 유대인들'은 과학에 대해 전혀 걱정하지도 않았고, 천문학 같은 경우는 더더욱 신경도 쓰질 않았는데, 이는 다음과 같은 중요한 이유 때문이었다. 유대교는 유일신과 더불어 태초와 의미를 담고 있는 역사를 창안해 냈다. 이전에 존재했던 종교들은 모두가 윤회종교로서 시간은 영원한 것이고 역사는 무한정으로 반복된다고 믿었다. 그런데 이 윤회라고 표현하게 된 기원이 되었던 것들은 행성들의 움직임, 계절의 순환, 주기적인 강물의 범람이었다. 신(神)과 별에 대한 혼동과, 지상에서 주기적으로 반복되는 현상들을 신들과 별들의 탓으로 돌리는 운세는, 점성술을 종교적인 분야인 동시에 치밀한 분야로 만들었다. 유대교는 이런 관점과 결별을 강조하고 싶어 했고, 동시에 하늘과 자연의 규칙적인 현상에 대한 이런 식의 연구와는 담을 쌓았다.

따라서 수많은 위대한 과학자들을 배출하게 되는 유대인들은, 초창기에는 점성술에 대한 열정이 없었다. 그들이 진지하게 천문학에 관심을 갖기 시작한 것은 아랍인들의 영향(이보다는 '경쟁'이라는 말이 나올 듯싶다) 때문에, 다시 말해서 서기 8세기나 9세기부터 시작되었다.

초창기 기독교인들의 태도는 유대인들의 태도를 쏙 빼닮았다. 유대인들처럼 그들은 점성술, 다신(多神) 그리고 역사의 윤회에 반대했다. 유대인들처럼 그들은 역사를 믿고, 역사의 시작을 믿고 그리고 역사의 의미를 믿었다. 그리고 천문학은 당연히 그들이 가장 기피하는 것으로 상징되었다. 유대인들처럼 기독교인들이 하늘에 관심을 갖도록 자극한 것은 두말할 것도 없이 아랍인들의 연구 업적 때문이었다. 실제로 기독교인들이 진지하게 하늘에 대한 관찰을 시작한 것은 알베르르 그랑과 그의 제자인 토마스 아퀴나스가 활약했던 시기인, 13세기 초가 분명하다. 자연을 이해하고 또 자연의 법칙을 이해하는 것은 신의 업적을 이해하는 것으로서, 따라서 이는 신에게 다가가는 것이라고 토마스 아퀴나스가 설파했다. 이를 위해서는 이미 지적한 바와 같이 아리스토텔레스 학설을 채택하고, 따라서 천문학에 대한 그의 관점, 다시 말해서 우주의 중심을 지구로 하는 에우독소스 학설을 어느 정도 채택하는 것이다. 그러나 만약 이 체계가, 무엇보다도 자신들의 중심 노선에만 국한되어 설명하고 있는 그리스인들의 미(美)와 조화의 원칙들을 만족시켰다면, 천문학의 현실은 매우 다른 방향으로 흘러갔을지도 모른다. 달리 말해서 밤마다 하늘을 관찰하고 행성들의 움직임을 측정하는 천문학 전문가가 볼 때, 에우독소스의 이론은 프톨레마이오스의 학설에 필적할 만한 것이 못 된다. 뿐만 아니라 영향력 있는 기독교인들은 진지하게 하늘을 관찰하기 시작하면서부터 재빠르게 프톨레마이오스 학설을 채택하게 되는데, 이 체계만이 행성들의 움직임을 묘사하거나 일식에 대한 예견이나 믿을 만한 운세표를 만드는 것 등을 가능하게 해주기 때문이다. 게다가 실질적이고 정확한 이 이론은, 언제나 지구를 세상의 중심에 두고 또 움직이지 않는다고 말하고 있는, 성서의 내용과 일치할 뿐만 아니라, 기독교 과학사상에 무소불위의 영향력을 확산시키기 시작한 아리스토텔레스의 관점과도 일치한다.

폴란드의 주교좌성당의 참사원이면서, 상당히 학식이 높고, 고위 성직자들과 전도사들 세계에 몸담고 있었던 니콜라스 코페르니쿠스로 인해 중대한 변화가 일어난다. 아리스타르코스가 죽고 1300여 년이 지난 후에 코페르니쿠스는 과감하게 태양을 태양계 중심에 놓고, 지구는 자전과 공전이라는 두 운동을 하면서 움직이는 것으로 간주했다. 코페르니쿠스에 대한 많은 글들이 남겨져 있고, 코페르니쿠스의 혁명에 대해 말들을 해왔다. 돌이켜 보건대, 코페르니쿠스 학설은 독창적인 면은 전혀 없을 뿐만 아니라 아리스타르코스 학설의 새로운 버전에 불과한데도, 어떻게 해서 그렇게 수많은 영광을 얻게 되었는지 생각해 볼 수 있다. 게다가 이는 상당히 복잡한 체계에 해당된다. 프톨레마이오스의 주전원(周轉圓: 혹성의 불규칙 운동을 설명하기 위해 고안한 원)들로 인한 복잡성으로부터 벗어나게 해주기는커녕 오히려 더 복잡하게 만들어 놓았고, 천문학적인 예상을(일식, 월식, 하루와 계절의 지속 기간) 개선시키기는커녕 오히려 수준을 떨어뜨려 놓았다. 코페르니쿠스의 중대한 업적이자 진정으로 유일한 업적은, 낮과 밤에 관한 문제에 접근하는 그의 방식이다. 아리스토텔레스의 이론이든, 프톨레마이오스의 이론이든, 고대의 모든 이론들은 낮과 밤의 주기적인 교체는 주요 행성을 중심으로 항성들 중에 행성의 공전 때문이라고 설명하고 있는데, 이 이론대로 한다면 대략적인 거리 계산만 하더라도 행성은 엄청난 속도와 동시적인 방법으로 회전한다는 말인데! 지구의 자전은 실질적인 진보임을 보여주는 것이다.

자신의 이론들을 알리는 데 있어서 코페르니쿠스는 놀랄 정도의 조심성과, 무엇보다 자신의 보호자들이자 친구들인 가톨릭 성직자들의 지지를 얻기 위해 매우 고심했음을 보여준다. 그는 자신의 주요 저서를, 자신이 사망하던 해에 출간하게 된다. 그의 학설이 제일 먼저 알려지게 된 것은 코페르니쿠스에게 완전히 반한 레티우스라는 젊은 기독교신자 덕분이었는데, 그는 코페르니쿠스의 학설을 요약하여 출간하였다. 이와 관련하여 그는 자신의 저서를 자신이 죽던 해에 출간했다. 그래서 그가 걱정하지도 불안에 떨지도 않았던 것도 놀랄 만한 일이 아니다. 코페르니쿠스의 가장 큰 공적은 위대한 '혁명가들'인 조르다노 브루노 · 케플러 · 갈릴레이에게 영감을 주었다는 것이고, 이들은 코페르니쿠스를 표방하기에 이른다. 코페르니쿠스는 케플러 사상의 근원이었고 이는 케플러 자신이 고백한 내용이다. 코페르니쿠스는 갈릴레이가 유죄판결을 받게 되는 단초였다.

'코페르니쿠스 혁명'을 진정으로 주도한 사람은, 내가 보기에는 요하네스 케플러이다. 과학적인 관점에서 볼 때, 케플러의 업적은 과단성 있는 행동, 천문학의 창시자 그리고 어쩌면 모든 근대 과학의 창시자라는 것이다. 실제로 케플러 이전에 행해졌던 모든 것과는 반대로 케플러가 주창한 태양계는 우아하고 정확하고 서술적이고 예측 가능한 것이었다. 그는 자신이 등장하기 이전까지 중시되어 왔던 모든 편견들을——원형 궤도에 대한 중시, 이런저런 행성들의 허구적인 주전원——떨쳐 버렸다.

케플러는 세 가지로 법칙을 명시하는데, 이것이 나중에 '케플러의 법칙'이 된다.

1) 행성들은 태양을 중심으로 타원 궤도를 돈다.

2) 행성들의 움직임은 동일한 형태를 띠지 않는다. 행성들이 태양과 가까워질 때 행성들의 속도는 빨라지고, 태양에서 멀어질 때는 속도가 느려진다.

3) 공전 속도는, 즉 궤도를 한 바퀴 도는 데 걸린 시간은 태양과 멀수록 점점 더 오래 걸린다. 태양과 가까운 곳에서부터 멀리 떨어져 있는 순서는 수성·금성·지구·화성·목성·토성으로 나타낼 수 있다.

여기에다 네번째 법칙을 추가시키면

4) 지구의 자전은 하루가 걸린다.

케플러는 이 대단한 연구 성과에다 조수간만은 달의 인력에 의한 결과라고 하는, 조수간만에 대한 정확한 설명을 덧붙였다. 이는 갈릴레이가 이해하지 못했던 현상이다. 케플러 모델이 남다른 점은, 상당히 복잡하게 보이는 행성들의 움직임들을 지상에서 관찰을 해서 모델로 만들어 냈다는 것이다. 행성들 궤적의 이심률이 상당히 낮은데도(즉 궤적의 모양은 거의 원에 가깝다) 지구에서 본 화성의 궤도가 지그재그 형태라는 것을 바탕으로 해서, 행성들의 궤적이 타원형이라는 것을 추론해 냈다고 하는 사실은, 그 말 그대로 놀랄 만한 수준의 상당한 지식 수준이다.

티코 브라헤와 케플러가 육안으로 이 관찰들을 했다는 것과, 한도 끝도 없는 계산들을 손으로 직접 계산했다는 것을 덧붙인다면, 너무 감탄한 나머지 어쩔 줄을 모르게 될 것이다. 그리고 케플러의 연구는, 덴마크 천문학자인 티코 브라헤가 행한 일련의 감탄할 만한 관찰이 없었다면 불가능했을지도 모른다는 것을 결코 간과해서는 안 된다. 티코 브라헤와 요하네스 케플러의 공동 연구라고 하는 이 놀라운 협조에 대해 여러 번에 걸쳐서 언급한 바 있다. 티코 브라헤는 네덜란드 왕인 크리스티안의 친구이자 귀족이었고, 이 왕은 티코 브라헤에게 우라니보르그 천문대를 지어 주었다. 브라헤는 여러 행성들을 관찰하기 위해 엄청난 기재들을 설치하고, 상당한 정확성을 가지고 일련의 하늘에 대한 관찰들에 대한 정보를 수집했다. 이를 바탕으로 티코 브라헤는 지구를 제외한 모든 행성들은 태양의 주위를 돌고, 이 태양은 지구의 주위를 도는 그런 모델을 만들어 냈다.

그의 모델은 하늘에서 행성들의 진로와 일식, 월식과 같은 것들을 예측하는 데 있어서 상당한 정확성을 띠었다. 이 모델은 모든 것을 밝혀주고 있지만, 화성의 궤적에 대해서만큼은 예외였다. 이 모델은 프톨레마이오스와 코페르니쿠스 학설보다는 한층 발전된 것이다. 예수회 수도사 천문학자들이 확고한 논리를 가지고 갈릴레이의 주장에 맞설 수 있었던 것도 이 모델 덕분이었다. 반복하건대, 티코 브라헤 모델은 관찰에 기초한 순수 천문학 분야에 있어서, 코페르니쿠스의 모델보다는 한수 위에 있었다.

하지만 티코 브라헤와 케플러 사이의 관계에 대한 이야기로 되돌아가 보자.

양보할 줄 모르는 외곬에다, 자신의 조수들을 비난하기 좋아하는 티코 브라헤는 화성의 움직임에 대해 이해하거나 설명할 능력이 되질 못했다. 상당히 똑똑하다는 소리를 듣던 독일의 젊은 수학자이자 천문학자인 요하네스 케플러의 존재를 알게 된 것은 이 때였다. 그는 보헴에서 함께 연구하자고 케플러를 초청했다(케플러는 자신의 친구인 크리스티안 왕이 죽은 후에 덴마크를 떠났다). 베나테크 성에서 처음 만나자마자, 그들 사이에는 엄청난 알력과 상당히 많은 협조 관계가 이루어졌다.

티코 브라헤는 케플러를 자신의 연구팀 중에서 가장 유능한 인재 중의 한 사람으로, 자신의 모델에 틀림없이 화성의 움직임에 관한 내용들을 편입시키게 해줄 수 있는 재주가 있는 사람으로 보았다. 케플러의 머릿속에는 나름대로 이미 자신의 고유한 모델을 생각하고 있었고, 별들 전체를 관찰할 기회를 늘릴 생각만 하고 있었다. 그는 티코 브라헤가 이런 관찰에 있어서 최고 전문가들 중의 한 사람이라는 것을 알

고 있었기 때문에 그는 서로 맞지 않는데도 불구하고, 그의 곁에서 연구하는 것을 받아들였던 것이다.[4]

짧은 기간이었지만 두 사람간의 공동 연구는 항상 이런 양면적인 성격이 역력했다. 협력자였다가 또한 경쟁자가 되는 이 두 사람은 각자 자신들의 모델을 내세우고, 상대방의 모델은 단호하게 거부하였다.

만약 티코 브라헤가 죽지 않았다면, 분명 각자가 서로에게 품고 있던 분노들 중에 하나의 결과로, 어쩌면 노골적인 갈등이 폭발했을지도 모른다. 수석조교이자 어쨌거나 칭찬받고 애지중지 사랑받은 케플러는, 티코 브라헤가 행한 모든 관찰들을 물려받았다. 이 이후의 이야기는 알려진 바 그대로이다.

북부 유럽과 중부 유럽에서 이런 소동이 벌어지고 있는 동안, 가톨릭 교회 권력의 중심지인 남부 유럽과 서부 유럽에서도 '지동설'이라는 바이러스가 퍼져 나가고 있었다. 이 지동설을 전파하는 사람들의 이름을 말하자면, 조르다노 브루노[5]와 그 뒤를 이은 갈릴레오 갈릴레이가 있었다.

조르다노 브루노는 그가 진정한 과학자가 아니었었다는 점에서, 과학사에서 약간 특별한 위치를 점하고 있다. 그는 과학자라기보다는 사상가, 철학가였다. 그는 정확한 과학적 방법론을 발전시킨 적이 한번도 없었고, 증명보다는 직감에 기초하여 연구를 완성해 나갔다.

그럼에도 불구하고 콜레주 드 프랑스(왕립 교수단 콜레주)와 옥스퍼드에서 강의하고, 프랑스 왕 앙리 3세와 영국의 엘리자베스 1세 여왕

---

4) 크리스티안이 죽은 후에, 티코의 괴팍한 성격과 강요에 지친 그의 후계자들은 티코를 덴마크에서 추방하였다. 티코는 보헤미아에 있는 황제 곁으로 망명하였다. 그는 계속해서 연구를 했지만 그의 실험 도구들은 우라니보르그에서 소유하고 있었던 실험 도구들보다 한참 뒤떨어지는 것들이었다.

5) 《조르다노 브루노》, B. Levergeois, *op. cit.*

의 비호를 받았던 이 도미니쿠스회 수도사는, 여러 번에 걸친 중대한 과학적 공헌으로 인해서 그 업적을 인정받을 수 있었던 것이다.

무엇보다도 그는 '아리스토텔레스의 실수'를 제일 먼저 명확히 밝혀 낸 사람이다. 그는 움직이고 있는 배에서 물체를 공중으로 던졌을 때 물체가 배 위로 떨어지지, 배 뒤로 떨어지지 않는다는 것을 갈릴레이보다 먼저 증명했다. 이러한 논리에 근거하여, 그는 '공중으로 돌을 던졌을 때 돌은 그것을 던졌던 같은 장소에 떨어지기' 때문에 지구는 움직이지 않는다고 하는 아리스토텔레스의 주장을 반박하였다. 그러자 아리스토텔레스는 만약 지구가 돈다면, 돌은 10미터 뒤에 가서 떨어졌어야 했다고 말했다. 브루노는 이 그리스인의 주장이 틀렸음을 지적하면서, 코페르니쿠스의 이론에 편승해서, 지구는 자전을 하는 동시에, 태양의 주위를 돈다고 주장하였다. 그는 한술 더 떠서 우주에는 무수한 별들과 무수한 태양계가 존재한다고 주장하였다. 브루노에 따르면 우주는 거대하고 무한하다. 그는 유럽을 돌아다니며 여러 가지 방법으로(대화, 연극 공연, 학술 서적, 강의) 이 이론들을 뒷받침하면서 가톨릭 교회가 믿고 있는 모든 주장들을 굴복시키고, 근대 합리주의에 대한 최초의 밑그림할 수 있는 것을 발전시켜 나갔다.

그와 기독교 종교 당국과의 갈등은 첨예하게 변한다. 실제로 그의 이론들은 제네바의 칼뱅파 개신교뿐만 아니라(그는 달아날 수밖에 없었다) 독일의 루터파, 영국의 성공회 그리고 당연히 가톨릭 교회로부터 유죄판결을 받았고, 그들로부터 끊임없는 공격을 받게 된다. 그는 논쟁을 피하기는커녕 논쟁을 유발하고, 자신의 이론에 반대하는 사람들에 맞서서 용기와 뛰어난 솜씨로 싸워 나갔다. 예를 들면 그가 항상 유물론 철학의 지지를 받았다고 하는 이유로, 사람들이 그의 무한 우주 개념을 인정하려 들지 않을 때마다 그는 이렇게 대답했다. "당신은 무슨 권리로 신의 왕국의 규모에 한계를 둔다는 말이오?"

넓은 지역을 이리저리 옮겨 다닐 수 있었던 덕분에, 그리고 몇몇 권력자들을 사로잡을 수 있는 친화력 덕분에 유럽을 돌아다니며 논란을 일삼는 그의 활동은 오랫동안 지속되었다. 그러나 상황은 악화되는 쪽으로 돌아간다. 그는 종교재판에 연루되어 1600년 7월 16일, 신에 대한 신앙과 믿음이 있다는 것은 분명히 밝히지만, 지구가 세상의 중심이라는 것을 인정하라는 제안을 거부한 후, 로마에서 산 채로 화형 당했다.

우리는 이미 갈릴레이에 대해 그의 비상한 과학적 재능, 예수회 수도사들과의 관계, 엄청난 자만심, 천재성, 그리고 품위가 부족했었다는 것을 언급한 적이 있었다. 그에 관한 모든 것들은 이야기되고 기록되어 있다. 그의 공로는 무엇보다도 과학이 발전해 나가는 데 있어서, 교회가 방해가 되지 않도록 교회와 과감히 맞서 싸워 왔다는 것이다.

갈릴레이가 겪었던 일처럼 브루노가 겪은 사건들은, 어쨌든간에 지동설 이론에 반대하는 교회의 과격성을 확연하게 잘 보여주고 있다.

갈릴레이가 죽던 해에 뉴턴이 태어났다.

재기발랄하던 '케임브리지 천재'가 세상을 떠난 지 20여 년이 지난 후, 상황은 개신교 쪽으로 이동하게 된다. 케플러에 대해 아무런 지지도 보내지 않았던 개신교도들은 갈릴레이 재판으로 인해 눈을 뜨게 되고, 그때부터 대다수의 개신교도들은 지동설 쪽으로 입장을 바꾸게 된다.

분명 가톨릭신자인 데카르트와 파스칼은, 각자 나름대로 복잡하고도 부분적으로는 가식적이지만, 그래도 신중한 방식으로 갈릴레이를 높이 평가하기도 했지만, 그래도 지동설이 인정되는 쪽은 개신교계 (界)였다.

1660년을 전후로 해서, 가톨릭 교회가 데카르트와 파스칼의 저서들을 금서 목록으로 지정하면서, 한층 더 신중한 입장을 취했음에도 대부분의 재능 있는 과학자들은 지동설을 인정하고 있었다고 말할 수 있다.

뉴턴이 실질적으로 천체 역학을 촉진시키고, 지동설을 입증하고 그리고 동시에 그의 가장 위대한 법칙들 중의 하나인 '물체간의 인력 작용'을 과학계에 제기하게 되는 것도 이런 상황에서였다.

뉴턴은 중력을 '창안' 했다. 중력이란 무게가 있는 모든 물체들이 떨어져 있는 상태에서 서로 영향을 미치는 것이기 때문에, 이 중력이라는 것이 매우 신비스럽게 느껴졌을 것이다. 중력은 중심 물체의 질량에 비례하는 일종의 끌어당기는 힘으로, 이 힘은 거리 제곱에 반비례해서 변화한다. 무게가 있는 물체들이 가까우면 가까울수록 그 물체들이 끌어당기는 힘은 더 커진다. 동시에 이 힘은 자체적으로는 매우 약해서 주어진 질량이 엄청날 때만이 그 효과를 볼 수 있다. 지구는 사과를 떨어지게 만들고, 우리가 서로에게 가하는 인력은 느끼기조차 힘들 정도로 약하지만, 지구 인력은 우리가 지구에 '붙어 있도록' 해준다. 그리고 상대적으로 가벼운 지구가 상대적으로 무거운 태양의 주위를 도는 이유를 설명해 주는 것이 바로 이 물체간의 인력이다. 게다가 뉴턴은 이 중력의 도움으로, 지구의 주위를 도는 달의 움직임에 대한 케플러의 법칙을 수학적으로 증명해 냈다. 그는 이 과정에서 미분과 적분을 발명해 냈다.

착실한 기독교신자였던 뉴턴은, 수학적으로 규명된 행성의 시계 운동에 즉각적으로 신의 역할을 부각시켰다. 신이 아니고서야 어찌 이와 같은 시계 운동을 생각해 내고 움직이게 할 수 있단 말인가? 뉴턴은, 이 운동을 지속시키기 위해서는 끊임없는 신의 개입이 필요한 것이고, "그렇지 않으면 이따금 태양계를 지나는 혜성들은 태양계의 조화를 파괴시킬지도 모른다"고 주장하기조차 했다.

이 주장은 '신은 (이런 움직임을 창조하고 추진시키기 위해서) 한번만 개입하고, 그 다음은 자연의 법칙에 따르도록 한다고' 하는 라이프니츠의 주장에 반하는 것이다.

오늘날 인간의 생각으로 만들어 낸 가장 아름다운 체계 구성 중의 하나로 평가받고 있는 뉴턴의 학설은, 당시의 종교당국으로부터 대조적인 방법으로 받아들여졌다.

그의 학설은 가톨릭으로부터, 특히 프랑스에서 혹독한 공격을 받았는데 그 이유는 물체간의 힘이 불가사의한 힘의 부활로 비추어졌기 때문이다. 만약 볼테르가(그의 사랑하는 에밀 뒤 샤틀레와 함께) 뉴턴의 가장 대표적인 옹호자이자 팬이라면, 특히 퐁트넬 같은 사람은 매우 악의적인 '안티'의 글을 썼다. 공식 기록에 의하면 이 두 사람은 행성들의 움직임을 설명하는 세 개의 학설, 즉 프톨레마이오스 학설, 브라헤 학설, 코페르니쿠스 학설을 끊임없이 들먹거렸는데, 그들은 이 학설들이 증명되지 않은 가설일 뿐이라는 핑계로 이 학설들 가운데 어느 편도 들지 않았다고 한다. 예수회 수도사들이 "진실이 아닌 한 그것은 죄가 아니다"라고 말한 것처럼 말이다. 프랑스 사람들은 대체로, 인접한 회오리들에 의한 연동(連動)이 중력이라는 물체간의 작용보다는 훨씬 자연스럽다고 보면서, 뉴턴 이론보다는 데카르트 이론 쪽에 무게를 실어 주었다.

독일에서는 라이프니츠가 뉴턴의 이론에 반기를 들었다. 다방면에 재능이 있었던 라이프니츠는 과학과 종교, 뿐만 아니라 가톨릭과 개신교를 통합하고자 하는 야심을 품고 있었다. 그에 따르면 세밀하고 합리적인 기하학이 신(神)이고, 이 신이 매우 정확한 수학 법칙의 지배를 받는 세상을 창조했다고 한다. 하늘의 조화는 곧 신의 존재를 의미한다. 만일 그가 뉴턴의 학설을 부분적으로나마 원용했다고 한다면, 그것은 행성이 일주 운동을 지속하는 데 있어서 신의 개입이 필요하지 않다는 것을 주장하기 위해서였던 것이다. 나중에 라이프니츠는 기계론적인 학설을 만들었다는 이유로 제소를 당하게 되고 이 기계론적인 학설을 토대로 해서, 볼테르 같은 사람들은 자연을 신성하게 여기지 않았다.

뉴턴 이론이 조금씩 인정을 받아가는 과정 속에서, 상대적으로 '고통을 덜 받고' 받아들여지고 또 종교당국 자체로부터 옹호받았던 곳은 영국에서였다. 당연히 물체간의 인력 작용은 신비스러운 것으로 비추어졌기 때문에, 로저 코트가 이 점에 관해 명확한 설명을 듣기 위해 뉴턴에게 편지를 써서 초청한 적도 있었지만, 그렇다고 해서 수학 법칙으로 설명된 행성의 시계 운동이 관심을 끌었던 것은 아니다. 여기서 보면 전지전능한 신의 모습이 우주의 위대한 시계공이 아니던가? 이 인력(引力)이 인정되기까지——이 인력도 나중에는 인간이 그 본질을 알 수 없는 신이 발휘하는 힘의 상징이 된다——잘 알지 못했다거나 이해를 하지 못했다고 하는 것은 신을 배신한 것이다. 장 기통보다 앞서 사람들이 이미 이런 말을 해왔다니!

뉴턴이 만들어 낸 수학 공식덕분에 천체력(天體曆)의 예측이 아주 정확하게 맞아 떨어지게 되자, 전반적인 의견은 지동설 쪽으로 모아지게 된다. 18세기말에 모든 개신교 학자층들은, 지구는 태양의 주위를 돌고 또 떨어져서 작용하는 힘이 존재한다는 것을 받아들였다. 가톨릭계(界)는 1757년에 있었던 교황 브누아 14세의 선언에도 불구하고, 훨씬 더 신중한 자세를 취했다.

뉴턴의 연구는 엄격하면서도 성공을 이루어 낸 과학 이론의 본보기가 되는 진정한 천체역학으로 거듭나게 하면서, 그리고 동시에 가톨릭, 개신교 또는 유대 세계에서 케플러가 주장한 지구중심설인 행성체계의 전체적인 승리를 보장해 주면서 라플라스 · 라그랑주 · 해밀턴의 연구 결과에 힘입어 19세기초에 완성된다.

지구중심설이 인정되자, 이번에는 지구에다 지구에 합당한 우주적 지위를 부여하는 일이 남게 되었다. 이제는 더 이상 태양계의(당시에는 우주의) 중심이 아닌 지구에게 어떠한 지위를 부여해야 하는가? 그리고 우주에서의 태양계를 어떻게 규정해야 할 것인가? 전체의 중심으로 간주해야 할 것인가? 아니면 반대로 수많은 별들 가운데 별 볼일

없는 행성들로 간주해야 할 것인가?

갈릴레이 이후로 제기된 이 문제에 대해 20세기 과학은 명백한 답변을 내놓았지만, 아직도 풀리지 않은 숙제들이 남아 있다.

우리의 별인 태양은, 우주를 수놓고 있는 수백억 수천억(물론 이보다 훨씬 많다!) 개의 별들 속에 있는 평범한 하나의 별이다. 태양은 우리가 속한 은하계의——은하수——중심에 있는 것이 아니라 은하수 가장자리에 위치하고 있다. 이 은하수조차도 특별할 것이 없는 은하수인데다, 우주의 중심에 있는 것도 아니다(우주는 확장하고 있다).

성서의 내용을 글자 그대로 수용하는 기존의 종교들에게 이러한 사실은 잔혹한 것이었다. 실제로 신(神)이——만약 신이 존재한다면——지구와 지구 주변의 별들에게 특별한 관심을 기울여 왔다는 내용은 어느 곳에도 기록되어 있는 것이 없다. 작은 행성인 지구는, 대부분이 평범한 별들인 무수히 많은 별들에 둘러싸인 평범한 은하수 속에 포함되어 있는 평범한 별 하나의 주위를 돈다.

거대한 우주 속에 떠다니는 아주 평범한 별, 이것이 우리가 있는 별을 아주 제대로 표현하고 있는 것처럼 보인다. 그래서 다음과 같은 질문이 제기된다. 만약 지구가 평범한 별이라면, 수십억의 생명체가 살고 있는 수백만 수십억의 지구가 있지 말라는 법이 어디 있으며, 또 외계인이 있지 말라는 법이 어디 있는가?

특히 조르다노 브루노는, 하늘이 무한대이고, 우리의 행성 시스템과 비슷한 수많은 행성 시스템이 있다고 주장했다는 이유로 화형을 당했다. 가장 최근의 사례를 보자면, 테야르 드 샤르댕은, 자신은 가톨릭 신자라고 주장하면서도, 천연덕스럽게 수많은 세상과 수많은 생명체들이 존재한다고 믿었다. 그는 강의 권한을 박탈당하고, 콜레주 드 프랑스 정교수직에서 쫓겨나서 미국으로 유배당하고, 그의 책들은 몰수당했다. 이 두 사람은 사제들이었고, 그리고 350년의 시차가 있지만 거의 같은 주장을 하였고, 똑같이 가톨릭 교회의 분노를 샀다.

아리스토텔레스의 이론과 이후에 프톨레마이오스의 이론은 지구를 우주의 중심으로 삼았다. 천체 중에서 태양계 밖에 있는 별들은 움직이지 않는 별들로 간주되었고, 그 별들의 역할은(아주 애매하게) 하늘을 '수놓고,' 하늘을 밝혀 주는 것으로 간주됐었다. 브루노가 목청껏 주장한, 별들의 숫자는 무한하다고 하는 주장을 갈릴레이는 신중한 관찰을 토대로 이를 또다시 주장했다. 실제로 갈릴레이는 망원경을 이용해서 육안으로는 볼 수 없는 수천 개의 별들을 발견해 냈다. 갈릴레이는 "만약 내 망원경이 확대가 더 된다면 아직도 더 많은 별들을 발견할 수 있을까?"라고 말하곤 했었다.

천체망원경을 발명한 뉴턴은 주저없이 그렇다고 대답했다. 그는 하늘의 무한함과 별들의 숫자가 무한하다는 것을 믿고 있었던 것이다.

은하수(La Voie lactée)에——이 이름을 붙인 것은 그리스 사람들이었다——대한 탐구는 19세기 동안에 괄목할 만한 성장을 이루게 된다. 천체망원경이 출현하면서 별들과 은하수에 대한 연구가 실질적으로 시작될 수 있었다. 렌즈들을 결합해서 사용하던 망원경과는 반대로, 천체망원경은 약한 별빛을 모으는 오목거울들로 구성되어 있어서 렌즈를 통해 모아진 별빛을 몇 배 이상으로 확대가 가능했다.

뉴턴이 발명한 천체망원경이라는 도구는 18세기 동안에 끊임없이 개선되었고, 19세기에는 특히 윌리엄 허셜의 연구 성과로 인해서 천문학이 엄청난 발전을 이룩하게 된다. 윌리엄 허셜은 하늘을 탐구하고, 별들의 숫자를 세고, 빛을 발하는 별무리들을 포착하고, 이를 성운(星雲)이라 이름 붙였으며, 그 거리를 측정할 수는 없었지만 지구에서 상당히 멀리 떨어져 있다는 사실을 밝혀냈다. 마침내 20세기 초반에, 은하수의 본질은 대다수 천문학자들에게는 더 이상 신비스러운 것이 아니었고, 은하수는 거대한 원판모양으로(윌리엄 허셜이 간파했던 형태) 배열되어 있는 수많은 별들로 이루어졌다는 것도 알려졌다. 그러나 그들은 이 원판의 중심에 태양이 있다고 믿고 있었다. 당시에 문제가 되었던 것은 성운이라 불리는 빛을 발하는 물체들이었는데, 이 물체들이 은하수의 돌출부인지, 혜성들 덩어리인지 아니면 이마누엘 칸트와 윌리엄 허셜이 주장했던 것처럼 은하수 외부에 위치하고 있는 '별들의 군도(群島)'인지 알지 못했기 때문이다.

이 점에 관해 상당한 진척을 보여준 것은, 미스 헨리에트 레비트라는 여성의 연구 성과였다. 그녀는 맥동변광성(脈動變光星)이라고 하는, 어떤 별들은 다양한 광도(光度), 진동, 반짝거림이 있다는 것을 관찰해 냈다. 이 별들은 마치 '광채'는 진동의 속도의 감소와 일치한다는 듯이, 광채가 강하면 강할수록 진동은 느렸다. 노르웨이의 위대한 천문학자인 에즈나 헤르츠스프룽은 맨 처음으로 미스 레비트의 발견에서 가장 중요한 점을 포착하고, 지구에서 광채가 나는 점까지의 거리를 규명하기에 이른다. 만약 빛을 발하는 근원지 자체의 조도(照度)가 있다는 것을 안다면, 그리고 그 한점에 내포되어 있는 그 조도를 측정해 낸다면 단순한 공식을 적용해서, 지구에서 빛의 발원지까지의 거리를 산출해 낼 수 있을 것이다. 그러면 맥동변광성에서 얻어낸 진동 주파/빛의 조도 관계는, 같은 원리를 적용시킴으로써 별들의 거리를 규명해 낼 수 있는 것이다. 그리고 삼각측량 방법으로는 효과가 없지만, 이 기술은 상당히 멀리 떨어져 있는 거리를 측정하는 데 이용될 수 있을 것이다.

헤르츠스프룽은 이런 식으로 마젤란 성운에서 반짝거리는 별들을 찾아내고, 그 별들과 지구까지의 거리를 산출해 내려고 노력했다. 그 별들이 우리 은하계에 있는 모든 별들보다도 훨씬 멀리 떨어져 있다는 사실을 확인하게 되면서, 그는 그 별들은 우리 은하계 밖에 위치하는 별들이라고 발표하였다. "우리 은하계 밖에 많은 별들이 있습니다."

이 발견은 중대한 의미를 담고 있었다. 그런데도 이 발견에 대한 천문학계의 반응은 의혹과 비판 그리고 무관심한 것뿐이었다. 그래서 헤르츠스프룽은——얼마 지나지 않아서 미국인 천문학자 러셀이 합류한다——우리 은하계 별들에 관심을 가지고 같은 기술을 적용했다. 그 별들에 대한 거리를 알고 있는 상태에서 그들은 그 별들의 질량과 조도를 계산했는데, 그 별들은 태양과 같기는커녕 온갖 형태에 크거나 작거나 불그스레하거나 푸르스름하다는 것을 발견하게 된다. 태양은 수많은 별들 중에 어떤 특별한 징후로 인해서 돋보이는 별이 아닌, 그저 수많은 평범한 별들 가운데 평범한 하나의 별일 뿐이었다.

계속해서, 이와 동일한 방법의 거리를 재는 기술을 이용해서, 섀플리라는 천문학자는 우리 은하수의 '지도'를 만들어 보고자 노력했다. 그는 우리가 있는 은하수는 납작한 둥근 원판모양이라는 것을 확인하게 되지만, 놀랍게도 태양은 은하수 중앙에 위치하고 있는 것이 아니라, 은하수 가장자리에 위치하고 있다는 것을 확신하게 된다.

우리 은하수만이 유일한 것도 아니고, 우리는 태양계의 중심도 아니며, 그렇다고 우리 은하수의 중심에 있는 것도 아니다. 이러니 종교에 대한 신뢰가 땅에 떨어질 수밖에!

1914-1920년경 캘리포니아에 대형 천체망원경이 설치되면서 새로운 국면이 전개된다. 이 당시 미국은 비약적인 성장을 거듭하고 있었지만, 유럽은 아직도 이에 크게 개의치 않고 있었다. 미국은 과학을 신봉하고, 대학들을 설립하고 그리고 새로운 과학 기재들을 들여놓았다. 이 당시에 로스앤젤레스 주변의 하늘은 아직 청명한 상태였고, 사막 주변에 고도가 높은 지역은 천체망원경을 설치하기에 이상적인 장소였다.

미국인들은 헤일천문대를 세우고 계속해서 팔로마 산 천문대를 세웠다. 광활한 우주에 대한 진정한 첫 탐사는 그렇게 시작되었다. 이 원대한 모험의 주인공은 에드윈 허블이라고 불리는 사람이었다.

성운(星雲)에 관한 문제에 대해 제일 먼저 해결책을 찾아낸 사람이 바로 이 사람이다.

우리를 둘러싸고 있는 뿌연 성운들은, 우리 은하수와는 별개인 별들의 무리들로서 또 다른 은하수들인 것이다. 그래서 허블과 그의 동료들은 한두 개의 은하수를 발견한 것이 아니라, 수십 수백억의 별들을 포함하고 있는 수천 수백만 개의 은하수들을 발견한 것이다.

이 은하수들은 다양한 크기와 형태들을 띠고 있는데, 때로는 납작하고 두 팔을 스프링모양으로 꼬고 있는 듯한 형태를 취하기도 하고, 때로는 둥근 모양의 성단(星團)을 중심으로 별들이 대거 몰려 있는 형태를 취하기도 한다. 어떤 때는 성단에 있는 별들이 동일한 모양을 띠기도 하지만, 어떤 때는 편중되어 있는 별들의 모습이 여러 형상들을 꾸며내기도 한다. 결국 우리가 속해 있는 우리 은하수는 전혀 특별할 것도 없고 또 유일한 것만도 아니다. 그저 수많은 은하수들 속에 있는 평범한 하나의 은하수일 뿐이다.

역설적이게도, 성경에서 비롯된 모든 예상들을 완전히 뒤엎은 이 발견들은 종교당국의 반발을 불러일으키지 않았다. 교황은 허블을 포함한 최고의 천문학자들과 정기적으로 서신 왕래를 하고 있고, 개신교도들은 광활한 우주라는 개념을 이미 오래전부터 받아들이고 있었으며, 가톨릭교도들도 개신교도들의 이러한 입장을 뒤따르게 된다. 그런데도 아직까지 갈릴레이에 대한 사면 복권이 이루어지지 않고 있으니!

주지하다시피, 상당히 멀리 떨어져 있는 은하수들에 대한 탐사는, 가장 유명한 근대 이론 중의 하나인 빅뱅 이론으로 귀착한다.

이 이론은, 우리의 우주는 태초에 천 분의 몇 초라고 하는 아주 짧은 순간에 엄청난 열기를 뿜어내면서, 동시에 전무(全無)한 상태에서 가장 기초적인 화학 요소들(수소와 헬륨)이 생성해 낸 물질들이 창조되고, 원래 크기가 미세한 점만 하고 미세한 바늘 끝 크기만 한 이 최초의 물질들이 우주 사방으로 분사되고, 그렇게 엄청난 속도로 분출되고 뻗어 나간 물질들이 은하수로 별들로 이루어지게 되는 엄청난 사건이 일어나면서, 마침내 우리의 우주가 창조되었다고 하는 생각을 발전시킨 것이다.

소립자 이론으로부터 상대성 이론에 이르기까지, 오늘날 물리학에서 최고로 치고 있는 지식들과 어깨를 나란히 하게 된, 이 이론은 신뢰할 만한 천문학적 관찰과 탄탄한 이론적 계산을 바탕으로 하고 있다.

빅뱅 이론의 구실이 되었던 최초의 관찰은 허블에게서 비롯된 것으로, 은하수들이 팽창하고 있다는 주장과 관련된다. 허블은 천체망원경으로 봐도 빛 한 점으로 나타나는 형상에다가 상당히 흐리게 보이는, 상당히 멀리 떨어져 있는 은하계들을 관찰하는 가운데, 광학 스펙트럼이 붉은색 쪽으로 치우쳐져 있다는 것을 확인하게 되었다. 그런데 붉은색 쪽으로 치우쳐져 있다는 사실에 대한 과학적인 설명은 도플러 효과로 간단하게 설명된다. 이 유명한 효과는, 접근하고 있는 기차의 소음이 멀어져 가는 기차의 소음보다 훨씬 날카롭게 들린다고 하는 이론이다. 광학에서도 이는 마찬가지이다. 만약 광학스펙트럼이 붉은 쪽으로 나타난다면, 그것은 붉은 빛을 발생하는 물체는 우리와 멀어진다는 의미이다. 복잡하면서도 때로는 아슬아슬하기 만한 이런 측정의 도움으로, 허블은 멀리 떨어져 있는 이 은하수들의 거리를 산출해 내기에 이른다. 그런데 놀랄 만한 것은, 멀리 떨어져 있는 은하수일수록 멀어져 가는 속도가 훨씬 빠르다는 사실이다.

시간을 거슬러 올라가서, 100억이나 120억 년으로 돌아가 보자. 그러면 모든 은하수들은 한 점으로 모여든다. 모든 은하수들은 한 점에 모여 있었던 것들이 멀어져 갔던 것이고, 다른 별들보다 훨씬 빨랐던 은하수들은, 오늘날 우리로부터 가장 멀리 떨어져 있는 은하수들인 것이다. 허블이 관찰한 이 근본적인 내용은 오늘날까지 반박당했던 적이 한번도 없었다. 이후에 진보된 기술들은 오히려 이 이론의 신빙성을 높여 주고 있고, 또한 끊임없이 견고하게 만들어 주고 있다.

두번째 관찰 내용은, 나중에 우연치 않게 발견된 '우주의 소리화석'이다. 빅뱅이 발생했을 때, 열기가 너무나 강해서 파동(波動)이 우주 사방으로 퍼져나갔다. 하지만 시간이 지나면서 이 방사(放射)는 냉각되었고 오늘날 절대온도로(-271℃) 2,3도 정도라는 결론을 얻어낼 수 있었다. 그런데 펜지어스와 윌슨은 전파망원경으로 하늘을 관찰하면서, 우주 사방 천지에는 전자파장이 실제로 존재하고, 이 전자파장의 스펙트럼이 계산에 의해 예견된 스펙트럼과 일치한다는 사실을 확인했다. 게다가 이후에 있었던 모든 연구들은 펜지어스와 윌슨이 초기에 발견한 내용을 보강시켜 주는 정도밖에 되질 않았다. 예를 들면 최근에 인공위성 코브는 이들의 연구를 완벽하게 뒷받침해 주었고, 기존에 얻어낸 온도의 정확도에 대해서도 놀라움을 금치 못하게 해주었다.

이렇게 해서 과학은, 우주는 무한정하지 않고, 일순간에 생겨났고, 게다가 이 우주는 거의 전무한 상태에서 생겨났다고 하는 결론에 도달하게 이른다. 물질은 영원한 것이 아니고, 물질은 거의 전무한 상태에서 생겨난 것이다. 유대-기독교의 성서(聖書)들한테는 얼마나 황당한 확증인가! 한때나마 관찰된 은하수들이 멀어지고 있다는 사실로 봐서 지구는, 언젠가 모든 물질들이 한 점으로 집중되어 있었던, 우주의 중심에 가깝다는 것을 의미하는 것으로 믿기조차 했었다. 하지만 어느 장소에서 관찰을 하던간에 허블의 진술 내용이 진실로 판명될 것이라는 것은, 이미 약간의 분석과 몇몇 기본적인 도표에 의해서 제기된 바 있었다.

결국 우리가 우주의 중심에 있는지 아닌지는 중요한 문제가 아니다. 중요한 것은 유대-기독교계가 주장한 천지창조 시나리오가 과학에 의해 입증되었다는 사실이다.

이런 이유로 해서 과학 연구에 관심을 기울였던 교황 비오 12세가 새로운 발견들을 접하면서 솔직히 열광하게 되었고, 우주팽창설을 주장하는 이론가들 중의 하나인 벨기에 신부 르메트르가, 과학과 종교는 약간의 거리를 유지하는 편이 낫다고 아무리 그를 설득시키려 해도, 교황이 과학은 성서의 진리를 완벽하게 입증하였다고 여러 차례에 걸쳐서 주장하게 되는 것도 이런 이유 때문이다.

나중에 기독교 사상가들은 개신교도인 피에르 쇼니[6]처럼 빅뱅 이론을 유대-그리스도교 종교가 '탁월하다'고 하는 '거부할 수 없는' 증거들 중의 하나로 부각시키는 여전히 신중치 못한 모습을 보여주기도 한다.

이렇게 해서 교회에 수많은 걱정거리를 안겨 주었던 천문학은 결국에는 교회에 만족을 안겨다 주는 것으로 끝을 맺게 되었다. 과연 이것이 언제까지나 갈까?

---

6) 《짤막한 신의 역사》, P. Chaunu, Paris, Laffont, 1992.

제3장

물질과 영혼

    물질에 대한 과학적 접근과 종교적 신앙 간의 충돌은, 겉으로 보기에는 지동설 이론이나 지구의 나이가 불러일으킨 충격보다는 덜 격렬했고, 사회적인 관심도 덜했다. 원자론으로 인해서 돌턴, 아보가드로 또는 게이뤼삭과 같은 다른 사람들에게 이목을 끌 만한 어떠한 소송도 제기된 적도 없었고, 그와 반대로 양자역학의 창시자들인 루이 드 브로글리, 에르빈 슈뢰딩거와 그의 동료들이 상당한 존경을 받거나 한 적도 전혀 없었다. 그럼에도 불구하고 특히 가톨릭 교회는, 겉으로 보기에는 타협적인 태도를 취하는 것 같았지만, 뒤에서는 원자론에 대항하는 지속적이고도 집요한 반론과, '유물론자'라는 용어가 종교와 상관없는 사상들을 규정하기 위해 이용되었던 것을 생각해 보면, 지동설에 대한 것보다 훨씬 더 본질적인 반론을 준비하고 발전시켜 나가고 있었던 것이다.

    입자-파동 양자 이원성이라는 말로 인해서 원자의 의미가 더더욱 난해해지고 애매모호하게 된 적이 있었을 때, 가톨릭의 반발 운동이라고 하기는 뭐하지만, 가톨릭의 대역전극이 될 만한 사건이 있었다. 특히 가톨릭 신자이자 유명한 학자였던 장 기통은 "도대체 그 말이 무슨 뜻인지 통 이해도 안 될 뿐더러, 또 그 말이 신의 존재를 염두에 두고 한 말인지, 조사해 보아야 한다"고 주장하였다.

몇 세기 동안에 걸쳐서 원자론에 반대하는 입장은, 교회가 받아들이기 힘든 원자, 빈 공간, 우연의 법칙 그리고 우주의 무한성이라는 이 네 가지 개념에 집중되었다. 사실상 이런 배경에는 아주 오래된 문제이면서도 동시에 매우 현실적인 문제인 물질과 정신, 물체와 영혼과의 관계에 대한 문제가 제기된 것이고, 결국 이러한 논쟁은 성체(聖體)와 화체(化體: 성찬의 빵과 포도주가 예수의 살과 피가 됨)라고 하는 가톨릭 교리의 핵심적인 부분으로 논점이 집중되게 된다.

이렇게 반대 입장이 점차적으로 자리를 잡아나가고, 상황을 반전시키고, 본질적이면서도 의미심장한 태도를 취하게 된 데에 대한 올바른 이해를 하기 위해서는 역사를 되짚어 보는 것이 절대적으로 필요하다. 왜냐하면 무엇보다도 '서양에서 원자'[1]의 존재를 인정받는 데 2천 년 이상이 걸린 이유가 무엇인가?라고 하는 문제에 대한 답변이 있어야 하기 때문이다.

물질이 원자로 구성되어 있다고 하는 이론은, 소아시아의 밀레투스 학파의 철학자들이자 학자들이었던, 그리스의 레우키포스와 데모크리토스까지 거슬러 올라가고, 기원전 450년에 제기되었던 이 이론들은, 한 세기가 지난 후에 에피쿠로스에 의해 계승되고 전파된다. 그들의 주장을 아주 간명하게 단순화시키고 조합해 보면, 그 개념은 다음과 같이 요약될 수 있다. **물질은 원자들끼리 결합되고 점착된, 더 이상 쪼개지지 않는 무수한 미립자들로 구성되어 있다. 원자와 원자 사이에는 빈 공간이 있고, '실체'인 미립자와 미립자 사이에는 '비실체(比實體)'인 빈 공간이 있다.**

물질을 구성하고 있는 미립자의 본질은 빈 공간에서 발생된 것으로

---

1) 이에 관해 이미 고인이 된 베르나르 풀만이 쓴 대단히 훌륭한 저서인 《원자》, Paris, Fayard, 1994를 꼭 읽어보길 바란다.

밝혀졌는데, 이 또한 밀레투스학파의 그리스인들이 얻어낸 중요한 수확 중의 하나이다. 이를 통해 이들 철학자들은, 서양 철학사에서 처음으로, 공간 개념과 물질 개념을 구분지었다. 공간은 미립자와 빈 공간으로 채워져 있다. 미립자의 밀도가 충분해지면 물질이 되는 것이고, 그렇지 않으면 빈 공간이 되는 것이다.

이들 원자는 부쉬지지도 않고 더 이상 쪼갤 수도 없으며, 우툴두툴한 모양, 뾰족한 모양, 갈고리 모양, 각진 모양, 굽은 모양 등 다양한 형태를 띠고 있고, 수많은 방법으로 원자들끼리 서로 결합되거나 아니면 그 반대로 서로 밀쳐내기도 한다. 원자의 수는 헤아릴 수 없을 정도로 많고, 또한 원자는 영속적으로 지속된다. 물질의 생성은, 다시 말해 원자들의 점착과 밀도의 집중은 우연의 법칙에 따라 행해진다. 이 원자들은 실제로 끊임없는 소용돌이 운동을 하면서 '자기 마음대로' 돌아다닌다. 이렇게 부산하게 움직이는 가운데, 원자들은 서로 결합하거나 서로 튕겨져 나간다. 만약 이들 원자들이 서로 일치하게 되면 서로 점착하게 되고, 그렇지 않은 경우에는 서로 밀어내고 나서 계속해서 독립적인 생애를 지속하게 되는 것이다.[2]

데모크리토스에 의하면, 이런 방식으로 물질이 구성되는 것이 보편적이라고 한다. 그에 따르면 이러한 방식은 땅 위에서와 마찬가지로 하늘에서도 통용되고, 비활성적인 물질뿐만 아니라 활성적인 물질에도 통용된다고 한다. 레우키포스에 의하면, 데모크리토스와 마찬가지로 영혼도 원자들로 구성되어 있다고 한다. 이 원자들은 분명 원자라고 표현하기에는 뭐하지만, 어쨌든 물질을 구성하고 있는 원자인 것이고, 또 그렇기 때문에 영혼은 '부패'되는 것이고, 그래서 결국은 한정된 생(生)의 기간을 갖게 된다는 것이다. 육체와 마찬가지로 영혼도

---

2) 이 놀랄 만한 예언자적인 관점은 정신적인 측면에서, 화학 반응에 관한 현대 이론과 조금도 다를 것이 없다.

죽을 수 있다는 것이다. 이것이 데모크리토스의 지론이다.

이 이론을 바탕으로 해서 그리스의 원자론자들은 우주 생성 이론을 만들어 냈고, 그 이론의 핵심은 다음과 같이 요약될 수 있다. "무(無)에서 생겨난 것은 아무것도 없고, 무(無)로 돌아가는 것은 아무 것도 없다." 물질은 영원한 것이고, 태곳적부터 존재해 오기는 했지만 원자 수에 따른 필수적인 구성 요건을 유지하면서도, 여기저기서 어떤 요소와 결합하거나, 다른 요소로 수정되면서 끊임없이 변모해 온 것이다.

이러한 관점은 엠페도클레스의 이론(이 이론은 아리스토텔레스에 의해 계승, 발전되게 된다)들과는 심각하게 대치되는 것으로, 그의 이론에 따르면 신의 법칙에 따르는 천구(天球), 즉 하늘이라는 분야와, 다양한 규칙에 따르는 달과 지구 사이의 분야, 즉 지상(地上)을 구별해야 한다는 것이다. 실제로 신의 역할에 대한 문제가 제기된 것은 분명 이 시대부터인 것이다. 원자론자들은 신들의 존재를 부정하지는 않았지만, 신의 역할은 전혀 고려하지 않았다. 원자론자들이 보기에는 움직임과 변화를 규정하는 원자들간에는 결합 법칙이 있고, 또 이 법칙들은 '당연한' 것으로 불려지고 있는 것이다. 신들에 대해서 말하자면, 신들은 분명 우주 질서의 역할을 담당하고는 있지만, 그 역할이 정확히 어떤 것인지는 알 수가 없다.

실체 이론은 엠페도클레스 측에서 가장 애써서 만든 이론에 도달할 정도로, 차츰차츰 발전해 나갔다. 아리스토텔레스는 실제로 이 이론을 그런 식으로 계승해 나간다. 이 이론은 또한 4요소 이론이라고 불리기도 한다.

물질의 일반적인 구성은 불·물·공기·흙으로 이루어졌다. 모든 물질은 이 네 가지 요소들의 결합들 중의 하나이다.[3] 하지만 이 이론에서 진정 흥미로운 것은, 이 네 가지 원초적인 특질에 우연이라고도

---

3) 밀레투스학파의 탈레스는 전부 물에서 파생된 것으로 생각하였다.

불리는 뜨거움, 차가움, 건조함 그리고 습함이라는 네 개의 감각이 겹쳐진다는 것이다. 이 특질들과 감각들 사이에는 결합 관계가 존재한다. 그래서 물은 차갑거나 뜨거울 수가 있고, 땅은 건조하거나 습할 수 있다는 등등이 되는 것이다. 이러한 물질과 감각 간의 구별은, 150년 동안에 걸친 과학에 관한 가톨릭 교회의 입장을 폭넓게 규정짓는, 물질에 관한 이론사(理論史)에서 중요한 역할을 하게 된다. 그 이유는 곧 알게 될 것이다.

물질이 서로 혼합해서 지상에 존재하는 것만큼의 다양한 물질을 만들어 내기 위해서는, 물질은 반드시 '입자' 구조를 가지고 있어야 한다. 그러나 아리스토텔레스와 마찬가지로 엠페도클레스에 따르면 물질은 연속체라서, 서로 맞붙어 있는 입자와 입자 사이에는 빈 공간이 없다는 것이다.

오늘날 물질은 본질적으로, 너무나 빠르고 너무나 요동쳐서 '공간을 채우고' 있는 것처럼 보이게 만드는, 그런 힘차게 움직이는 미립자들이 돌아다니는, 빈 공간으로 구성된 것으로 알려져 있다. 따라서 그리스의 원자론자들의 관점은 놀라울 정도로 미래를 예시하고 있는 것처럼 보여진다.

그럼에도 불구하고 고대 시대부터 원자 이론은 상당히 격렬한 부정적인 반응을 불러일으켰다. 그 중에서도 가장 격렬했던 부정적이었던 반응은——그리고 또한 그것이 기독교 종교들, 특히 가톨릭 종교가 취하게 되는 입장을 예고하고 있다는 의미에서 가장 '예언적'이었던 반응은——그 창시자가 리코폴리스 출신의 플로티노스(205-270)였던 신플라톤주의자들의 반응이었다. 그의 대표적인 저서인 《엔네아데스》를 보면 다음과 같은 내용들이 적혀 있다. "존재와 세상의 형성에 대해서 이를 자생적이라든가 우연의 탓으로 돌리는 것은, 알지도 못하고 이해도 못하고 보지도 못하는 인간이 저지르는 몰상식한 행동이다." "질서는 무질서에서 생겨나지 않는다." 그리고 영혼에 관해서는 "몸뚱어리가 생명을 만들어 내고, 지능이 없는 것들이 지능을 만들어 낸다는 것은 불가능한 일이다"라고 쓰여 있다.

어떻게 누구에 의해서 시작되었는지 알 수는 없지만, 같은 시기에 힌두교도들이 이와 아주 유사한 원자 이론을 발전시켰었다는 사실에 주목해야 한다. 《우파니샤드》(고대 인도의 철학서)는 원자에 대한 어떠한 언급도 하고 있지는 않지만, 여기에는 엠페도클레스 이론과 같은 유형의 4요소 이론이 상술되어 있다. 하지만 나중에는 힌두교의 큰 갈래인 브라만교·불교·자이나교의 가르침 속에 원자론이 나타나게 된다. 불교를 포함한 대부분의 종교들은 원자론에 우호적이 된다. 힌두교 관점 중에서 독창성이 돋보이는 것은 4요소 이론과 원자 개념을 합성한 부분이다. 예를 들면 니아야-바이셰시카의 학설에서 네 가지 형태의 원자들은 흙·물·공기·불이라는 네 가지 요소와 일치한다. 둥근 형태의 이 원자들은 일곱 가지 색과, 여섯 가지 맛, 두 종류의 냄새를 가지고 있다. 물질들은 크기가 다른 원자들이 집약되어서 만들어진다. 두 개의 원자가 결합해서 하나의 2가원소가 되고, 세 개의 2가원소가 결합해서 하나의 3가원소가 되며, 세 개의 3가원소가 결합해서 4기(基)원소로 된 하나의 원자가 된다 등등. 이 이론에 따르면 생명체들과 의식이 존재하기 위해서는 특별한 조건들을 필요로 한다. 자이나교의 원자론에서는 원자들은 모두 동일하고, 영속적이고, 분리되지는 않지만 색·냄새·맛·촉감이라는 특성에 따라 다르며, 결집체들은 특성에 따라 형성된다고 한다.

이 힌두교 모델과 그리스 모델은, 둘 중에 어느 모델이 먼저 생겨났는지는 모르겠지만, 두 모델의 형성 과정이 개별적으로 따로따로 이루어졌다는 것이 믿겨지지 않을 정도로 유사점이 많다. 그것이 어쨌든 간에 여기서는 극도로 영성(靈性)과 종교의 영향을 받은 이 고대 힌두교 사회가 원자와 빈 공간이라는 개념을 받아들이고, 이미 매우 수준

높은 이론을 정립해 나가고 있었다는 점에 유념하도록 하자.

기독교도들도 초창기부터 원자론에 대해, 특히 이 이론이 원자의 영속성을 제기한 부분에 대해 상당한 적대감을 나타냈다. 성 아우구스티누스(서기 4-5세기)는 《신국론(神國論)》에서 "만약 그렇게 말하는 사람들이 (즉 원자론자들이) 아무런 시작도 없이 세상은 영원하다 하고, 결국 세상은 신이 창조한 것이 아니라고 주장하고자 한다면, 그들은 완전히 진실을 외면한 것이고, 신을 모독하는 치명적인 광기에 빠져 있는 것이다"라고 적고 있다. 물질을 규명하는 데 있어서 우연의 역할 (신은 주사위 놀이를 하지 않는다), 세상의 무한성 그리고 빈 공간의 존재라는 것들도 기독교인들에게는 받아들일 수 없는 것들이었다.

게다가 훨씬 심각하게 기독교인들과 부딪치게 되는 것은 (힌두교도의 원자론자들과는 반대로), 그리스 원자론자들이 집착했던 것으로 보이는 영혼의 물질화이다.

유일신 종교들은 이 원자론에 맞서 다양한 방법으로 대응하게 된다. 칼람 학교와 더불어 아랍인들은 경전의 내용과 모순되지 않으면서도 원자 개념을 손상시키지 않는, 여러 면에서 독창적인 '아랍 원자론'을 개발한다. 베르나르 풀먼이 쓴 것처럼 이 종교적인 원자론은 '이슬람 교리를 실체화' 하기 위해 만들어진 것이다. 그들에 의하면 우주는 아주 미세하고 더 이상 쪼개지지 않지만 입체적인 것이 아니고, 결합은 한 번밖에 할 수 없는 그런 원자들로 구성되어 있고, 원자들 사이에는 빈 공간이 있다고 한다. 게다가 그들은 원자론을 시간에까지 확대시켰는데, 그들에 의하면 시간은 '일시적인 원자들의' 종류인 순간들로 구성된 것이라고 했다. 원자들은 우발적 움직임, 우발적 멈춤, 우발적인 생성이나 우발적인 소멸처럼 '우연성'이 충족되었을 때에만 존재한다. 각각의 원자에 영향을 미치는 이 우연들은, 생겨나자마자 사라지는 것을 순간이라 했을 때, 두 '순간' 동안 지속되지 않는다. 그래서 어떠한 물질도 우발성이 없으면 존재하지 못하는 것처럼, 끊임없이 우연을 만들어 내거나 본질을 변형시키기 위해서는 신의 개입이 절대적으로 필요한 것이다. 신은 그런 식으로 끊임없이 우주를 관장한다. 영혼에 대해서도 마찬가지이다. 우리가 사물에 대해 지속적으로 가지게 되는 인상을 설명하기 위해 아랍의 이론가들은 신이 바꾸고 싶은 마음이 전혀 없을 때, '기계적으로' 행해지도록 만든, '자동적으로' 재창조되는 '습관'이라는 개념을 도입하였다.

매우 독창적인 이 이론은, 세상에 대해 설명하기 위해서뿐만 아니라 《코란》과도 모순되지 않도록 심사숙고해서 만들어 낸 이론이다. 하지만 이 이론은 모든 이의 지지를 받지는 못했고, 특히 아리스토텔레스의 충직한 필경사이자 코르도 학교의 명실상부한 교수인 아베로에스와, 역시 코르도 학교의 교수이자 명망 높은 유대인인 마이모니데스의 공격을 받게 된다.

20세기가 될 때까지, 처음에는 아리스토텔레스라는 이름으로, 그 다음에는 보수주의라는 기치로, 가장 강력한 반대 입장을 보인 것이 기독교계이다.

그런데도 12세기부터 17세기에 걸쳐서 가장 위대했던 기독교 사상가들은, 원자 이론과 그 설명 논리 그리고 그 능숙함에 대해 관심을 가지고 있었다. 여기에 관심을 가지게 된 사람들은 '면도날' [4]로 유명한 기욤 오컴(1285년경-1349년경), 충실한 원자론자인 조르다노 브루노, 케임브리지대학의 '빛'인 로저 베이컨, 벌써 원자들의 결합을 분자라고 말했던 가톨릭 신부인 피에르 가상디(1592-1655), 갈릴레이(소송이 벌어졌을 때, 이에 대해서도 비난을 받았다), 화학을 창시한 사람들 중의 한 사람인 보일(1627-1691), 원자와 화학 반응과의 연관성을 설명하기 위해, 자신이 몇 가지 이론을 추가시킨 원자 이론을 활발하게 전

---

4) 오컴의 면도날이라 부르는 이 이론에 따르면 두 개의 가능한 이론 중에서 언제나 가장 단순 명료한 이론을 선택해야 한다는 것이다.

파한 사람인 뉴턴 그리고 모페르튀(1698-1759)가 있다. 여기 나열한 사람들의 중량감에도 불구하고, 원자론을 완강하게 거부하는 로마 교황청의 신념은 조금도 굽히지 않았다. 그런데 이 반대의 이유들을 하나씩 분석해 가다가 이의 제기를 할 만한 유일한 문제를 찾아내는데, 이것이 바로 최후의 만찬에 관한 문제였다.

저희가 먹을 때에 예수께서 떡을 가지사 축복하시고 떼어 제자들에게 주시며 가라사대 "받으라. 이것이 내 몸이니라" 하시고 또 잔을 가지사 사례하시고 저희에게 주시니 다 이를 마시매 가라사대 "이것은 많은 사람을 위하여 흘리는 바 나의 피 곧 언약의 피니라."(〈마가복음〉)

또 떡을 가져 사례하시고 떼어 저희에게 주시며 가라사대 "이것은 너희를 위하여 주는 내 몸이라 너희가 이를 행하여 나를 기념하라" 하시고 저녁 먹은 후에 잔도 이와 같이 하여 가라사대 "이 잔은 내 피로 세우는 새 언약이니 곧 너희를 위하여 붓는 것이라."(〈누가복음〉)

이 내용에 대해 교회가 글자 그대로 해석한 것은, 신부가 제단에서 떡을 먹고 포도주를 마실 때, 이는 예수님의 몸과 피라고 하였다. 가톨릭에서는 이 성찬식의 비적(秘跡)을, 1215년 라테란 공의회 이후, 화체라 불렀고, 그리고 이 화체는 1563년 트리엔트 공의회 이후 가톨릭의 교리가 되었다.

원자 이론으로 비추어 볼 때, 이러한 빵과 포도주의 축성(祝聖) 과정은 당연히 납득할 수도 없고 게다가 말도 되지 않는 소리이다. 어떻게 빵과 포도주가 살과 피로 변형될 수 있단 말인가?

아리스토텔레스의 물리학으로 어렴풋이나마 설명할 수는 있다. 모든 물질은 실체와 '우발성'과 '맛'으로 형성된 것이다. 실체는 나름대로 특징적인 일련의 '우연들'(색·농도·냄새·맛 등)의 조화에 따라 구성된다.

성찬식에서 빵과 포도주의 '우발성'들은 존재하지만, 이 실체는 예수님의 몸과 피라는 실체로 대체되었다. 그래서 정상적으로는 분리할 수 없는 두 특질간에 차단이 생기는 것이고, 그런 것이 바로 화체의 기적인 것이다. 물질의 본질이 변했는데도, 우리들의 감각은 겉으로 나타난 모양만 보고 착각을 일으킨 것이다.

그래서 아리스토텔레스의 물리학에서는 기적의 형태로나마 차단이라는 것이 용인될 수는 있지만, 원자의 본질과 원자의 특성은 다르지 않다고 생각하는 원자론자들에게는 용인될 수 없는 일이다.

이 성찬식에 대한 교리는 해를 거듭해 오면서, 가톨릭 종교의 중요한 기본 원리 중의 하나가 되었던 데다가, 특히 개신교와 구별되는 요소이기 때문에 이 문제는 중대한 의미가 있다. 실제로 루터 자신도 화체를 믿었던 사람이지만, 개신교도들은 성서에 대한 이런 글자 그대로의 해석을 즉시 포기해 버렸다. 개신교도들이 보기에 예수—그리스도의 말씀은 상징적인 것으로, 성체배령을 한 사람은 그리스도와 특히 그의 가르침과 그의 신앙심에 일치된다는 생각을 가지게 만든다는 것이다. 개신교도들은 이 교리를 포기하지만, 가톨릭교도들은 이 교리에 집착하게 된다.

실제로 가톨릭 교회가 14세기부터 수많은 과학적 오류를 범하면서, 아리스토텔레스를 가톨릭의 과학 사상의 대가로 만들게 되는 두 개의 축이 화체와 지구중심설이다. 그리고 가상디, 뉴턴, 그리고 수많은 다른 사람들의 노력에도 불구하고 원자론은 범죄 취급을 벗어나지 못하게 된다.

원자 이론에 대해 가장 강렬한 반대활동을 했던 사람들 중에는 유명하고 존경받는 유명한 사람들이 눈에 띄는데 데카르트가 특히 그러했다. 이 철학자는 매우 괄목할 만한 사상 고찰 방식을 창안해 낸 사람이지만, 과학 분야에 있어서는 거의 전부분에 걸쳐서 잘못 짚고 있었다.[5]

데카르트가 원자론을 거부하는 근본적인 이유는 두 가지이다. 빈 공간(vide)이라 함은 신께서 그의 창조적인 능력을 공간에다 채워 놓지 않았다는 것으로, 신께서 할 일을 다하지 않았다는 것을 의미한다는 이유로, 그는 '빈 공간(vide)이라는 것에 대해 질색을 했다'(공간은(espace) 물질 없이는 존재할 수 없다). 데카르트의 의하면 물질을 이동시키면 그때 생겨난 빈 공간은, 그 공간을 메우기 위해 회오리 현상을 일으키면서 다른 곳에 있는 물질의 이동을 초래한다고 되어 있기 때문에, 그의 빈 공간에 대한 부정은 자신의 이 유명한 와동(渦動)설의 토대인 것이다. 원자 이론을 반대하는 데카르트의 또 다른 주장은 훨씬 종교적이다. 그가 말하기를 만약 원자들이 쪼개지지 않는다고 한다면, 이는 신의 능력이 한계가 있다는 것을 의미하는 것으로, 이는 말도 되지 않는다는 것이다.

라이프니츠도 원자가 물질로 이루어져 있고 쪼개지지 않고 항구적이라는 것을 인정하지 않았고, 그 또한 그러한 개념은 신의 무한한 능력이라는 원칙을 훼손하는 것이라고 평가하였다. 그러면서도 그는 '단자론'(라이프니츠 철학에서 실재의 형이상학적 단위)이라고 하는 특수 미립자 이론을 옹호하였다. '에너지 점' '형식적인 원자'나 '형이상학적인 원자'가 이 이론에 해당한다. 양적으로 한정되어 있다는 그리스인들이 주장한 '원자'들과는 반대로, 신의 창조적인 능력은 무한하기 때문에 단자들은 양적으로 무한정이라고 한다. 당연히 라이프니츠가 주장한 세상에 대한 관점은, 열렬한 원자론자인 뉴턴으로부터 강력한 반박을 받게 되는데, 뉴턴은 자신의 제자인 클라크의 글을 통해 그에게 이러한 사실을 알려 주었다.

18세기말에 이마누엘 칸트도 원자에 관한 희한한 이론들을 발표한

---

5) 데카르트가 저지른 실수를 나열하자면 상당히 많을 것이다. 그는 지구는 소용돌이에 의해 태양의 주위로 옮겨졌고, 뇌의 송과선은 신앙심에 중요한 역할을 하고, 빛의 속도는 무한하다고 생각했다. 그가 잘못 알고 있었던 것들은 자석의 본질, 혈액 순환… 등등.

다. 《천계(天界)의 일반 자연사와 이론》(1755)을 출간하던 31세 때 그는 물질의 미립자 이론을 지지하고 빈 공간(vide) 개념을 인정하였지만, 물질을 구성하는 데 있어서 우발성의 역할과 영혼 구성에 있어서 원자의 역할은 인정하지 않았다. 그는 1781년에 자신의 유명한 저서인 《순수 이성 비판》에서는 생각을 바꿔서 빈 공간(vide)을 인정하지 않고, 구조는 물질로 지속된다고 제시한다. "물질은 한없이 쪼개지고, 이 쪼개진 부분들 각자가 이번에는 물질이 되는 것이다."

결국, 스피노자를 포함해서 데카르트 · 라이프니츠 · 칸트는 아주 빈약한 논거를 가지고 원자론을 공략했던 것이다. 여기서 의문이 드는 것은, 무엇 때문에 이 위대한 철학자들이 물질 구조에 관한 논쟁에 끼어들었나? 하는 것이다.

이 논쟁에 있어서의 실질적인 쟁점은 사상과 물질과의 관계이다. 데카르트는 신의 영향을 받은 사상과 신이 창조한 물질은 구별되어야 한다고 주장하고 있고, 스피노자는 신의 개념 속에 영혼과 물질이 뒤섞여 있다고 주장하고 있고, 라이프니츠는 신의 개념은 그의 모나드(단자라고도 함. 이는 라이프니츠 철학에서 실재의 형이상학적 단위, 즉 단순 실체, 더 이상 나누어질 수 없는 존재라는 것에서 출발한 것으로 더 이상 쪼개지지 않는다는 원자와는 다른 것이다)와 에너지 포인트로 볼 때 물질을 초월한다고 보고 있다. 다시 말해서 물질은 신의 표상은 될 수 있을지언정 신의 본질이 아니라는 것으로, 《순수 이성 비판》을 쓴 칸트는 이 개념을 근거가 명확한 개념처럼 포장해서 자신의 개념으로 삼았다.

결국 이들 철학자들은 모두 신의 개념, 즉 자신들이 나름대로 만들어 낸 신의 개념에 사로잡혀 있었던 데다, 특히 영혼과 물질을 서로 떼어 놓을 궁리에 정신이 팔려 있었던 것이다.

같은 시기에, 뉴턴이 훨씬 정곡을 찌르면서도 동시에 애매하기 그지없는 어떤 개념을 발전시켰다는 점에 주목하자. 이 영국학자는 실제로는 연금술사로서, 납을 금으로 바꾸는 방법을 연구하고 있었다. 사실 그가 이런 기술적인 활동을 하는 이면에는 물질을 영혼으로 바꾸고자 하는 야망이 숨어 있었다. 왜냐하면 '어떻게 해서 영혼이 물질에서 생겨나게 되었는지를 밝혀내는 것'이 연금술사들의 오래된 꿈이었기 때문이다.

그들이 혼신적인 노력을 기울였음에도 불구하고, 이에 관한 모든 논쟁들은 이론적인 수준의 한계를 넘지 못했다는 점과, 과학적인 관점에서 엄밀하게 따져 볼 때, 원자 실험을 증명하는 데 있어서도 그리스인들 이후로 조금도 발전된 것이 없었다는 점을 지적할 수 있다.

그리스 원자론자들은 분명, 용해 현상에 대한 관찰처럼 자연에 대한 간단한 관찰을 통해서 자신들의 이론을 만들어 냈다. 그리스 사람들이 살던 시대에 포도주는 물에 넣어 녹여 먹는, 일종의 수지(樹脂)가 든 반죽이었다. 그래서 사람들 각자는 잔 속에서 색을 띠고 있는 얼룩이 점점 퍼져나가고, 결국에는 잔 전체로 퍼져서 잔 전체가 똑같이 진한 장밋빛을 띤 포도주로 되어가는 과정을 관찰할 수 있었다. 데모크리토스나 에피쿠로스가 보기에 이 포도주는 미립자들로 구성되어 있고, 반죽 덩어리가 조금씩 떨어져 나가서 물 미립자들과 합쳐지고, 이 액체는 붉은색을 띤 동일한 색의 액체가 된다는 것을 믿어 의심치 않았다. 따라서 물질은 미립자들로 이루어졌다고 하는 본질은, 이 실험을 통해서 명백히 밝혀진 것이다. 이후 이 이론을 뒷받침할 만한 어떠한 새로운 과학적 주장도 제기되지 않았다.

원자 개념이 실질적으로 제기되고, 명확히 밝혀지고, 세세해지고 또한 바뀌게 된 때는 19세기와 특히 20세기 때였다.

과학에서 화학이 실질적으로 첫발을 내딛기 시작한 것은 19세기이다. 이런 관점에서 화학에서 중요한 역할을 하게 되는 사람들은 네 명이 있다. 가장 중대한 연구를 하게 되는 사람으로는 돌턴으로서, 이를 증명할 만한 것으로 1808년에 간행된 그의 기념비적인 저서 《화학 원리의 새로운 체계》가 있다. 이탈리아인인 아보가드로는 유명한 수(數)의 가설로 인해 역사에 이름을 남겼으며, 프랑스인인 게이뤼삭은 그가 한 연구는 잘 알려져 있지 않은 반면에, 그의 이름은 오늘날 모든 사람들에게 알려져 있으며, 마지막으로 전기화학의 창시자인 스웨덴 사람 베르셀리우스가 있다.

이 네 명의 학자들은 원자 법칙이 빛을 보도록 만들었고, 이 법칙덕분에 화학 현상들을 읽고 해석하는 것이 가능하게 되었다. 이 개념에 따르면 원자는 '단지 보이지만 않을 뿐 복잡하게 보이는 것을 설명 가능하게 해주는 것'으로 되어 있다. 근대적인 표현 수단을 쓰자면 그것은 바로 '모델'이다.

돌턴에 따르면 화학 법칙은 명쾌하다. 원자 B에 결합된 원자 A는 원자 C를 만들어 내고 이를 2원소 원자라고 한다. 만약 원자 A가 두 개의 원자 B와 결합되었다면, 이렇게 해서 형성된 복합물 D는 3원소 원자가 된다. 이런 각각의 반응들 속에서 질량은 변함이 없다는 것을 라부아지에가 증명해 냈다.

가스에 관한 연구를 하면서 분자 개념을(원자와 분자를 명백하게 구별한 것은 1860년 칼스루에 공의회에서였다) 이용한 게이뤼삭과 아보가드로에 따르면, 법칙은 동일하게 적용된다. 가스 혼합은 단순한 수치상의 관계로 표현되는데, 이를 설명하기 위해서 당연히 원소 단위를 이용했다.

베르셀리우스는 당시에 영국인 패러데이가 연구했던 전기분해 법칙을 화학적으로 설명하기 위해서 같은 방법을 사용했다. 그는 전기를 띠고 있는 원자들은 그 전기들을 전도체에 빼앗긴다고 말했다. 이것으로 원자는 이온 개념으로 발전되며, 이 이온 개념은 나중에 그의 제자인 스반테 아레니우스에 의해 발전을 하게 된다.

결국 원자와 분자와는 다른 개념으로 쓰이게 되었다. 원자는 각각의 화학 원소의 특징을 띠고 있는 원소 미립자들인 것이다. 그래서 각자가 고유한 무게를 지니고 있는 여러 가지 형태의 원자들이 존재하는 것이다(이것이 그리스인들이 말한 원자론과 거리를 두었던 처음이자 마지막 시도였음을 명심하자). 분자들은 원자들이 모여서 만들어진 것이다. 분자는 복잡한 물질들로 이루어진 원소의 단위이다. 그래서 물분자는 두 개의 수소원자와 한 개의 산소원자로 만들어진 것이다. 이 단순한 개념인 아보가드로의 법칙을——부피, 온도, 압력이 동일한 조건에 있는 모든 가스들은 같은 수의 분자들을 포함하고 있다.——바탕으로 더 이상 단순히 혼합법만을 모아 놓기만 하는 것이 아닌 새로운 과학, 즉 화학을 정립할 수 있게 된 것이다.

멘델레예프가 화학원소들을 분류하고 분자들을 기하학적으로 표현하게 되면서, 화학 이론이라는 이 엄청난 도구는 완성을 보게 된다. 그러나 원자는 아직 가정의 단계를 벗어나지 못하고 있었기 때문에, 이 이론은 사실상 눈에 띄지는 못했다.

그리스인들의 이론과 상당한 차이가 나는 이 이론은 새로운 갈등을 야기시켰다. 이번에는 종교적인 문제로 생긴 갈등이 아니었다. 다시 말해서 당시에 지질학과 진화론을 상대로 싸우느라 여념이 없었던 교회로부터 비롯된 갈등이 아니라는 것이다. 이 갈등은 과학계와 실증주의 움직임에 편승하는 철학계 사이의 갈등으로, 이들 철학자들의 행동은 교회의 행동과는 달랐다.

철학자들의 반대 입장은, 화학자들이 이루어 놓은 발전과는 무관한 데다가, 어느 정도 '그리스인들의' 원자론적 관점에 젖어 있는 데카르트, 칸트 그리고 라이프니츠의 연장선상에서 벗어나지 못하고 있는 것이다.

따라서 헤겔은 실재(實在)와 절대(絕對, 즉 신(神))를 구별하였는데, 실재는 이성적인 것이고 절대는 정신적인 것을 말한다. 영혼은 무한한 것이고 그리고 모든 것을 지배한다. 그런데 원자 이론에서는 절대의 흔적이 보이질 않는다. 게다가 헤겔은 전체(全體)는 부분들의 합(合)과는 다른 것이라고 주장했던 것처럼, 하나의 분자는 원자들의 결합으로 생겨날 수 없다고 주장한다. 이 판단은 과학을 거의 배우지 아니한 사고(思考)의 결여(缺如)를 역설한 것이다. 실제로 분자의 속성은 원자들 속성의 합(合)이 아닌(이는 화학의 본질적인 개념과도 같다) 분자로서의 독특한 속성을 지니고 있다. 그렇다 하더라도 분자는 원자들의 결합으로 만들어진 것이다.

헤겔을 몹시 싫어하는 쇼펜하우어 자신도 관념성(觀念性)이라는 명분을 들고 원자론에 반대하는 편에 가담하였다. 그에 따르면 물질은 우리가 물질에 대해 가지고 있는 표상과는 별개로 존재하지 않는다고 한다. 원자론자들이 "세상은 물질이다"라고 말할 때 쇼펜하우어는 주관적인 철학을 바탕으로 "세상은 나의 표상이다"라고 말했다. 충돌은 불가피하게 되었다. 쇼펜하우어는 "유물론은 반드시 원자가 허구라는 것으로 판명될 것이다"라는 글을 남겼다. 그는 원자론에 대해서도 "원자론이 이런 노망(老妄)이 들게 된 데에는 프랑스에서는 무지함 때문에 그런 것이고, 독일에서는 칸트 철학에 대한 무지함, 다시 말해 헤겔[6]의 영향을 받은 진부함과 비속적인 것과 무지함의 결과 때문에 그런 것이다"라고 말했다.

독일에서는 이런 반(反)원자론들의 주장에 팽팽하게 맞선 사람들이 있었으니, 그리스라고 하면 무조건적으로 찬양하고 또 확고한 원자론자인 니체와, 데모크리토스와 에피쿠로스에 관한 논문을 쓰고 또 원자론을 침이 마를 정도로 진가를 높게 평가하고 있는 헤겔의 비평의 영향을 받은, 근대적인 관점에서라기보다는 원자론 자체를 굳게 믿고 있는 카를 마르크스가 있다.

반면에, 원자론에 대해 가장 전면적이고 또 가장 악의적인 반대를 일

---

6) 《의지와 표상(表象)으로서의 세계》, A. Schopenhauer, 1818.

삼은 사람은 오귀스트 콩트였다. 그는 실증주의라는 명분을 들고 나와서는 원자(원자들은 보이지 않는다는 이유로), 확률 계산(세상은 이성적이라서 결국 확실하게 결정되어 있기 때문에) 그리고 생물학에서 현미경의 사용과 천문학에서 망원경을 사용하는 것을(도구들은 인간의 감각을 왜곡시키기 때문에) 인정하려 들지 않았다. 게다가 그는 과학의 목적은 무엇보다 사회를 개선시키기 위한 것이기 때문에, 기초연구에 대해서도 반대를 했다. 결국 그가 권장하고자 했던 것은 부차적이거나 보조적인 장치 없이, 인간의 감각만을 가지고 실현된 '유용한' 과학이었던 것이다.

이와 같이 잔인하고도 결정적인 반대 입장이 제기될 수 있었던 것은, 19세기라는 특수한 상황 때문이었다. 이 당시는 반종교적인 성향이 그 어느 때보다도 강렬했고, 그리고 최고조에 달해 있었던 합리주의가 ——과학계를 포함해서—— 사상에 영향을 미치고 있었던 시기이다.

상상을 초월하는 끔찍한 싸움은 여기서 벌어진다. 원자론에 반대하는 사람들은 물리학에서뿐만 아니라 화학에서도 그 수가 상당히 많았다. 화학 분야에서 원자론에 반대한 사람들은 장 바티스트 뒤마, 앙리 생트 클레르 드빌 그리고 마르셀랭 베르틀로가 있다. 이들의 반응은 엄청나게 잔인했다. 그 증거로서 생트 클레르 드빌의 언행을 들 수 있다. 그는 돌턴의 연구가 있고 나서 60년이 지난 후인 1867년에 다음과 같은 글을 썼다. "나는 내가 볼 수도 없고 생각지도 못했던 것에 대해 믿으라고 하는 것은 절대로 받아들일 수 없기 때문에 아보가드로의 법칙도, 원자도, 분자도, 힘도, 물질의 특정한 상태라는 것도 인정할 수 없다."

마르셀랭 베르틀로는 이러한 반대 입장을 구체적인 행동으로 옮겼다. 그는 원자와 분자를 언급하는 모든 과학아카데미 출판물들을 금지시키고, 이 개념들이 대학 교육 과정에 도입되는 것에 제동을 걸고, 원자론에 지나치게 개방적인 젊은 화학자들의 앞길을 가로막았다. 19

세기말경에는 화학자들이 합리주의자들과의 연회를 개최하기 위해, 실증주의 철학자들에게 접근하는 일까지 벌어졌다. 그렇게 해서 (사상을 풍부하게 만들어 준 원천인 과학에 공헌한 감사의 표시로) 마르셀랭 베르틀로를 위해 개최되었던 연회에 참석했던 사람들로 페르디낭 뷔송·루이스 리아르·장 조레스·에밀 졸라가 있는데, 이들 모두는 '반교권주의의 이름으로 원자와 맞서 싸웠던 사람들'이다.

뿐만 아니라 고전물리학과 열역학이라는 주변적인 학문에 반대한 이들도 있었다. 이들 중에는 오스트리아에서 가장 영향력이 있었던 에른스트 마흐와 빌헬름 오스트발트(이런데도 그는 후에 노벨 화학상을 받는다), 피에르 뒤엠이 해당된다. 이들 물리학자들은 맥스웰과 볼츠만이 창시한 통계역학에 반대하였다. 이 통계역학으로 전체 분자들의 일반적인 특성들을 계산해 낼 수 있었고, 그래서 이에 상응하는 실험실의 관찰들을 설명 가능하게 되었는데도 말이다.

이 첨예한 논쟁의 잔인성을 보여주는 것으로서 볼츠만은 이해심 없는 자신의 동료들 앞에서 자결하고 만다.

여기서 교회와 종교적인 신앙은, 이미 지적한 바와 같이 문화적으로 영향을 끼치는 것을 제외하고는 근본적인 역할을 하지 못했다. 하지만 가톨릭 교회는 항상 성찬식의 관점을 견지하고 있었기 때문에, 전문가들의 논쟁에 있어서 원자 개념이 수세에 몰려 있는 것이 기분 나쁠 것도 없었고, 또 물질에 대한 유물론자들이 관점은 분명 잘못되었다는 것을 계속 주장하는 데 있어서 이를 이용했던 것이다.

원자와 분자의 개념이 입증되고, 이를 바탕으로 근대의 모든 물리학과 화학의 기본들조차도 설명되고, 이론화되고, 학문으로서 자리잡게 된 것은 20세기초가 되어서였다.

이제는 결실을 맺게 되었다고 믿었던 과학에, 19세기말 레일리 경이 표현한 것처럼, 청천벽력과 같은 계기로 모든 것이 시작되었다.

2년 간격으로 뢴트겐이 X선을, 그리고 베크렐이 방사선을 발견했다. 4년 뒤에는 막스 플랑크가 흑체복사를 설명하기 위해 양자 에너지라는 가설을 만들었는데 이는 옛날 라이프니츠의 원자 에너지에 해당하는 것이었다. 몇 년 만에 원자에 대한 비밀이 모두 벗겨졌다. 베르나르 풀먼이 재미있게 표현했던 것처럼, '보이지도 않고 쪼개지지도 않는 원자에서 볼 수도 있고 쪼개지는 원자' 단계로 발전한 것이다. 첫번째 근대 원자 모델은 위대한 덴마크 과학자의 이름을 딴 보어의 원자 모델이다. 이 모델은 케플러의 태양계 모델에서 영감을 얻은 것으로, 이 모델을 극도로 축소시킨 형태를 띠고 있다. 원자의 중심에는 '태양'이 있고(이 핵은 이 시스템의 거의 모든 질량을 포함하고 있다), 이 '태양'을 중심으로 '행성들'이(엘렉트론(전자)) 돌고 있다. 핵이 있는 공간(espace)은 엘렉트론들이 주위를 맴돌고 있는 핵의 관점에서 볼 때 상당히 비좁다. 원자에 대한 핵의 반경의 비율은 10만 분의 1이다. 그래서 원자는 엘렉트론들이 이동하는 수많은 빈 공간(vide)들로 둘러싸인 작은 핵이라고 말할 수 있겠다. 이 시스템을 통제하는 힘은 태양계에서 작용하는 중력이라는 힘은 아니라, 맥스웰이 발견한 전자기장이라는 힘이다.

보어는 이 모델을 바탕으로 X선, 빛의 방출, 화학적 연관 관계, 결정체 등과 같이 수많은 물리적·화학적 현상들을 양적(量的)으로 설명해 냈다. 더욱이 이 모델은 어떤 반응이 일어날 것이라는 예상을 가능하게 해주었다. 결국 이것은 엄청난 성공이었다. 물리학자들은 이와 똑같은 형태의 구조가 은하계들을, 행성 시스템을, 원자를 제어할지도 모른다는 생각에, 세상의 조화의 비밀을 발견해 냈다는 생각까지도 하게 되었다.

하지만 불과 몇 년 만에 이 모델은 변형되고 또한 낡은 이론으로 전락하고 마는데, 이는 이 모델에서 핵심이라 할 수 있는 기본 구조에서 그렇게 된 것이 아니라, 이를 활성화시키는 힘의 본질에서 그렇게 되었다는 것이다. 원자의 주변을 돌고 있는 엘렉트론들은 전자기역학이라는 단순한 규칙을 따르는 것이 아니라, 완전히 새로운 양자역학이라는 법칙을 따른다.

근대의 원자 개념에 따르면, 엘렉트론들이 돌아 움직이고 있는 거대한 용적 공간은 엘렉트론들이 이동하는 장소로 쓰인다. 그리고 물질을 구성하고 있는 것은 바로 이 움직임들이다. 이런 움직임들을 기술하는 것이 목적인 양자역학은 매우 추상적인 수학 이론인데다, 이 양자역학의 현실은 그것이 얻어낸 결과들에 의해서만 유지될 수 있는, 즉 실험 결과들을 설명하는 데 따라 성공 여부가 정해진다. 이 역학에서는 엘렉트론이든, 프로톤이라 불리는 광자(光子)들이든 간에, 모든 미립자들은 양면성을 띠고 있다. 이 미립자들은 어떤 때는 미세한 광자들이었다가도 또 어떤 때는 파장(波長)들이기도 하다. 원자의 핵 주위에 있는 엘렉트론들의 행태를 설명해 주는 이 '파장-입자'는 완전히 새롭고 아주 독특한 특징들을 띤다. 이 파장-입자들이 정확히 어디에 있는지는 알 수가 없고, 단지 이쯤이나 저기쯤에 있다고 하는 가능성만을 짐작할 수 있을 뿐이다. 이 이론이 이것저것 따져서 생각해 낸 말이, '출현 가능성의 비중'이라고 하는 나름대로 유식한 척하면서 애매모호한 개념이라는 것을 커버하는, 헷갈리게 하는 말이었다. 상식적으로 볼 때 더욱 가관인 것은 양자역학이 우리에게 이렇게 말하고 있다는 것이다. "정확하고 신속한 관찰 방법이 있다 하더라도, 입자와 엘렉트론과 프로톤의 위치와 속도를 결코 동시에 알아내지는 못할 것이다." 이것이 바로 그 유명한 하이젠베르크의 불확정성의 원리이다. 물질의 내부에 불확실성이 존재한다. 한 걸음 더 나아가서 물질에 대한 모든 관찰은 물질을 혼란에 빠뜨리게 만든다. 어떤 이들은 "우리가 물질에 대해서 자각하고 있는 내용들은 혼란스럽다는 것밖에 생각나지 않는다"라는 말까지 하기에 이른다. 우연이라는 것이 이 요상한 파장-

입자들의 행태를 관장하고 있지만, 이 '우연'은 재간이 있고 구조를 갖추고 있는 우연으로, 결국은 '일반적으로 말하는 우연'보다 훨씬 '이상한' 우연이다.

이 모델을 근거로 해서 물질의 내부적인 구조, 원자들의 구조, 분자나 결정체로 변하기 위해서 원자들이 서로 결합하는 방법, 고체의 물리학적 특성, 다시 말해서 전기와 열기가 통하게 되거나 통하지 않게 되는 방법, 빛과 물질과의 관계, 마찬가지로 열기와 물질과의 관계, 그리고 그 외에 다른 많은 것들이 밝혀졌다.

게다가 양자역학은 진정으로 기술과 산업 혁명의 단초가 된다(트랜지스터나 레이저는 양자역학의 직접적인 산물이라는 것을 잊어서는 안 된다).

하지만 이런 과정에서 주요한 역할을 했던 주역들, 다시 말해서 양자역학을 도입한 알베르트 아인슈타인·루이 드 브로글리·에르빈 슈뢰딩거·베르너 하이젠베르크·닐스 보어·폴 디랙·막스 보른·볼프강 파울리·엔리코 페르미와 같은 사람들은 이 기묘한 역학의 본질에 관해 관심을 가진 반면에, 철학자들과 교회는 이 새로운 발견에 대한 해석을 내리는 데 열의를 쏟아 부었다.

파장과 입자, 이를 다른 방식으로 말하자면 영혼과 물질이 아니던가? 파장은 정보를 교환하고 전달을 가능하게 해주는, 결국은 손으로 느낄 수 없는 영혼인 것이고, 입자는 물질의 알갱이들이 아니던가? 그렇다면 철학자들의 직감은 그렇게 나쁜 것도 아니질 않는가! 교회의 입장에서 보면, 교회는 과학을 '만회'할 수 있는 기회를 놓치지 않은 것이다.

1930년대 양자역학이 생겨난 직후, 《성직자의 친구》라는 잡지에(이 잡지는 일반적으로 가톨릭 당국의 입장을 반영하고 있다) "양자역학의 출현은 물리학에서 비이성과 애매함이 되살아났다는 의미이고, 양자역학으로 인해서 학자들은 현실의 핵심을 알고자 하는 노력을 포기하기에 이르렀다. 신앙인들에게는 숨통이 트이는 일이고, 과학자들에게는 진리를 추구하는 일을 포기한 것이나 다름없다." 몇 세기 동안 교회에 너무나 많은 충격을 안겨다 주었던 것처럼 보였던, 우연이라는 것은 더 이상 두려움의 대상이 아니었다. 그 이유는 당시에는 적이었던, 다시 말해 마침내는 합리주의와 맞서 싸우는 것이 가능해졌기 때문이다.

대표적인 신앙인들 중에 독실한 가톨릭신자인 루이 드 브로글리와, 유대인 출신이지만 신앙적인 면에서 종교적인 면보다는 스피노자 철학에 더 가까운 알베르트 아인슈타인, 이 두 사람이 코펜하겐 해석이라 불리는 양자역학의 확률론적인 해석을 항상 거부했었다는 사실을 강조하는 것이 중요하다. 아인슈타인은 막스 보른에게 보내는 서한에서 자신이 품고 있던 의구심을, 세상의 구성은 우연의 법칙에 맡겨질 수 없다는 앙리 푸앵카레의 생각에 편승해서 다음과 같이 표현하였다. "신은 주사위 놀이를 하지 않는다."

하이젠베르크 · 파울리 · 조르당 · 디랙 · 보어 같은 다른 사람들은 그 어느 누구도 극소 논리가 일반 상식에 어긋난다는 사실에 충격을 받지 않았다. 그들이 말하기를, 그것은 익숙해져야 할 새로운 관점에 해당하는 문제인 것이다. 슈뢰딩거는 이런 해석에 관해 항상 유보적인 태도를 보이게 되나 그렇다고 해서 아인슈타인의 의견에 동의한 것은 아니었다.

동시대에 있었던 아인슈타인과 같은 사람은 상대성 이론(특수 상대성 이론, 일반 상대성 이론)이라고 하는 또 다른 이론을 발전시켰다. 이 이론에서 집어낼 수 있는 가장 괄목할 만하고, 매우 추상적이고 그리고 매우 수학적인 두 가지 면은 질량은 에너지로, 에너지는 질량으로 변형시킬 수 있고 또한 시간은 변수로, 즉 공간 변수라는 다른 것으로 간주될 수 있다. 게다가 이 개념들은 일반 상식에 어긋난다. 예를 들면 한 사람은 지구에 남아 있는 동안 다른 한 사람은 광속으로 우주여행을 하는 쌍둥이는, 랑주뱅의 여행 이야기 내용처럼 나중에 가서는 나이가 달라진다. 그런데도 상대성 이론은 이를 주장하고 '증명'까지 해

보이지만 어떠한 교회도 이를 문제삼거나 하지 않았다.

일반적인 상식으로 볼 때 너무나 황당하고 도저히 이해가 안 되는 것은, 이 이론에 매료된 것은 아닌가 싶을 정도였다는 것이다. 1955년 교황 비오 12세는 교황청 아카데미에서 이 새로운 물리학을 인정한다고 공식적으로 밝히는 가운데 다음과 같이 말했다. "세상에 대한 훌륭한 표현과 이론들이 빛을 보게 되었다. 몇 가지 인용하자면 특수 상대성, 일반 상대성, 양자(量子), 파동역학, 양자역학 같은 것을 들 수 있다. 이 모든 것들은 과학이 어느 깊이까지 변신할 수 있는지를 직감하게 해줄 것이고, 또 앞으로 어떤 지적인 수준의 문제들이 부상하게 될 것인지를 금방 알 수 있게 만들어 주었다."

그러나 극소(極少)과학은 여기서 멈추지 않았다. 그리스인들은 원자는 물질의 최소 단위이고 또 그렇기 때문에 원자는 쪼갤 수 없는 것으로 생각했다. 사실상 1930년대 이후, 그리고 러더퍼드와 졸리오 연구팀의 실험 이후, 원자의 핵은 쪼갤 수 있고 원자의 핵에서 미립자들을 추출해 낼 수 있는 것으로 알려졌다. 원자의 핵을 구성하고 있는 미립자들은 프로톤(양자)과 뉴트론(중성자)이라고 불리는데, 이 미립자들은 무거우며 하나는 전기 성질을 띠고 있고 다른 하나는 중성이다.

그렇게 해서 1935년경 양자역학의 입지가 확실해지기 시작할 무렵, 포톤(광자), 엘렉트론(전자: 음극을 띠고 있다), 프로톤(양자), 뉴트론(중성자)(프로톤과 뉴트론은 핵을 구성하고 있다), 이 네 개의 미립자들이 확인되었다. 이때부터 물리학자들은 다음과 같은 의구심을 품기 시작했다. 이 미립자들은 물질을 구성하는 최소의 요소들인가? 아니면 이 미립자들도 자기보다 훨씬 작은 또 다른 미립자들을 내포하고 있는가? 다시 말해서 이는 '물질은 한없이 쪼개질 수 있는 것인가?' 라고 수많은 철학자들을 동요시켜 왔던 영원한 숙제인 것이다.

제2차 세계대전 이후 효과적인 수단들이 갖추어지면서 이 극소 분야에 대해 보다 심층적으로 탐구를 할 수 있게 되었다.

이 수단들은 두 가지 차원으로 구분된다. 먼저 실험적 차원으로, 물질이 쪼개질 수 있는지를 살펴보기 위해, 이 물질을 쪼갤 수 있어야 하고 부술 수 있어야 한다. 거대한 기계 장치의 도움으로 이런 실험을 할 수 있게 되었다. 이 기계의 크기는 오늘날 수 킬로미터에 달하며, 이 기계 안에다 두 미립자를 엄청난 속도로 발사해서 서로 충돌하게 만들었다. 충돌 실험의 결과나 깨진 부스러기들을 분석하는 데 있어서 내용물들의 속성을 이용하는 것이 가능하게 된 것이다.

또 하나의 수단은 이론적인 수단으로서, 실험 결과를 분석하는 용도로 마련되었다.

물리학자들은 엘렉트론과 포톤 같은, 프로톤과 뉴트론 같은 극소 미립자들은 '신비스러운' 양자역학에 잘 들어맞는다는 것에 대해 의심하지는 않지만 이것으로 충분한 것은 아니었다. 수백만 수십억분의 1미터밖에 안 되는 아주 미세한 크기에서 작용되는 에너지는 엄청나서, 화학실험실이나 증기 기관에서 행해지는 에너지보다 수백만 배 더 강하다. 아인슈타인의 상대성 이론에서는 질량은 에너지로, 에너지는 질량으로 변환된다. 또한 양자역학과 맥스웰의 전자기학을 통합시켜야 한다. 그래서 새로운 합성 이론으로 만들어 내야 한다. 이렇게 해서 만들어진 것이 상대성 양자 전기역학이다.

이런 수단들 덕분에 극소 물질을 탐구하게 되었고, 그리고 수많은 우여곡절 끝에 매우 훌륭한 결과를 얻게 되었던 것이다.

프로톤과 뉴트론 같은 핵 미립자들은 물질을 구성하는 최소 요소의 구성물들이 아니다. 이 핵 미립자들 자체도 그보다 훨씬 작은 미립자들인 쿼크의 결합으로 형성된 것들이다. 쿼크는 프로톤이나 뉴트론 또는 다른 미립자들 속에 갇혀 있을 때에만 존재한다. 쿼크가 이 갇힌 상태에서 빠져나오면 사라지고 '증발' 해 버린다. 이런 사실 때문에 쿼크를 따로 분리해서 떼어 놓을 수 없다. 이 쿼크들을 서로 결합시켜서 뉴트론이나 프로톤과 같이 보다 큰 미립자로 만들기 위해서는 모형을 결합하고 달라붙게 만드는 효능을 가진 또 다른 아주 신비한 미립자들이 존재할 것이라는 가설을 세우고 이 미립자를 글루온이라고 명명했다. 결국 극소의 세계는 글루온과 쿼크로 구성되어 있었던 것이다.

이 쿼크들은 본래 다양한데다가 수많은 '특성' 들을 갖추고 있어서 쿼크들을 분류하는 것은 가능한 일이다. 쿼크들은 '색채' 가 다양하고 '맛' 과 '매력' 이 있다. 여기서 말하는 쿼크의 '특성' 들은, 일반 언어에서 보편적으로 나타내는 뜻하고는 전혀 상관이 없고, 단지 수학적인 특질들을 규정해 놓은 것이다. 실제로 극소 물질 이론은 우리의 일상적인 세상, 즉 영감(靈感)과 상식이 어떤 역할을 하는 일반적인 물리학하고는 아무런 상관이 없다. 극소 물질 분야는 수학과 추론이 주종을 이루는 분야인 것이다. 그렇다 하더라도 그것이 타당성을 인정받기 위한 필수적인 조건과 이론적으로 사색한 결과들은 정기적으로 점점 더 거대해지고 점점 더 비용이 많이 드는, 미립자 가속기에서 실행하는 실험으로 테스트를 받게 된다. 이 흥미로운 탐구는 오늘날까지도 계속되고 있다. 쿼크는 물질의 최소 구성 단위인가? 아니면 쿼크는 아직도 이보다 더 작은 미립자들을 포함하고 있는가? 이 문제들은 데카르트와 라이프니츠가 제기했던 문제들이고, 오늘날에도 제기되고 있는 문제들이다.

지금까지 알려진 지식의 한계는 여기까지이기 때문에 여기서 멈추기로 하겠다. 상대성 양자 이론이 묘사하고 있는 이 극소 세계는 약간은 신비스럽고 형이상학적이며 종교적이거나 아니면 예술적인 성격의 사람들을 즐겁게 해주는 뭔가가 있었고, 게다가 사람들도 각자 나름대로 이 세계를 그런 식으로 꾸며댔다.

신비로운 성격의 힘, 파장이 되기도 하는 입자들, 물질로 변환될 수 있는 빛, 휘어질 수 있고 그래서 반드시 무한한 것만도 아닌 시간, 아름답게 보이는 총천연색의 미립자들, 이 모든 것들은 세상의 출현과 세상의 본질과 세상의 진화에 대한 세상의 법칙에 관한 시나리오를 수립하고자 애쓰는 사람들의 감성을 자극하는 자연의 요소들이 아니던가!

이런 호기(好期)를 놓칠 종교는 하나도 없었다. 이러한 제안들을, 약간 각색하는 방법을 이용해서 그리스나 인도사상 같은 것과, 영감(靈感)이나 철학인 관점 같은 것들하고 별 어려움 없이 연계시킬 수 있었던 것이다.

그래서 장 클로드 카리에르는 《바가바드기타》[7]에 나오는 다음과 같은 크리슈나의 문장을 인용했다. "움직이든 움직이지 않든 간에, 존재하는 모든 것은, 그 분야와 그 분야를 알고 있는 사람과의 결합으로부터 유래된 것이다." 그러자 천체물리학자인 미셸 카세는 "그것은 양자역학에 대한 가장 아름다운 정의이다"라고 화답했다. 장 기통도 나름대로, 양자역학은 영혼과 물질이 내적으로는 분명한 관계가 있다는 것을 명확히 밝히고 있다고 당당하게 주장하였다. 이보다 무엇을 더 바란단 말인가?[8]

하지만 즐거워해야 할 일보다는 걱정스러운 일이 벌어질 수도 있는 것이 아닌가? 원자에 대한 연구 이후, 핵에 관한 연구는 물리학자들과 천체물리학자들에게 날개를 달아 주는 꼴이 되었다. 그들은 물질에 관한 연구를 한 이후, 물질을 창조하는 방법에 골몰하기 시작했다. 이를 제일 먼저 다룬 것이 원소 합성(고온도, 고밀도에서 일어나는 일종의 핵반응)이라고 불리는 기상천외한 이론이었다. 그 당시까지 세상을 구성하고 있고, 전 우주에서 동일하게 찾아볼 수 있는 수소, 헬륨, 리튬…… 우라늄이라는 아흔두 개의 화학 원소들이 어디서 만들어졌는지 알지 못했었다. 천체물리학자들은 물리학에서 얻어낸 핵에 대한 연구 결과들을 가지고 20년 전부터 이 질문에 대답해 왔다. 화학 요소들은 별들

---

7) 《부처님의 힘》, Le dalai-lama et J.-C. Carrière, Paris, Robert Laffont, 1995.
8) 《다가올 세기》, J. Guitton, Paris, Bartillat, 1997.

속에서 형성되었고, 아직도 형성되고 있다. 태양과 같은 일반적인 별들은 (수소 다음의 두번째 요소인) 헬륨을 만들어 내고, (베텔기우스 같은) 거대한 붉은 별들이나 신성(新星)들이나 또는 초신성들과 같은 특별한 별들은, 아흔여 개의 다른 화학 요소들을 만들어 낸다. 그래서 별들은 물질을 만들어 내는 주방이었나 보다! 하늘은, 신성한 하늘은 물질을 만들어 내는 거대한 주방이었구나!

이 이론덕분에 우주에는 비교적 많은 화학 요소들이 존재한다는 것 뿐만 아니라 별들의 기능에 대해서도 밝혀낼 수 있었다. 오래전부터 태양이 그렇게 강하고 또 그렇게 오랫동안 활활 타오를 수 있게 만든 연료가 무엇인지 의문이었다. 마침내 그 이유가 밝혀졌다. 그것은 수소가 헬륨으로 전환되는 핵반응으로 인해서 결국에는 온도가 수백만 도에 달하게 되었던 것이다. 이는 하늘에 있는 별들에게서 통상적으로 발생하는 경우로, 이런 발생은 수십억 수백억 수천억 개에 이른다. 다시 말해서 우리의 태양은 생명체를 구성하는 탄소나 질소나 인과 같은 화학 요소들을 만들어 낼 능력조차도 없다는 것으로, 다시 말해서 태양은 아주 흔한 별일 뿐이라는 것이다.

그럼에도 불구하고 물리학자들과 천체물리학자들은 대담하게도 더 깊숙이 파고들었다. 그들은 다양한 물질의 화학 요소들을 밝히는 데 만족하지 않고 훨씬 더 야심적인 연구에 매달리게 된다. 이 연구는 근본적이고 원초적이고 기본적인 물질 자체는 어떻게 형성되었는지, 어떻게 해서 이 물질들이 아무것도 없는 상태에서 생성되었는지, 다시 말해서 이 유명한 빅뱅이 어떻게 진행되었는가를 살펴보고자 하는 것이었다.

물리학자들은 특히 가장 근대적인 이론인 쿼크 이론을 바탕으로 해서 빅뱅 진행 과정에 대한 가설을 세웠다. 그들은 이런 식으로 풍부한 세부적인 자료들을 근거로, 빅뱅이 시작되고 10^{-30}초 사이에 그리고 빅뱅이 시작되고 10^{-15}초 사이에 벌어졌던 일 등을 상세히 설명할 수 있다고 주장했다. 간단히 말해서 그들은 천지창조라고 하는 엄청난 사건을 아주 소상하게 재현해 낸 것이다.

이는 아주 엄청난 일이기도 하지만 무척 대담한 일이기도 한 것이다. 왜냐하면 이번에는 여기서 설명하고 있는 내용들이 성서에 기록된 내용들과는 거의 관계가 없었기 때문이다. 여기에서는 물질의 기원으로 추정되는 원시의 액체 속에서 쿼크, 포톤, 프로톤이 생겨나고 반응하고 결합한다는 것을 말하고 있다. 이 '영웅담' 같은 가설은 물질을 구성하고 있는 내용물들이 어떻게 생겨났는지, 엄청난 폭발을 만들어 내기 위해서 빛이 물질과 어떻게 결합되었는지를 설명하고 있다. 그리고 물리학자들의 가장 대담한 연구가 되는 것으로서, 현재에는 빈 공간(vide)의 구조에 대한 것으로, '빈 공간에 방사선이 통과되었음에도 빈 공간은 어떻게 빈 공간으로 구성되고 또 빈 공간으로 형성되었는지'를 연구하고 있다.

지금은 비록 이 연구가 수많은 수학과 가설과 추상적 관념들을 동원해서 펼치는 지적 게임에 불과한 상태지만, 수많은 물리학자들은 이를 철석같이 믿고 있다. 비록 이 가설들이 연구가들에 따라 다양해지고 있지만 말이다. 이를 보면 물리학자들이 이번에는 신(神) 자체의 역할을 하고 있다고 봐도 무방할 정도이다. 어떻게 전무(全無)한 상태에서 전부(全部)가 창조될 수 있을까?

그런데도 교회들은 이에 반발하지 않았다. 왜냐하면 빅뱅을 '증명' 하고자 하는 행위는, 성서를 신봉하는 종교들이 세상의 다른 모든 종교들, 즉 끊임없이 윤회하고 끊임없이 반복한다고 믿는 다른 종교들보다 우월하고 진정하다는 것을 입증하는 것이기 때문에, 교회들은 그들을 용서해 준 것이다.

과거에 원자론에 반대하는 입장을 취하게 만든 중대한 요소였던 성찬식에 관한 문제는 논란으로부터 벗어나게 되었고, 교회가 주장하는 해석은, 이성(理性)이라는 굴레로부터 모든 과학적인 '논리'로부터 해방되었다. 그러자 예수회 수도사이자 유명한 과학자이고 전(前) 국립과학연구센터의 연구 책임자였던 마이요 신부는 이런 글을 남겼다. "결국 신비스런 교리인 성찬식은 당연히 '물리학'이라는 질곡으로부터 벗어나게 되었고, 트리엔트에서 시성(諡聖)된——공식화되었다고 해도 좋고——화체라는 말에 담겨진 내용은, 일반적인 말로 바꾸어 말하자면 신앙심만이 진리를 증명할 수 있다는 말을 단지 신비스럽게 바꿔서 표명한 것뿐이다."

하지만 만약 내일이라도 우주의 시작이 빅뱅이 아니라고 밝혀지고, 이 빅뱅이 단지 수많은 창조설 가운데 하나라고 밝혀진다면, 그리고 만약 우주의 역사가 결국에는 팽창과 수축의 기간들이 반복되는 것일 뿐이라고 증명된다면 어떤 일이 벌어지게 될까?

이러한 가능성은 탁상공론으로 하는 이야기가 아니다. 오늘날 천체물리학자들은, 만약 우주의 보이지 않는 물질들이(빛을 발하지 않는 물질이라 종종 '검은 물질'이라고 불린다) 충분한 질량을 가지고 있고 그래서 인력 작용이 우주의 팽창을 멈추게 하고 반대로 우주가 수축하게 만들면, 우주 사방으로 전속력으로 퍼져나가던 은하수들은 또다시 바늘 끝과 같은 한 점으로 모여들게 되고, 100억 년이나 150억 년 후에 또다시 새로운 빅뱅이 생겨날 수도 있다고 생각하고 있다. 만약 그렇다고 한다면, '우리'의 빅뱅 이전에 또 다른 '빅뱅'이 있었다는 이야기이고, 그리고 예로부터 언제나 그런 식으로 벌어져 왔다는 것이 된다.

이 가설은 도교나 윤회사상을 믿는 다른 종교들에게 정당성을 부여해 줄지도 모른다. 이런 경우 새로운 천체물리학에 대해 일신론을 주장하는 교회들은 어떤 태도를 취하게 될 것인가?

보다 더 근본적으로 파고 들어가서, 양자역학 자체가 입자들이 어떤 때는 파장(波長)이었다가 어떤 때는 광자(光子)였다가 하는 이유를 논리적으로 설명해 주는, 보다 심오하고 보다 포괄적이고 별로 생소하지 않은 어떤 다른 이론에 의해, 언젠가는 뒤집혀질 수밖에 없는 잠정적인 모델은 아닌지 의심해 볼 수도 있는 것이다. 이렇게 말한 사람은, 양자역학에 대해 가장 비타협적인 입장을 취하는 사제들 중의 한 사람인 폴 디랙이라는 신부이다. 연구가들은 물질의 점(點)이라는 개념을 '선(線)'이라는 개념으로, 즉 미세한 선이지만 현상들을 보다 더 정확하게 설명할 수 있는 개념으로 대체하고 있는 과정에 있는 것은 아닐까? 그들은 떨어져 있는 상태에서 작용한다고 하는, 그래서 사람들이 이해하지 못하고 있는 힘인, 뉴턴의 중력의 힘을 단일 방정식이라고 부르게 될지도 모르는 방정식에다 대입시키려고 애쓰고 있는 것은 아닐까?

그렇다면 아인슈타인의 말이 옳았다는 것인가? 입자들이 가지고 있는 불분명한 특성이라는 것이 결정적인 법칙들은 훨씬 작은 입자 단계에 해당된다는 것만을 의미한다는 것인가? 양자역학은 10^{-30}센티미터의 단계에 해당하는 결정론적인 역학을 대략적으로 설명한 열역학뿐이라는 말인가?

이는 모두 가능한 이야기들이다. 하지만 매번 양자역학이 엄격한 실험 테스트를 받을 때마다——미셸 아스페는 오르세이에서 이 실험들을 행함으로써 유명해졌다——실험 결과들은 전혀 변함이 없었다. 아주 최근에 일본과 미국과 프랑스에서 실행된 광학 실험들은 양자역학이 이미 예견했던 결과, 즉 포톤의 움직임이 '기이한 행태'를 띠고 있다는 사실을 확인만 시켜 주는 결과를 낳았다.

물리학자들은 철학자가 아니다. 그들은 순수한 영감이나 초보적인 수준에 머물러 있던 과학을 바탕으로 나름대로 논리를 구축했던, 고대 철학자들의 선입견에 편승하는 것을 용납하지 않는다. 철학자들은 자기 나름대로의 방법을 가지고 철학을 한 것이고 또 그들의 말은 분명 옳다. 다른 한편으로는, 그들 중의 몇몇 사람들은 다룰 수 있는 모든 문제들을 사실로 변모시키거나 '양자 역학이 통한다'는 이유로, 이 양자역학을 진실로 받아들이려는 경향이 있었다. 그렇기 때문에 이 양자역학 이론이 뒤집혀질 것이라고 철석같이 믿었던 사람은 아무도 없었던 것이다.

교회가 그들에게 간섭도 하지 않았는데도, 종교의 교리적인 사상이 그들 중 몇몇 사람들의 머릿속에 조금씩 스며들어 간 것처럼 보인다. 그래서 천체물리학 이론가들 쪽에서 '인간적인' 이론이라 불리는, 즉 인간은 우주의 마지막 창조물이자 필연적인 창조물, 다시 말해서 빅뱅이 일어났을 때부터 인간의 출현은 필연적일 수밖에 없었다라고 하는 이론이 출현하게 되었던 것이다.

이 물리학자들은 점점 복잡해지는 이 세상에다, 정확성이 없다는 것을 감추기 위해 알아듣기 힘든 표현 방식으로, 신랄한 구실들을 잔뜩 붙인 마술 주문 같은 것을 계속해서 읊조리면서, 빅뱅으로부터 인간에게까지 이르는 우주의 진화에 의미를 재부여했다. 이런 상황에서 왜 신의 명예는 회복시켜 주지 않는 것일까? 실제로 이런 입장의 기반이 되는 궁극 목적론은, 성경에 생명력을 불어넣는 궁극 목적론에 상당히 가깝다. (쿼크의 생존 기간이 어쩌면 10^{32}년 정도 되고, 이 수치는 히말라야 산이 치맛자락에 스쳐서 닳아 없어지는 속도와 같고, 그리고 그것은 불교에서 말하는 겁(劫)에 가깝다는 것을[9] 지적하는) 수치(數値)에 대한 의구심을 바탕으로 해서 어느 것이든 지적(知的)인 것으로 만들 수 있고, 또 과학적인 사고방식과 비이성적인 사고방식을 합성해서 구차하게 만들어 낸 키메라(사자의 머리, 양의 몸, 용의 꼬리를 가진 괴물로 괴상하게 짜 맞춘 것을 비유함)에 불과한 것을, 논리정연한 것으로 비쳐지게 만들 수 있다.

지식에 대한 확신은 교리주의, 독실한 믿음, 편협함을 초래한다. 종교는 세상의 '미스터리'에 대한 설명을 해준다. 과학은 이 '미스터리'를 이성(理性)을 통해서 이해하려고 애쓰고 그리고 과학은 인간 두뇌의 능력 때문에 당연히 한계에 봉착하는 것이다. 따라서 과학은 영원한

---

9) 《창공에서의 수행》, H. Reeves, Paris, Seuil, 1988.

'진리'를 따르고, 일시적인 '확신'을 따라야만 하는 운명인 것이다. 그리고 과학이 비이성적인 생각과 구별되는 것이, 인간이 견디기 어려워하는 바로 이 '덧없음'이다. 과학은 이를 절대로 잊어서는 안 되고 또한 '절대적인 지식'이라는 유혹에 결코 넘어가서도 안 된다.

제4장
지구의 나이

　종교 신앙과 갈등을 빚었던 과학 분야 중에서, 그 갈등이 가장 심했던 분야 중에 하나가 지질학이다.

　실제로, 지구에 대한 연구를 하는 데 있어서 신성시되어 왔던 장소들의 분포를 살펴보면 , 이들은 아주 독특한 특징을 지니고 있다. 신이 모세에게 계시를 내린 곳은 산꼭대기였고, 힌두교 순례자들이 정화 의식을 하는 곳은 강이다. 메카를 찾은 순례자들은 카바에 보관된 이슬람교의 성석에 입맞춤을 한다.

　(지상(地上)과 구별해서) 하늘은 신들의 왕국이고, 단테가 말한 지구의 핵을 둘러싸고 있는 지옥의 열 개의 관문을 믿는다면, 지하는 뜨거운 열기와 암흑이 지배하는, 플루톤(그리스 신화에 나오는 저승과 사자(死者)의 신)의 불구덩이가 있는 악마의 영역이다. 두 신들 사이에는, 대륙이라 불리는 경치가 아름다운 지상에 인간의 왕국이 자리잡고 있다. 기독교인들이 보기에 이러한 대칭은 매우 상징적이다. 인간은 원죄에 빠져서 지옥으로 떨어질 수도 있고 아니면 그 반대로 하늘로 승천해서 신의 품으로 날아갈 수도 있다. 그리고 성서를 보면 인간·동물·바다·산·강·하천과 관련된 내용은 언제나 지상에 있는 것으로 나온다.

지질학은 이 지구가 생성된 방법을 연구해야 하는 숙명을 안고 있기 때문에, 본질적으로 '위험한' 학문이다. 〈창세기〉는 성경의 첫 장(章)이다. 성서에서 말하고 있는 내용을 수긍하지 못하는 이유는 무엇인가? 보쉬에가 일러 준 것처럼 "천지창조는 〈창세기〉에 묘사되어 있다. (…). 천지창조에 대한 메커니즘을 증명하고자 하는 것은 신성을 모독하는 호기심이다."

지구의 기원, 지구가 형성되고 우주 속에서 자리잡게 된 방법, 생명체와 인간이 삶을 영위할 수 있도록 조성된 조건들에 관한 문제들은, 모든 인류 문명들과 대부분의 종교들이 관심을 기울여 왔고, 또 오늘날에도 여전히 전념하고 있는 문제들이다.

이집트인들과 수메르인들은, 초기 원시 바다로부터 태양과 지구와 바다가 분리되는 동시에, 세상을 지배하는 신들이 나타났을지도 모르는, 유일하고도 특별한 최초의 순간을 상상해 왔다.

반면에, 아즈텍에서는 윤회적인 관점을 더 중시했는데, 이 관점에 따르면 지구는 여러 번에 걸쳐서 창조와 멸망을 반복했을지도 모른다는 것으로, 이 개념은 음과 양의 주기적인 반복은, 우주의 만물들이 끊임없이 윤회하는 것을 보장해 준다고 하는, 도교라고 하는 중국 철학에 가깝다. 종교 신앙의 내부에서조차 깊숙이 뿌리내리고 있는 이 내용은, 지구의 창조와 수많은 신들의 출현이 맞물리고 있음을 보여준다.

파푸아뉴기니의 세픽과 같이, 오늘날에도 존재하는 원시 사회도, 특히 악어가 주인공으로 나오기 때문에 상당히 우화적인 요소가 많기는 하지만, 지구의 기원에 관해 아주 정확한 우주 생성 이론의 개념을 가지고 있다.

이런 상황에서 지질학은 어떻게 학문으로 자리잡을 수 있었을까? 지질학은 종교적 편견이라는 굴레로부터 빠져나올 수 있었을까?

지질학은 움직임이 전혀 없는 자연을 관찰하는 것으로, 무엇보다 지형을 관찰하는 것으로부터 시작한다. 실제로 지질학은 지형의 기복을 관찰하는 것으로 시작해서, 지표면에 노출되어 있는 물질들을 자세히 살피고, 시인들이나 일반인들이 사용하는 '돌'이라는 표현대신에 '암석'이라는 용어를 사용해서 재분류한다.

아리스토텔레스나 플라톤과 같은 모든 그리스 철학자들은, 기복이 생긴 이유와 암석의 기원에 관한 해석을 내놓았다. 헤로도토스나 에라토스테네스와 같은 지리학자들은, 나름대로 보다 정확한 관찰을 토대로 훨씬 설득력 있는 가설들을 발전시켰다. 그렇다고 해서, 예를 들어 고대인들이 기하학을 창시했던 것처럼, 그들이 지질학을 창시했다고 말할 수는 없다. 사람들은 니덤의 이런 주장을 믿고 있지만, 중국인들은 자기네들은 이 당시부터 지질학의 발판을 마련했다고 주장하고 있다. 실제로 중국인들과 인도인들이 지질학적 순환 개념을, 다시 말해서 지구 내부로부터 발생된 원인 때문에 기복의 발생이 번복되고, 그래서 어떤 광맥(금·동·은)과 습곡을 이루는 산맥들과는 관계가 있다는 것을 매우 일찍이 간파했었다고는 하지만, 반면에 나중에 서양에서 뷔퐁, 허턴 그리고 라이엘처럼 업적을 통해, 엄격한 의미에서 지질학의 창시자가 되었던 것에 비해, 그들에게서는 완벽하고 설명적인 지질학 이론을 찾아볼 수 없는 것은 분명한 사실이다.

그럼에도 불구하고 중세의 중국인들은 (서기 100년에) 지진 계측기를 발명하고 최초로 지진에 대한 카탈로그와 지도를 만들어 내기에 이른다. 중국인들은 분명 정확한 지질도(地質圖)를 만들어 낸 최초의 사람들이지만, 서양의 중세 시대와 르네상스 시대는 이 분야에서 거의 발전이 없었다. 아랍이 르네상스를 이루고, 아비세나가 지질학 개론을 쓴 이후, 레오나르도 다빈치는, 토스카나 지방의 바위에서 조개 화석이 발견되는 것을 보고, 이 지역이 예전에는 바다 속에 잠겨져 있었다는 사실을 추론해 냈다. 토스카나로 이민 온 덴마크 사람인 니콜라우스 스테노(후에 그는 시성(諡聖)되었다)는 얼마 되지 않아 토스카나 지질에 관한 첫번째 개론을 저술한다. 이 개론은, 다른 지층을 덮고 있는 퇴적층은 다른 지층보다 나중에 생성된 것이라고 설명하고 있다(이는 지층학(地層學)의 기본 개념이다). 금속 광맥에 대해 논하고 있는 아그리콜라의 개론이 발표되고 얼마 되지 않아서, 프랑스 외교관이자 다른 사람들의 이목을 받는 것을 꺼리던 베르나르 드 마예는, 테리아메드라는 가명으로 지질학에 관한 책을 출간했다. 그는 이 책에서 모든 암석들과 모든 지형 구조들은 원시 시대의 해양으로부터 기인되었을 것이라는 가설을 내세웠다. 이 책은 반향을 거의 불러일으키지 못했다. 실제로 엄밀한 의미에서의 지질학은, 18세기에 이르러 교회와의 직접적인 충돌을 빚으면서 형성되었고, 이 충돌은 19세기에 영국에서 첨예화된다.

현장에서의 정밀한 관찰에 기초한 지질학이 도입된 것은 장 에티엔 게타르(1715-1786)와 니콜라스 디마레스트(1725-1815)를 대표로 하는 일련의 선구자들의 업적과 함께 시작된다. 게타르는 그의 제자인 (화학자로 더 알려진) 라부아지에와 함께 지질지도를 제작하는 기술을 발명해 냈다. 지질학자이고 꼼꼼한 관찰자이자 독실한 신자인 게타르는, 자신의 관찰에 대한 모든 이론과 모든 일반적인 해석을 받아들이지 않았다. 반면 니콜라스 디마레스트는 해석을 내리는 관찰자였다. 그는 오베르뉴 지방을 조사하면서, 화산암들은 용해된 마그마가 결정 작용을 거치면서 생성된 것이고, 침식 작용은 바다가 아니라 강물에 의한 것이라는 사실도 밝혀냈다.

그리고 이 분야에 있어서 가장 두각을 보인 사람은 조르주 루이 르클레르 뷔퐁 백작(1707-1788)이었다. 그는 최초로 자신의 동료들이 실행한 연구들을 규합하고, 이를 토대로 이론을 만들어 냈다.

자신의 조수이자 왕정 비서실의 책임자인 도방통과 공동 집필한 뷔퐁의 첫 지질학 논문은 1747년 《지구 이론》이라는 제목으로 출간되었다. 그들은 이 논문에서 당시 싹트기 시작한 지질학에 대한 개념을 밝히고 있다. 그들은 지표면에서 관찰할 수 있는 것들인, 지질학적 구조들은 오랜 세월을 거쳐 생성된 것들이고, 지질학은 무엇보다 융기된 지형과 바다와의 관계들이 주를 이루는 연대기적인 내력을 담고 있는 학문이라고 설명하고 있다. "우리가 발을 딛고 서 있는 이 땅은 오래전에는 바다 밑바닥이었을지도 모른다. 따라서 과거에 이 땅에서 일어났던 일들을 살펴보기 위해서는, 오늘날 바다 밑바닥에서 일어나는 일들을 관찰하고, 이를 토대로 합리적인 추론을 이끌어 내야 할 것이다."

뷔퐁은 그의 친구인 볼테르와는 반대로, 매우 명석하게도 조개 화석들 가운데에서 멸종된 해양 동물들의 잔해가 있음을 발견해 냈다. 그의 눈에는 이 잔해들이 옛날에는 물로 채워져 있다가 나중에 물이 빠져나갔음을 확실하게 증명해 주는 것이고, 결국 레오나르도 다빈치가 내린 결론이 옳았음을 보여주는 것이다. 그는 최초로 실험실에서 지질학 실험을 행했다. 모래를 뜨거운 열로 가열해서 단단하고 투명한 인조 암석을 만들어 냈다. 오늘날 변성 암석이라고 불리는 것이 바로 이런 암석이다. 이 새로운 실험은 그의 주장을 입증해 주었고, 유리 암석을 만들어 내는 성과도 거두었다. 유구한 지구의 역사가 흘러오면서 계속해서 발생했던 이런 현상들의 본질을 규명하기 위해, 실험실의 실험과 자연에 대한 실제적인 관찰을 결합시키는 그의 연구 방법은, 오늘날에는 현실주의라는 이름으로 알려져 있다. 이러한 연구 방법은 라이엘이 주장한 것으로 알려져 있지만, 실은 이전에 이미 뷔퐁이 먼저 이런 연구 방법을 완벽하게 공식화시켜 놓았던 것이다.

뷔퐁에 의하면, 지구의 역사는 두 개의 다른 에피소드로 구분된다고 한다. 하나는 극심한 화염의 폭발로 불바다를 이루는 지구의 기원에 관한 에피소드와, 다른 하나는 오랜 기간에 걸쳐서 지질 구조가 물의 움직임에 의해, 특히 바다의 움직임에 의해 형성된 에피소드로 말이다. 뷔퐁은 화산 폭발은 오래전부터 끊임없이 발생하는 현상이라는 것을 밝혀내기는 했지만, 반대로 그 원인을 땅 속 깊은 곳에 매장되어 있는 타르와 유황이 연소해서 생긴 것이라고 주장하는 실수를 범한다. 뿐만 아니라, 산들이 형성된 것은 지구가 생겨난 이래로 계속해서 지형이 부풀어 올라서 생긴 결과이고, 현재의 산들이 들쭉날쭉하거나 둥글둥글한 모양을 띠는 이유는, 바다의 침식 작용에 기인된 것이라고 주장하는 실수도 저질렀다.

뷔퐁의 이론은 책으로 출간되자마자 엄청난 관심을 끌었다. 초판은 3개월 만에 다 팔려 나가서 계속해서 재판을 찍어내야 했다. 하지만 종교계로부터 지대한 관심을 받아오던 뷔퐁은 곧바로 소르본대학의 반대에 부딪치게 되었다. 소르본대학은 이 저서 내용 중에 '천지 창조의 실체'를 건드리는 부분이 있다고 본 것이다. 소르본대학은 그를 불러들여서 이유를 들어보고, 그의 저서에서 성경에 반하는 모든 내용을 삭제하라는 명령을 내렸다. 그래서 뷔퐁은 대학 당국에 편지를 보내서 자신은 신앙심이 깊은데다가, 혹여 교리에 어긋나지나 않을까 걱정하고 있었으며, 다음에 출간되는 책 내용에서는 논란의 소지가 있는 내용들은 전부 고치겠다고 표명하였다. 그러나 그는 어느 것 하나 고치지 않았고, 나중에 자신의 친구인 에로 드 세셸에게 이 사건의 전말을 밝히면서 다음과 같이 이야기했다. "소르본대학에서 나한테 시비를 걸어왔을 때, 나는 아무런 주저 없이 그들이 원하는 대로 답변을 해주었지. 한마디로 내가 가지고 논 것이지. 그런데도 그 인간들은 그 대답을 듣고 만족해하는 좀 미련한 인간들이었지."

20년이 지난 후에 뷔퐁은 《미네랄의 역사》라는 책을 출간하였다. 그는 이 책에서, 자신의 첫 저서에서 문제가 되었던 내용들에 대해 주장을 굽히지 않았을 뿐만 아니라 자신이 제기한 지구의 이론을 한층 더 발전시켜 놓았다. 그는 점토에서 금속까지, 다양한 물질들을 만든 구형에다 일련의 냉각실험을 하고, 이 실험을 통해 그는 지구의 나이는 아마도 20만 년은 되었을 것이라는 결론을 내렸다. 결국 일반적으로 인정되고 있던 성경에서 말한 4천 년이라는 지구의 나이는 근간이 흔들리게 되었다. 교회는 동요되었다. 소르본대학에서 또다시 항의했지만, 새로 등극한 루이 16세는 신앙심이 깊은 신자였음에도 불구하고,

이 일에 개입해서 '위대한 뷔퐁을 방해하지 마라'고 어명을 내렸다. 나중에 어떤 사람들은 협박이니 소송이니 말들이 많았는데, 이는 완전히 틀린 말은 아니지만 기껏해야 사소한 소동 수준이고, 유명한 사건이었지만 결말은 흐지부지되는 그런 정도였다.

따라서 처음으로 발생한 지질학과 종교 간의 충돌은 아주 싱겁게 끝이 났다. 그러나 스코틀랜드에서 18세기말과 19세기초에 벌어지게 되는 충돌은 완전히 다른 양상을 보여주게 된다. 이는 지질학의 근간을 이루고 있는 두 개의 이론, 즉 수성론(水性論)이라고 불리는 이론과 화성론(火成論)이라고 하는 이론이 대립하게 되는 것을 말한다.

명칭에서 나타나는 것처럼 수성론은 암석과 지질 구조의 생성에 있어서, 그리고 결국 지질학적인 역사가 진행됨에 있어서 중심적인 역할을 한 것이 바다라고 보는 이론이다. 이 이론이 17세기와 18세기에 수많은 학자들이, 특히 베르나르 드 마예와 뷔퐁이 발전시키기는 했지만, 그래도 수성론의 시조로는 아브라함 베르너(1749-1817)가 꼽힌다. 삭스 지방의 프라이베르크대학에서 광물학 교수로 재직하고 있던 베르너는, 어떻게 보면 지질학계의 소크라테스였다. 그는 저서를 남기지 않았고 사람들을 가르쳤다는 면에서 말이다. 그래서 그의 이론이 우리에게까지 전해져 내려올 수 있었던 것은 그의 제자들 덕분이었으며, 그들 중에서 가장 언급이 많이 되는 사람은 (당시 영국에서 가장 큰 연구소 중의 하나인) 에든버러대학의 자연사(自然史) 교수인 로버트 제미슨이라는 사람이었다. 베르너에 의하면 광물과 암석들은 어느 특정 시기에 지구의 표면을 덮고 있었을 대양의 바닥에서, 화학적이거나 혹은 역학적으로 침전된 물에 의해 생성된 순수한 산물들이라는 것이다. 이러한 침전은 기본적으로 5단계로 나뉘어 지는 기간을 거쳐 오는 동안 꾸준하게 진행된 것이며, 이 흔적은 오늘날 지질학 지도에서 보는 것처럼, 지층 형성이 배열을 이루고 있는 모습에서 찾아볼 수 있다.

● 지구 역사에 있어서 첫번째 시기는, 뜨거운 바다에서 화강암, 편

마암 그리고 반암이 퇴적된다. 시원암(始原岩)의 형성은 이렇게 이루어졌다.

● 두번째 단계는, 전이암인 편암과 경사암이 퇴적하면서 화강암과 원시 반암들의 위를 덮는다. 이 시기의 대양에서는 물고기들이 살았다(오늘날 편암 속에 화석 상태로 남아 있다).

● 제3기 동안에는, 바다가 '조수'라는 왕복 운동을 통해 대륙에서 빠져나가기 시작했다. 베르너에 따르면 석회암 · 사암 · 백악 · 현무암이 퇴적되고 지상에 포유동물들이 출현하는 것이 이 시기 동안에 일어난다.

● 제4기는, 아직은 보잘것없지만 대륙의 존재가 나타나는 것이 특징이고, 이 대륙에는 강과 바람이 침식과 이동을 유발하면서 바다에 점토 · 모래 · 자갈들을 쌓이게 만든다.

● 제5기 동안에는, 바닷물이 대륙에서 완전히 빠져나가면서 대륙에는 화산활동이 집중적으로 발생하는데, 이 화산활동의 원천은 땅 속 깊이 매장되어 있는 화석들이 연소하면서 발생한 것이다(이 당시 화학자들은 연소라는 것을 잘못 이해하고 있는 상황이라, 상반적인 해석을 낳게 만드는 원인이 되었다). 이때가 화산암이 형성된 시기이다.

베르너가 제시한 지구의 역사는 암석의 기원과 지질지도 원리를 동시에 설명해 주는 것이었다. 무엇보다 그의 이론은 성서에 부합되고, 성서의 논리를 더욱더 견고하게 뒷받침하는 것이었다. 실제로 베르너가 제시하는 시나리오는 그 진행 과정이 경과하는 시간이 짧은 데다가, 여기서 근본적인 역할을 하는 것이 대홍수이다. 이런 내용은 얼마 전부터 지질학에 대해 의심의 눈초리를 보내고 있는 교회를 안심시키기에 좋은 것들이었다. 지질학은 교회에 위협이 되기는커녕 성경 말씀을 뒷받침하기 위해서 나타난 것이다. 그렇다고 해서 수많은 사제들과 몇몇 목사들이 지질학자가 되고자 하는 열망을 가지게 되었다는 식으로, 너무 앞서가거나 해서는 안 된다.

이에 상대적인 이론은 지각 화성론(그리스 신화에 나오는 저승과 사자(死者)의 신인 플루톤으로부터 생겨난 말)이라 불리는 제임스 허턴의 이론이다. 이 이론이 처음으로 소개된 것은 1795년에 출간된 《지구 이론》이라는 지질학 기본서에서였다. 허턴은 베르너와 마찬가지로 제일 먼저 암석의 기원에 관심을 기울였다. 하지만 그는 훨씬 다양하고 확연히 차이가 나는 두 종류의 암석을 통해서 암석의 기원을 살펴보는 것을 고안해 냈다.

● 지구 내부에 있는 용암으로부터 생겨났기 때문에 화성암이라고 불리기도 하는 고생대의 암석, 즉 시원암은 현무암, 화강암 그리고 반암으로 구별된다. 그에 따르면 이 시원암들은 지구 내부 깊숙이 있었던 마그마가 결정 작용을 하면서 생성된 것들이다.

● 중생대의 암석들은 고생대의 암석에 물이 작용해서 얻어진 산물들이다. 실제로 물은 바위들을 침식시키고, 바다 속에 침식의 산물들을 퇴적시킨다. 퇴적물들은 무게의 압력으로 인해 탈수되고 그렇게 바위로 변형된다. 허턴은 베르너 관찰의 본질적인 부분에 해당되는 문제를 다시 끄집어 냈다. 베르너가 관찰한 바에 따르면 퇴적암들은 거의가 화강암을 뒤덮고 있다고 했지만, 허턴은 이에 대해 다른 해석을 내놓았다. 어떤 경우에는 이 지층들이 쌓인 순서가 화강암이 퇴적암보다 훨씬 오래전이고, 지층이 쌓여져 있는 순서도 베르너가 주장한 순서대로 되어 있음을 보여준다. 하지만 또 다른 경우에는 이전의 내용과 상반된다. 화강암이 퇴적암보다 나중에 형성된 것이다. 하지만 화강암은 본래 바닥에 형성되는 것이기 때문에 아래쪽 방향으로 진행되어서, 결국에는 퇴적암이 위를 덮고 있는 형상이 된다. 이런 현상은 현장 관찰을 통해서 확실하게 확인되는데, 그 이유는 어떤 장소에서는 화강암 맥이 화강암 위에 있는 퇴적층과 교차하고 있기 때문이다. 다른 장소에서는 보다 확실한 증거가 나타난다. 큰 화강암 덩어리에서 뻗어 나온 광맥의 줄기들이 퇴적층을 파고 들어가 있고, 각각의 광맥들이 접

축해 있는 퇴적층들은 불에 그슬려서 결정체화된, '변성'된 모양을 이루고 있다. 현무암의 기원에 관해서 허턴은, 오베르뉴 지방의 화산에 대한 디마레스트의 관찰과 시칠리아에서 에트나 화산의 분출을 목격한 여행객들의 이야기를 참조하였다.

허턴이 도입한 첫번째 중요한 개념은, 마그마가 형성되고 종래에는 화산이 폭발하는 원인이 되는, 땅 속 깊숙한 곳에서 끊임없이 열기를 분출하는 원천이 존재하고, 지구 표면에 나타나는 화산 폭발은 오랜 지질학적 역사 동안 계속해서 진행되어 왔다는 것이다. 그래서 허턴은 화석 연료는 압력을 받으면 불에 타지 않는다는 것을 강조하면서, 화산 폭발은 화석 연료가 연소하면서 발생하는 것이라고 하는 뷔퐁과 베르너의 주장을 반박했던 것이다.[1]

허턴이 공략한 두번째 문제는 지질 구조에 관한 문제이다. 그는 어떤 지역에서는 암석들이 단순하게 수평적으로 퇴적층을 이루고 있는 것이 아니라, 습곡 형태에다 파손된 형태를 띠고 있음에 주목했다(구불구불한 형태의 지층이 드러나 있는 곳이 특히 많은 스코틀랜드의 경우가 그렇다). 허턴은 이 습곡 현상은, 지구의 역사에 있어서 특별한 사건이 진행되는 동안에 형성된 것이라는 가설을 내세웠는데, 이 기간 동안에 융해된 화강암 덩어리들이 지구 안쪽에서 지표면 쪽으로 치솟아 오르면서 상층에 있던 퇴적층들이 변형되고 구불구불한 형태를 띠게 되었다는 것이다. 게다가 그는 상세한 현장 관찰을 바탕으로 가설을 세워 나갔다. 그는 스코틀랜드에서 일련의 습곡 형태를 띠고 있는 퇴적층 위에 수평적인 형태를 띠고 있는 퇴적암들을 발견하고, 이를 바탕으로 '지층의 부정합(不整合)'이라고 불리는 두 가지 형태의 지층이 이루고 있는 각도는, 맨 처음 퇴적물들이 쌓이고, 이 퇴적물들이 퇴적

---

1) 이 주제에 관해 비슷한 관찰과 결과는 같은 시기에 파리 광산 학교의 교수인 기 드 돌로미외(1750-1801)에 의해 발전되었다.

암으로 변형되고, 이 퇴적암들이 구불구불한 습곡 형태를 띠고, 침식 작용이 일어나고, 다시 퇴적물들이 쌓이는 아주 명확한 일련의 사건들이 있었음을 보여주는 정확한 메시지라고 추론하였다. 그는 이런 식으로 지질학의 역사는 실제로 암반 구조에 기록되어 있고, 그것을 재현하는 것은 그 비밀을 풀어가는 행위라는 것을 보여주었다. 허턴에 의하면, 지질학자라는 직업은 암석들을 관찰하면서 지구의 역사를 재현하는 탐정과 같은 직업이라고 하였다. 이런 방식은, 현장에서 발견되는 사실들은 고려하지 않은 채 장대한 시나리오를 만들어 내는 자연철학 행동 방식과는 반대되는 것이다.

암석의 생성이나 지질학적 구조를 설명하기 위해 신비적인 메커니즘의 도움을 받을 필요는 없다. 동시대에 발생하는 현상인 마그마, 화산, 침식, 하천에 의한 운반, 퇴적은 영원한 지질학적 요인들이다.

작은 원인들이 오랜 기간에 걸쳐 축적되어서 큰 결과를 만들어 내는 것이고, 그 결과를 오늘날 우리들이 관찰하는 것이다. 허턴에 의하면 오랜 지질학적 역사 기간 동안에, 지질학적인 순환이 지속되고 반복되면서, 여기서는 암석들과 지층들이 형성되고, 저기서는 암석들과 지층들이 파괴되어서, 결국에는 지구에 있는 고생대의 흔적들이 지워졌던 것이다. 지질학은 행성들의 움직임처럼 끊임없이 지속되는 현상인 것이다. 맥심이 묘사한 "시작의 흔적도 없고 끝의 전망도 없다"라는 말처럼 말이다.

일관성이 있고, 정확한 현지 관찰에 기초하고 있는데다가, 전반적으로 타당한 허턴의 이론은, 지질학자에게 연구 방법과 관찰한 내용을 해석하는 열쇠를 동시에 제공하고 있다.

하지만 허턴의 대표적인 작품이 출간되면서 상당히 격렬한 논쟁이 벌어지게 되고, 이는 과학적인 논쟁과 신학적인 논쟁이 뒤엉키는 논쟁으로 비화된다.

베르너를 두둔하는 교회는, 허턴에 의해 공격당했다는 느낌을 받게 된다. 베르너와 허턴은 이 논쟁에 직접적으로 끼어든 적은 한번도 없었지만——베르너는 삭스 지방에 머물러 있었고 허턴은 1797년에 사망한다——이 논쟁은 대단한 활기를 띠었다.

양쪽에서 이 논쟁에 참여한 주역들은 이 두 사람의 제자들로서, 그들은 모두 사제들이었고, 스코틀랜드 사람들이었다. 허턴의 이론들을 비난하고 고소한 사람은 베르너의 제자인, 제미슨이라는 목사였다. 수성론자들의 이론을 옹호한 사람은 허턴이 아끼는 제자인, 존 플레이페어라는 목사였는데, 그는 허턴과 함께 자주 현장을 조사하러 다녔던 사람이었다. 그는 에든버러대학에서 수학 교수였다가 나중에 자연철학 교수가 된 사람이다. 그는 자신이 직접, 자신의 교수인 허튼보다 훨씬 명백하고 훨씬 설득력 있는 방법으로 그의 이론들을 분석한 책을 저술했다.

제미슨은, 좀더 효과적으로 공략하기 위해 1808년에 베르너 자연 역사학회를 설립하였다. 이 학회는 이때 이미 2백 명 이상이나 되는 회원들이 소속되어 있었고, 그들이 하는 일은 연구 성과를 출간하고 토론을 주최하는 일이었는데, 여기서 토론의 주제들은 베르너 이론들을 분석하는 쪽보다는 허튼 이론을 무조건적으로 비판하는 쪽에 편중되어 있었다.

주지하다시피, 수성론의 상당 부분은 성경을 지질학적으로 해석해 놓은 것처럼 비쳐진다. 그 이유는 이 이론이 대홍수의 주제이기도 한 바다를 핵심으로 삼고 있을 뿐만 아니라, 다양한 지질학적 유물들의 출토가 뒷받침해 주고 있는 지질학적 전개 과정도 성서와 일치하는데다, 이 전개 과정에 걸린 시간이 수천 년밖에 안 되는 아주 짧은 시간에 이루어졌다고 주장하고 있기 때문이다. 사실 (수천 년이라고 하는) 성서에서 주장하는 시간은, 수성론자들이 제시한 시대별 단계를 합한 시간과 맞먹는 수준이었다. 그래서 제미슨은 즉각적으로 영국 성공회로부터 선언문이나 문서와 같은 구체적인 방법으로 적극적인 지지를 받는 혜택을 받게 되고, 그의 이론은 교회와 학교 등에서 지속적으로 퍼져나갔다. 주말 예배의 설교에서 종교학교에서 이루어지는 교육에 이르기까지 이 이론이 정착될 수 있도록 모든 노력이 기울여졌다. 심지어는, 허턴의 이론을 악마의 계시를 받은 이론으로 표현하는 연극 공연을 벌이기도 했다.

베르너의 이론을 성서와 부합시키는 수성론자들이 유리한 입장에 서는 것을 보고 이를 상당히 의식한 플레이페어는, 허턴의 이론도 〈창세기〉의 내용과 부합된다는 것을 보여주려고 애를 썼다. 결국에 가서 그의 논증은 뉴턴과 허턴 이론의 유사성에 집중되었다.

뉴턴이 태양 주위를 도는 행성들의 움직임들이 한결같은 리듬을 보여주고 있다는 것을 (끊임없이 개선시키면서) 증명했던 것처럼, 허턴은 과거와 동일한 지질학적 사건들이 자체적으로 끊임없이 반복되는 리듬을 가지고 있다는 항구성을 주장하고 있다고 플레이페어는 설명했다. 그리고 행성들의 움직임에는 시작이나 끝의 흔적이 없다고 뉴턴이 주장한 것처럼, 지구의 역동성에도 이와 같은 흔적은 없다. 하지만 당시에는 뉴턴의 법칙이 영국에서는 신의 존재를 인정하는 표현처럼 간주되었었다는 사실을 명심해야 한다. 따라서 허턴의 이론도 마찬가지인 것이다. "신은 하늘에서와 마찬가지로 땅 위에 세상을 창조했지만, 신은 언제 어떻게 세상을 창조했는지 알아볼 수 있는 어떠한 실마리도 남겨 놓지 않았다."

신학적인 관점에서 보면, 플레이페어는 '일시적인 무한성과 항구성이라는 개념 속에 신(神)의 내포'라고 일컬어지는 것을 채택하고 있는 것이다. 신은 시간의 개념과 동일한 존재이고, 또한 주지하다시피, 성서의 해석에서 상당히 논란이 되고 있는, 시작도 없고 끝도 없는 존재와 같은 것이다. 허턴의 이론은 점차적으로 종교적인 색채를 띠어 나갔다. 그래서 지질학적인 현상들은 하늘과 땅 속의 불, 지구의 표면과 지구의 내부, 선과 악의 대결로 대변되는 물(水)의 투쟁으로 생긴 결과로 표현되었던 것이다. 엄청난 화산 폭발로 기인된 참사의 현장들은 물의 자비로운 활동으로 조금씩 씻겨져 내려가서, 땅 속에 묻혀 감춰지게 되고, 지구 내부의 활동으로 융기된 지형은 만년설이 쌓이고 접근하기 힘든 높은 산으로 변하지만, 빗물과 강물의 침식활동에 의해 상쇄되면서 균형을 이루게 된다. 그렇게 해서 지구의 표면은, 선과 악이 끊임없이 싸워대는 난관과 역경으로 설명될 수밖에 없는 것이다.

하지만 이 신학적인 논리는, 지질학의 역할을 굳이 악마로 몰아야 할 필요가 없었던 종교 교리 지지자들의 마음을 조금도 동요시키지 못했다.

플레이페어가 내세운 지질학적 논거는 훨씬 탄탄했다. 그의 논거는 정확한 현장 관찰과 논리적인 추론에 바탕을 두고 있었기 때문에, 급속도로 지질학 전문가들뿐만 아니라 베르너 이론의 골수분자들까지도 허턴의 이론을 의식하지 않을 수 없었고, 점차적으로 이 이론에 따르게 되었다. 그래서 본질적으로 과학적인 영역에서는 허턴의 이론이 승리하게 된다.

열렬한 수성론자인 커원은, 1799년 아일랜드의 포트러시에서 화석을 포함하고 있는 현무암을 발견했다고 주장한다. 이 발표를 접한 허턴 이론 추종자들은 즉시 포트러시로 가서, 그가 말한 '현무암' 은, 실제로는 용암으로 흘러내리는 현무암과 접촉하면서 변성된, 화석을 포함한 편암일 뿐이라는 것을 확인했다. 베르너의 이론들은, 베르너의 이론을 신봉하던 장 프랑수아 도비송 드 부아쟁(1769-1819)과 레오폴드 폰 부흐(1774-1853), 이 두 사람이 오베르뉴 지방에서 관찰한 내용을 계기로 결국에는 파국을 맞게 된다. 그들은 여기저기에서 연속적으로 화강암 암맥들이 편암들과 교차되어서 나타나는 것을 관찰했고, 이는 나중에 제미슨이 총애하던 아미 부에(1794-1881)도 피레네에서 똑같은 확인을 하게 된다. 허턴의 이론으로 전향하는 사람들이 대대적으로 발생해서, 1825년에는 대륙이나 영국에서 지질학에서 이름깨나 있는 사람들은 모두, 화강암이 마그마에서 비롯되었다고 하는 허턴의 이론을 따르게 되었다. 그러나 영국의 성공회 교회는 끝까지 이 개념에 반대하고 있었고, 윌리엄 리처드슨 목사와 같은 사제는 지구 이론과 같이 허무맹랑한 것들은, 현무암과 편암의 접촉이라는 '그저 그런' 관찰에 바탕을 두고 있다는 것에 놀라울 따름이라고 주장했다.

영국 교회는 처참한 패배를 맛보았지만 그것을 인정하려 들지 않았다. 그리고 나서 영국 교회는 지각격변설과 균일설(지질의 변화는 부단히 균일적으로 작용하는 힘에 의한 것이라는 학설)로 상반되는 새로운 논쟁을 들고 나온다.

하지만 1820년에 새로운 전운이 감돌 것 같은 기운은 전혀 나타나지 않았다. 화성론이 승리하자 지질학계는 평온을 되찾았고 영국 교회는 입을 굳게 다물었다. 영국의 산업이 발달하면서 도로를 건설하고, 운하를 파고, 석탄 광산을 찾아내고, 토양을 보호하기 위해 지질학 기술자들이 필요하게 되었다. 그런 기술자 중의 한 사람인 윌리엄 스미스는 이런 토목공사를 하기 위해, 주지하다시피 나중에 지질학의 기초적인 방법 중의 하나가 되는 '층서학'을 완성시켰다. 그는 이를 위해 순전히 객관적인 방법으로 각 지층의 단층들을, 동물군이나 식물군 화석들이 지속적으로 바뀐 원인에 대해 제기된 일반적인 문제들은 완전히 무시하고, 각 단층들이 포함하고 있는 화석의 독특한 본질에 성격을 맞추어 규정지으려고 애를 썼다. 그렇게 해서 영국 지질학은 사상 논쟁이 아니라 실용적이고 재정적으로 유익한 '진지한' 활동으로 접어들게 되었다.

대륙에서 건너온 새로운 이론들 때문에 싸움은 다시 벌어지게 되었다. 1810년대에 파리는 에든버러를 제치고, 다시 한번 지질학 연구의 세계적인 중심지가 되었다. 여기서 발전했던 주요 분야들은 고고학과 층서학이었다. 이 새로운 발전을 이끈 대가는 조르주 퀴비에(1769-1832)라고 불리는 사람이었다. 스위스인 부모들 사이에서 태어나, 처음에 독일의 슈투트가르트에서 수학한 퀴비에는, 프랑스가 왕의 식물원[2]에 이어 설립한, 자연사 박물관의 교수였다.

제일 먼저 퀴비에는, 후에 비교해부학이 되는 학문의 기초를 세웠다. 그는 단순한 해부학적인 논리를 바탕으로 해서, 몇 개의 화석 뼈를 가지고 멸종된 동물의 전반적인 모습을 재현해 낼 수 있다고 주장하였다. 그가 몇 개의 뼛조각을 이용해서 재현해 냈던, 주머니쥐의 일종인 동물의 뼈 전체가 몽마르트르에서 발견되면서, 그의 방법론은 인정을 받게 되었다.

레만과 퓌히젤이라는 두 독일인이 삭스 지방과 튀링겐 지방에서 실행한 연구에 지대한 영향을 받은 퀴비에와 그의 조교 브룽냐르는 체계적으로 파리분지의 지층들을 탐사하기로 결정한다. 그들은 거기서 지층의 가장 위쪽에 있는 지층 몇 군데에서, 성격이 상이한 다른 동물 화석들이 갑자기 나타났다가 사라진 듯한, 일련의 동물군 화석들을 찾아낸다. 그래서 그들은 화석들이 포함되어 있는 퇴적물들의 특징을 조심스럽게 연구해 나가면서, 어떤 것들은 호수에서 유래된 것이고, 또 어떤 것들은 바다에서 유래된 것임을 알아냈다. 퀴비에는 1812년에 출간된 〈기본 강연〉이라는 책에 이 모든 관찰 내용들을 싣고, 지구는 순환적인(사이클) 활동을 한다는 허턴의 주장을 인정한다는 듯이, 각각의 사이클은 대재앙을 기점으로 해서 다시 새롭게 시작되었고, 이 대재앙은 엄청난 지질학적 사건인 천재지변을 불러일으켰으며, 이 천재지변으로 인해 모든 생명체들이 멸종되었다고 설명하였다. 대재앙이 휩쓸고 지나간 후에 과거의 동물군들은 새로운 동물군으로 대체되었다. 그런데 시베리아 빙하 속에서 냉동된 매머드들이 발견되는 상황이 벌어졌다. 만약 기상학적 재변이 갑작스럽게 발생하지 않았다면, 이

---

2) 이 박물관의 초창기 교수들 중에, 지질학에서는 파르양 드 생퐁, 광물학에서는 아위가 있었고, 라마르크는 무척추동물에 관한 교수를, 조프루아 생틸레르 이후에는 퀴비에가 척추동물에 관한 교수를 역임했다.

동물들은 어떻게 그 자리에 냉동된 상태로 남아 있을 수 있었겠는가? 라고 퀴비에는 질문을 던졌다.

퀴비에가 데리고 있던 조교의 아들인 아돌프 브롱냐르는, 식물군 화석들도 일련의 단층 과정이 생성되는 과정 속에서 갑작스럽게 본질이 변했다는 것을 보여주면서, 대재앙 이론을 뒷받침하는 논거를 제시하게 된다. 결국 대재앙이 일어나는 동안에 모든 생명체들은 변형을 겪게 된 것이다.

퀴비에 제자 중에 가장 총명했던 레옹스 엘리 드 보몽(1798-1874)의 연구에 힘입어서 대재앙 학설은 곧바로 지각변동 이론으로 확대되었다. 보몽은, 지표면의 습곡 현상은 갑작스런 '대재앙' 기간 동안에 생겨난 것이고, 이 대재앙은 또한 동물군과 식물군들의 멸종의 원인이 되었다고 하는 이론을 발전시켰다. 그래서 고생대의 종말은, 당시에 살아 있던 생명체의 90퍼센트가 사라지고, 동시에 고생대 석탄기의 산악 형성기가 완성된 특징을 띠고 있다. 중생대의 종말은 암모나이트 조개와 디노사우르스 그리고 수많은 다른 동물들의 멸종과 함께 피레네 산맥의 지각변동 단계라는 특징을 띠고 있다.

프랑스학회가 제시한 지질학 총론은 그 논리의 일관성에서뿐만 아니라, 허턴의 지질학 순환 개념, 베르너의 층시학적이고 진화론적인 관점, '지구의 지속적인 격변들'[3]을 설명하고 증명하는, 대재앙 개념을 아우르는 수많은 관찰 내용에서 보듯이 실로 엄청난 것이었다.

퀴비에는 신자였음에도 불구하고, 그리고 비록 각 재앙이 끝난 이후에 신은 일련의 새로운 생명체 종(種)들을 창조했다고 주장하기는 했지만(인간은 맨 나중에 창조된다), 자신의 이론을 성서와 결부시키는 데 있어서 별다른 걱정을 하지 않았던 것 같다. 그래서 성서에 확실하게 기록이 되어 있는 대홍수는, 퀴비에의 눈에는 한번만 있었던 사건이

---

3) 《재앙 속의 생명》, V. Courtillot, Paris, Fayard, 1995를 참조할 것.

아니었다. 시간이 흘러가는 동안 대홍수처럼 대재앙을 몰고 온 수많은 바닷물의 범람이 발생했고, 이에 대해 그는 그 존재를 규명하기 위해 세심한 노력을 기울였다.

이 대재앙 이론은 영국에서, 영국 지질학의 대가 중에 한 사람이 되는, 윌리엄 버클랜드(1784-1856) 목사에 의해 재빠르게 채택되고 지지를 받았다. 옥스퍼드대학의 교수로서, 교수 모자와 의상을 걸치고 현장에서 직접 강의한 버클랜드는 '전설의 교수' 라는 명성을 얻었다. 그는 옥스퍼드대학에 강좌를 개설하면서, 지질학 연구의 목적은 성경에 기록된 흔적을 찾아내고, 이를 통해 과학적으로 신의 존재를 증명하는 것이라고 선언하였다.

그렇게 해서 그는 자연신학이라 불리는 학문을 창시하였는데, 이는 자연에 대한 관찰을 통해서, 성서 기록의 진실을 증명하고자 하는 목적을 가지고 있었다. 이런 관점에서 보면 그에게는, 대홍수는 퀴비에 이론과 마찬가지로 의심의 여지가 없는 것이었기에, 그는 이 이론을 열렬히 전파하는 사람이 되었던 것이다. 그는 매번 대재앙이 일어난 이후에 신은 새로운 동물들을 창조했다는 사실과, 땅 속에 매장된 석탄, 금, 금속과 같은 모든 부(富)는 지구 표면에 적절하게 분포되어 있는 신의 선물이라고 주장하였다. 그는 유능한 지질학자인데다, 현장에서는 훌륭한 관찰자이고, 대재앙에 대한 전문가이며, 끊임없이 연구하는 사람이고, 명석하고 신념에 찬 교육자였기 때문에, 지질학에 대한 그의 관점은 영국 전역으로 빠르게 확산되었고, 당시의 대부분의 지질학자들, 특히 케임브리지대학교수인 세지윅과 현장에서 뛰고 있던 유명한 지질학자인 코니베어와 머치슨이 이에 동조하였다.

이 기간 동안 수많은 과학 연구들은 대재앙 학설을 중심으로 진행되었는데, 층서학의 경우 고생대에 관한 연구는 주로 영국에서, 중생대와 제3기에 관한 연구는 주로 프랑스와 독일에서 이루어졌다. 버클랜드 자신도 척추동물 화석에 관한 동물학 체계 연구를 했다. 이 모든 것들은 대홍수의 존재를 증명하기 위해 이들 연구가들이 열심히 노력해서 얻어낸 결과들이지만, 이 이론이, 어쩔 수 없이 반(反)과학적인 것으로 영원히 낙인찍히게 된 데에는, 영국성공회가 혼신을 다해, 이 이론에 대해 요란할 정도로 원색적이고도 체계적이고 교리주의적인 지원을 쏟아 부었기 때문이다.

실제로 지질학적 사실을 교회에서 설교하고, 종교 신문에서 다루고, 입에서 입으로 전파시키는 일들이 재개되었다. 버클랜드가 성경의 진실성이 곧 증명될 것이라고 선언하자, 사람들은 벌써 그것이 사실인 양 교회와 성당에서는 이런 내용을 알리고, 교회가 과학을 복수하는 기회로 삼았다. 그리고 얼마 되지 않아 그 뜻을 이루게 된다.

이를 뒤집는 이론이, 버클랜드의 강의를 들으면서 지질학에 매료된 버클랜드의 옛 제자인 찰스 라이엘(1797-1875)로부터 제기된다. 그는 1830년에, 현재 학교에서 가르치고 있는 《지질학 원리》라는 저서를 출간한다. 라이엘은 과감하게 허턴의 관점으로 입장을 전향하고, 대재앙에 대한 모든 이론을 논박하였다. 지금 관찰되고 있는 과거에 발생했던 모든 지질학적 현상들은, 본질적인 면이나 강도(强度)적인 측면에서 볼 때, 오늘날 발생하고 있는 현상들과 동일한 현상에 의해 촉발되었던 것이라고 그는 주장했다. 그는 대재앙 이론을 논박하기 위해 에트나 화산이 있는 시칠리아로 가서, 그 화산의 행태, 용암 그리고 엄청난 화산의 기복을 관찰하고, 화산이 지질학적으로 상당한 영향을 끼치고 있음을 확인했다. 라이엘은 허턴의 값진 이론을 바탕으로, 우리가 시간에 대해 가지고 있는 짧은 소견으로는 불가능하다고 생각되었던 것들이 장구한 시간 개념으로 본다면 가능할 수 있다고 주장했다. 지질학적 시대에 일어났던 상황들을 정확하게 살펴보면, 지구의 진화 과정을 설명하는 데 있어서 대재앙을 끌어들일 필요는 없는 것이다. 더불어 라이엘은 지질학 관찰을 통해 지구와 우주의 기원에 관한 종교적 신앙심을 시험해 볼 수 있다고 하는 이론에 맞서 싸웠다. 그는 지질학은,

우주생성론과는 거리를 두었기 때문에, 신뢰와 신빙성을 얻게 되었다고 적고 있다. 지질학은 일련의 객관적인 사실들을 축적하고, 암석 형성에 관한 실험이나 지각 단층의 수립과 같은 방법론들을 발전시킬 수 있었다. 지질학은 이런 방향으로 유지되어야 한다. 라이엘은 지구와 우주의 기원은(이 시대에는 상당히 관계가 밀접했던 것처럼 보여진다) 형이상학에서 유래되었지 지질학에서 유래된 것이 아니라고 말했다.

그보다 몇 년 앞서 수성론자들이 그랬던 것처럼, '균일론자'〔지질의 변화는 부단히 균일적으로 작용하는 힘에 의한 것이라는 학설을 주장하는 자들〕들이 일찌감치 승리를 거두게 되고, 동시에 지질학 사상에서 천지창조가 일어난 날들을 재현한다는 생각을 떨쳐 버리게 된다. 버클랜드는 자신이 주창한 자연신학을 제대로 발휘할 수 없었던 것에 대해 실망한 나머지 웨스트민스터 수도원으로 은둔해 버렸다.

그런데 라이엘이 주장은 했지만, 제대로 설명하지 못한 것이 한 가지 있었다. 지질학적 시대를 거쳐 오면서 일어난 동물군과 식물군의 변화이다. 몇 년이 지난 후에, 이 문제에 대한 해답을 찾아낸 사람은 라이엘의 친구이자 동료인 찰스 다윈으로, 이번에는 그 때문에 새로운 종교적 전운이 감돌게 되었다.

그렇게 해서 영국은 두번째로 신학-지질학 논쟁에서 발을 빼게 되고, 지질학계는 또다시 평온을 되찾았다. 영국 성공회는 두 번의 충격적인 패배 이후, 지질학이 너무나 악마 같았던 주제들을 단념하는 것을 보고 분노를 가라앉혔다.

실제로 지질학에서, 지구 역사의 시원대(始原代) 연구에 대한 이러한 불신은 1세기 이상 지속되었다. 1970년대까지, 지질학계 내에서 지구의 기원에 관심을 가지는 것은 거의 신중치 못한 것으로 간주되어 있었다. 그래서 거의 대부분의 지질학자들은 최근 2억 년 내에 해당되는 시기가 연구에 신뢰를 줄 수 있는 적정 기간이라 여기고, 이 기간에 해당되는 연구만을 고집했던 것이다.

〈창세기〉는, 지질학이 다루어서는 안 되는 금기사항으로 여겨져 왔었다. 지질학은 두 번에 걸쳐서 이 금기사항을 어기게 된다. 제일 먼저 지구의 나이를 규정함으로써, 그 다음에는 우주를 탐험함으로써 어기게 된다.

지구의 나이는 대략 4000년 정도 되었고, 신은 이미 기록되어 있던 시나리오에 따라, 지구를 창조했다고 성경은 표명하고 있다. 16세기초에 어서 주교는, 세밀한 성경 연구를 통해서 지구는 기원전 4004년 10월 29일 오전 9시에 창조되었다는 결론을 내렸다. 뷔퐁은 연구실에서 금속 구형(球形) 냉각에 대한 실험을 한 후에, 지구의 나이는 20만 년이라고 했다. 그는 이미 사적인 자리에서, 지구의 나이는 어림짐작으로 수백만 년은 되었을 것이라는 이야기를 해왔고, 나중에 디드로가 이런 주장을 다시하게 된다. 허턴은 숫자는 제시하지 않았지만, 지구는 상당히 오래되었다고 평가했다. 의외로 이 주제에 신중했던 라이엘은 지구의 나이가 몇 억 년은 되었을 거라고 추정했다.

지구 나이에 대한 진정한 논쟁은, 캘빈 경이 과학적 기반을 토대로 지구 나이를 규정하려고 시도했던 19세기 중엽이 되어서야 본격적으로 시작되었다. 이 논쟁을 함에 있어서 그가 근거로 삼은 것은, 조셉 푸리에가 만들어 낸 열 이론이었다. 그 출발점이 된 것은 땅 속을 파 들어가면 온도가 올라간다는 사실인데, 이는 지구의 내부는 뜨겁다는 것과, 동시에 지구는 식어가고 있다는 것을 증명하는 것이다. 켈빈은 땅 속 깊이에 따른 온도의 상승과 암석의 열전도 특성에 대한 평가를 내리면서 지구의 나이가 1억 년이라고 계산했다. 그는 별도로 태양의 나이에 대해서도 비슷한 수치를 얻어냈다. 라이엘과 다윈은 자신들이 볼 때 이 수치가 너무 낮다고 이의를 제기했다.

1910년경 어니스트 러더퍼드라는 또 다른 영국인은, 베크렐과 퀴리 부부가 발견한 방사능을 이용하여 켈빈의 수치를 증명하였다. 방사능의 신비스러운 특성은 자연발생적인 연금술, 즉 물질이 자생적으로 변환되는 것인데, 불안정한 핵들은 미립자들을 배출하고, 그렇게 새로운 핵으로 변형된다. 이러한 특성은 몇몇 특정한 형태의 핵에만 속해 있고, 또 이 특성이 정확한 시계를 만들어 내는 것이다. 실제로 방사성 핵분열은 외부적인 조건이 어떻든간에, 이에 동요되지 않고 일정한 리듬으로 발생한다. 각각의 방사성 동위원소는 각각의 특별한 리듬이 있다. 어떤 원소들은 핵분열을 1분 만에 하고, 어떤 원소는 6개월, 어떤 원소는 10억 년이 걸린다. 러더퍼드는 제일 먼저 그것을 알아냈고, 원소들의 핵분열이 수십억 년에 걸쳐서 일어난다는 원리를 이용해서 이 원리로 지질학 연대표를 추정해 냈다. 그렇게 해서 암석과 광물에 나이를 부여하는 것과 지질학적인 시대 구분을 수치화하는 것이 가능해진 것이다. 1920년부터는 25억 년 된 암석이 존재한다는 사실을 알게 되었다. 어쎄나 성경에서 말한 4000년이라는 나이는 완전히 묵살되었다. 켈빈이 주장한 수백만 년이라는 나이도 마찬가지였다. 이 시기부터 여러 교회에서는 '성경에 나오는 하루'의 길이가 인간들이 쓰는 하루보다 훨씬 긴 것처럼, 〈창세기〉에 나오는 하루도 그런 식으로 해석해야 한다는 목소리가 높아져 갔다. 게다가 이 문제는 스위스의 칼뱅주의파 지질학자인 드뢱에 의해, 그리고 1872년 이후에는 슈아예 신부와 코셰 신부에 의해 제기되었던 터였다. 잠시 이 주장에 긍정적이었던 교회는 강경한 입장을 취했다. 그리고 1930년부터 교회는 지질연대학의 모든 측정 결과를 인정하지 않았다.

그럼에도 불구하고 암석에 대한 연대 측정은 확산일로에 있었다. 다양한 방식에 기초한 연대 측정들은, 모두 지구의 나이가 30억 년으로 측정된다는 것을 확인하는 쪽으로 귀결되고 있었다. 제2차 세계대전 동안 지구 나이에 대한 최초의 신빙성 있는 계산은, 아서 홈스라는 스코틀랜드 사람에 의해 밝혀졌고, 나이도 35억 년에 다다르게 되었다.

하지만 지구의 나이가 확실하게 규정된 것은 1953년 클레어 패터슨이 밝혀낸 45억 5천만 년이다. 이 나이는 외계의 암석인 운석의 나이와 같다는 것을 보여주고 있고, 이를 통해 행성의 물질 형성 과정 전체와, 아마도 태양의 형성 과정도 이 시기에 진행되었다는 결론을 얻어냈다. 게다가 천문학자들은 은하계 거리에 대한 측정을 다시 해서, 우주의 나이는 150억 년에서 100억 년 사이라는 결론을 내렸다. 이 연대는 우라늄 방사능에 기초한 훨씬 복잡한 추론을 통해 확인되고 명확해졌다. 우주 연대표와 지질학 연대표는 그렇게 해서 지표를 찾게 된 것이다.

동시에 지질학적 형성에 대한 연대표도 명확해진 것이다. 가장 오래된 인류의 유골은 100만 년, 그 다음에는 200만 년, 그 다음에는 400만 년이나 된다는 것을 알아냈다. 그러한 출현 연대는 성경의 달력과는 아무런 상관이 없다. 나중에 생명체는 적어도 35억 년 전에 생겨났고, 뿐만 아니라 쉽게 구분할 수 있는, 복잡한 조직을 갖춘 최초의 생명체인 아르카이오키아디드와 삼엽충류들은 5억 5천만 년 전에 출현했었다는 사실을 밝혀낸다. 이 발견들은, 생명체들은 진화가 되기 전에 오랫동안 초보 수준에 머물러 있었다는 것을 보여준다. 성경에 묘사되어 있는 것처럼, 천지창조가 이루어지는 동안 신이 창조한 존엄한 생명체들과는 아주 거리가 멀다.

우주의 연대에 대해 말하자면 다음과 같은 수치로 측정된다.

— 우주는 100억 년 전부터 존재했고 하늘이 지구보다 먼저 생겨났다.

— 지구와 대부분의 모든 태양계는 45억 년 전에 생겨났다.

— 최초의 인류는 4백만 년 전에 출현했다.

성경에 기록된 내용을 글자 그대로 받아들인다면 천지창조라는 시나리오는 깨지고 만다. 이 방사선 시간 측정에 직면한 교회들의——가톨릭 · 개신교 · 유대교나 이슬람교——전략은 비슷했다.

교회들은 '기나긴 연대표'를 거부하고, 이 연대표가 확산되는 것을 막기 위해 '폐기'라고 하는 똑같은 전술을 선택했다. 교회들은 방사선 방법의 정확도와 그 신뢰성을 의심했다. 그들이 이런 선전활동을 벌인 결과, 교육 과정과 서적에서 이 문제를 다루는 것을 누락시키게 된다. 내가 지질학을 공부하는 동안 아무도 나에게 지구의 나이에 대해 말해주지 않았고, 지질학적인 시대 구분도 아주 두루뭉술하게 언급되어 있었을 뿐이었다. 반면에 나의 모든 교수님들은, 방사선 연대 측정 방법으로 얻어낸, 시대들에 대한 개괄적인 특징에 역점을 두었다.

유럽에서, 실제로 교육 과정에 지구의 나이를 도입되기 시작한 때는, 달 탐험이 있었던 1968년부터이다. 그리고 오늘날까지도 교황은 이 지구의 나이를 공식적으로 인정하지 않고 있다.

하지만 이 논쟁이 가장 격렬했고, 지금도 가장 격렬한 곳이 미국이다. 패터슨 자신도 지구의 나이에 관한 책을 출간한 이후부터 공격을 받았다. 자신의 위대한 발견에 관한 순회강연을 하도록 초대된 자리에서 여러 기독교 교회의 광신도들은 그를 모욕하고, 난동을 피우는 바람에 결국 순회강연을 중단해야 했다.

그리고 나서 열기는 수그러들었다. 가장 최근에는, 창조주의 운동은 종교적 지원이 절대적으로 필요했기 때문에, 침례 기독교 교회와 함께 조직되었고, 오늘날에는 극단적 보수주의 가톨릭신자들이 그 배턴을 이어받고 있다. 이 운동은 성경에 기록된 것이 정확하다는 것을 증명하기 위한 심포지엄과 강연회를 개최하고 연구소를 세웠다. 별로 중요하지 않은 위치에 있던 몇몇 과학자들은, 방사선 연대측정 방법에 대한 신뢰성을 떨어뜨리기 위한 목적으로, 근거 없는 실험을 하기까지에 이른다. 정치적 압력, 텔레비전 출현, 홍보 광고를 번갈아 시도하는 창조주의 운동은, 한발 더 나가서 공립학교에서 지구의 나이를 4000년이라거나 또는 45억 년이라고——제시된 이 두 나이는 둘 다 똑같이 개연성이라는 특징을 띠고 있다——가르치고 있다는 것에 항의하기 위해 아칸소 주, 앨라배마 주, 미네소타 주, 캘리포니아 주를 법정에서 공격하는 일로까지 벌어진다.

상당한 반응을 불러일으킨 이 소송들은 아직까지도 어떠한 결론도 내리지 못하고 있지만, 어쨌든 이런 소송이 세계에서 과학이 제일 발달한 나라에서, 그것도 20세기말에 벌어졌다는 사실이다! 갈릴레이 이야기는 먼 옛날에나 일어날 수 있음직한 것으로 여겨 왔었는데, 악몽이 다시 살아나려고 하는 것인가?

제5장
생명과 인간

신은 생명을 창조했고 인간은 맨 나중에 창조되었다. 모든 종교는 인간들과 신들 간의, 또는 인간과 신과의 명확한 관계를 설정하고 있는 이러한 전제를 바탕으로 하고 있다.

그래서 종교는 오랫동안 인간, 인간의 해부학적 구조, 인간의 생리, 인간의 성(性)에 대한 연구를 좀 특별한 과학적 호기심 정도로만 여겨 왔고, 넘봐서는 안 되는 생명 분야에 대해서, 인간이 개입하는 것을 금기사항으로 여겨 왔다. 의학이 거의 신성시되는 특징을 갖게 되는 이유가 여기에 있는 것이다.

이런 자각은, 생명이 오늘날까지도 과학에서 별도의 위치를 차지하고 있을 정도로 아직까지도 마음속에 자리잡고 있다. 생명 메커니즘에 대해서는 아직도 밝혀진 것이 없고, 인간은 생명이 있다는 의식마저도 신비감을 벗어나지 못하고 있는 상태다. 생명은 죽음을 규명하는 것이 아닌가? 죽음은 인간을 신들에게서 떼어 놓는 것이 아닌가?

사실, 생명은 분명 세상에서 가장 불가사의한 현상으로 남아 있다. 생명은 어떻게 출현했는가? 생명은 어떻게 살아남고 진화했는가? 어떻게 생명은 인류에게 있어서 거의 완벽에 가까워진, 이 복잡한 단계에 도달하게 되었는가? 제럴드 에들먼은 이런 관점에서, 우주의 별들보다 한 인간의 두뇌 속에 있는 시냅스(신경세포의 연접부)가 훨씬 많다고 지적했다.

1953년에 스탠리 밀러는, 전기가 방전된 유리병 속에서 아미노산을 합성해 낼 수 있었다는 것을 증명해 보였다. 그때부터 왕성한 연구에도 불구하고 섭취하고 성장하고 번식하는, 가장 원시적인 생명체와 흡사한 그 어떤 것도 합성해 내는 데 성공하지 못했다. 인간과 원숭이, 이 두 '종(種)' 사이에, 특히 지적 수행과 관련해서 아무런 관계가 없는데도 불구하고, 인간이 원숭이에서 진화해 왔다는 사실에 관해 말하자면, 이 엄청난 신비에 대해 만족할 만한 설명을 제시해 준 것은 아직까지 아무것도 없다. 의식은 어떻게 생겨난 것인가? 생명은 지능과 마찬가지로 완전히 신비에 쌓여 있다. 그리고 과학은 이 이론을 증명하지 못하고 있다.

자연(自然)의 발전에서, 신의 개입을 옹호하고 반박하는 사람들이 제일 먼저 충돌한 지점이 생명 분야가 된 것은 이런 연유에서다.

현재 대립하고 있는 분야가 바로 이 부분이고, 이 문제는 분명 미래까지 지속될 것이다. 현재 당면하고 있는 쟁점과 사건들을 분석하기 전에, 과거에 일어났던 종교와 생물학 간의 갈등들을 간추려서 짚어 보고자 한다. 이는 집단 의식을 분열시키고, 또한 시간이 흘러도 치유되지 않는 대립 관계를 살펴보는 데 도움이 될 것이다.

중세기와 르네상스 기간 동안, 종교와 생물학이 갈등을 빚었던 분야는 본래 의학 분야였다. 처음에는 다음과 같은 문제를 중점으로 하는 원론적인 논쟁이 벌어졌다. 환자들을 치료해야 하는가? 질병은 신의 뜻에 의해 생겨난 것이 아닌가? 질병은 신이 내린 형벌이 아닌가? 아니면 반대로, 환자들은 특별히 덕이 많아서, 신이 환자들을 자신의 품으로 다시 데려가려고 했던 것은 아닌가?

중세 시대에 시작된 이 논쟁은, 교회가 예방접종에 유죄판결을 내리는 19세기까지 지속하게 된다.

그러나 〈구약성서〉에 따르면, 그와는 반대로 의학은 죄가 되지 않았다. 기원전 180년경 예루살렘에서 현인 벤 시라[1]가 지은 〈시라서〉(또는 〈집회서〉 38장)에서 이야기하기를:

의사를 존경하여라, 너를 돌봐 주는 사람이요
또한 주님께서 내신 사람이기 때문이다.
주님께서는 또 사람들에게 지식을 주시어
하느님의 위대한 업적을 찬양하게 하셨다.
의사는 약을 써서 사람들의 병을 고쳐 고통을 덜어 주고
약제사는 약초를 섞어 약을 조제한다.
주님께서는 그의 사업을 그치지 않을 것이며,
신이 주신 건강은 온 세상에 내릴 것이다.

유대교도들과 이슬람교도들은 이 복음서의 해석을 따랐고, 그리고 전 중세기에 걸쳐서 위대한 의사들은 유대교도들과 이슬람교도들이었다. 시대를 풍미했던 두 사람의 이름을 살펴보자. 유대인인 마이모니데스(1135-1204)와 당연히 위대한 아랍 의사인 아비센(980-1037)이 있고, 아비센의 의학 개론은 서양에서 15세기까지 최고의 권위를 자랑하게 된다.

최초로 몽플리에 의과 대학을 세운 사람들은 유대인 의사들이었다. 그리고 1220년 이후에도, 교회가 유대인 의학교수들을 대학에서 쫓아내려고 시도했을 때도 그들의 영향력은 막강했다.

가톨릭 교회는 실제로 의학을 상대로 해서는 매우 과묵한 편이었다. 가톨릭교도들에게 신체는 성스러운 것이지만, 피는 혐오스러운 것이

---

1) 《교회와 과학》, G. Minois, Paris, Fayard, 1990, tome 1, p.25를 참조할 것.

고, 해부는 감염의 위험이 있고, 성기는 배척되고 있었기 때문이다. 1131년부터 성직자들에게 치료활동을 금지시키자, 국가는 의학교수들이 해부를 할 수 있도록 개입했지만, 그 수는 여전히 제한적이었다.

교회는 오랫동안 목적론적인 의학 사상을 가지고 있는 갈레노스의 의학을 신봉했는데, 그 방식은 반(反)과학이었으며, 중세의 아랍 의학이나 유대 의학보다 한참 뒤떨어져 있었다.

기독교 의학에는 원죄라는 것이 드리워져 있었다. 이런 입장을 취하고 있는 것이 개신교들만 그런 것은 아니었다. 제네바에서 칼뱅은 페스트를 전염시켰다는 이유로 고발된 열네 명을 불태워 죽였다. 그리고 가톨릭의 영향을 받고 있는 대학 내에서, 다시 말해서 프랑스와 스페인 그리고 정도는 약간 덜하지만 이탈리아 대학 내에서, 몇몇 의학교수들은 자신들의 지식 수준에 대한 문제를 불러일으킬 가능성이 있는, 진보에 반대하기 위해 이 성직자 지상주의 잔재를 악용하였다.

가톨릭 교회의 반(反)의학적인 입장은, 유리한 장래를 도모하기 위해 르네상스 시대에는 약간 부드럽게 바뀐다. 시대를 건너뛰어서 19세기초, 나폴레옹이 패배하자마자 철학인 사고의 변화가 있다는 것을 강조하기 위해서, 교회는 천연두 예방 백신에 반대하며 다음과 같이 주장하였다. "신은 신이 원하는 사람을 살려 준다" "신은 전염병과 함께 자연을 창조하셨고, 그 창조를 수정할 권한이 인간에게는 없다." 가톨릭 국가는 예방접종을 금지했고, 교회는 1832년에 있었던 콜레라 전염병을 1830년 혁명에 대한 신의 형벌이라고 표현했다. 유감스럽게도 반동주의의 표적이 되는 섹스와 출산에 관련된 문제들에 대해 언급하지 않았지만, 이 문제들에 대해서는 분명히 현재 벌어지고 있는 뜨거운 논쟁거리이기 때문에, 나중에 다시 짚어 보도록 하겠다. 결국 가톨릭 교회는(게다가 엄격한 개신교도 마찬가지로) 의학과는 끊임없이 긴장 관계를 유지해 왔다고 말할 수 있다. 인정을 하든 안 하든 간에, 교회의 태도는 아직도 다음과 같은 단순한 논리에 젖어 있는 상태다. 인간은 고통을 당해야 한다, 이것이 원죄에 대해 치러야 하는 대가인 것이다. 왜 인간의 고통을 덜어 주어야 하는가?

그럼에도 불구하고 생물학은, 아주 위험성이 없는 것처럼 보였기 때문에, 오랫동안 이 심각한 갈등에서 비켜나 있었다. 생물학은 동물과 식물의 종류를 기술하고, 분류하고, 그들의 습성과 생태를 설명하고, 신의 창조물에 대해서 올바르게 목록을 작성하는 것으로 그쳤다. 목사의 아들이었던 린네는 시대에 뒤처지고 종교적 색채가 짙었던 이런 생물학에서 두각을 나타낸 전형적인 사람이었다.

생물학이 진정으로 비약적인 발전을 하게 되는 19세기에 심각한 불화가 발생하게 된다. 갈등이 일어나게 된 첫번째 원인은 생리학의 출현이었다. 클로드 베르나르는 신자였음에도 불구하고 교회와 갈등을 겪게 되는데, 그 이유는 그가 제시한 인체생리학의 개념과 해부실험 때문이었다.

이후에는 찰스 다윈과 진화론에 관계된 '엄청난 논쟁' 이 벌어지게 된다. 사실 다윈 이전부터 불씨는 재 속에서 꿈틀거리고 있었던 것이다.

생물의 종(種)들간에 계보를 처음으로 생각해 낸 사람은 분명히 장 바티스트 드 라마르크이다. 원래 식물학자였던 그는 자연사 박물관의 무척추동물 동물학 교수로 임명되었다. 첫 강의를 맡자마자 그는 자신의 계획을 발표하였다. 그는 초자연적인 것은 배제하고 객관적이고, 구체적인 생명체에 대한 과학을 창안하고자 했다. 이 새로운 생명과학을 지칭하기 위해 그는 '생물학' 이라는 이름을 고안해 냈다.

뷔퐁을 포함한 다른 많은 사람들과는 반대로, 라마르크는 독특한 생명 물질이나 생명을 구성하는 힘은 없다고 주장했다. 생명체를 구성하는 물질과 광물을 구성하는 물질은 거의 대부분이 같은 종류이다. 생명이라는 독특한 속성은 유기 조직과 관계가 있다. 생명체들은 유기 조직체이다. 이 유기 조직 이론은 생물체의 분류에 영향을 미치는데,[2] 라마르크는 먼저 식물학에, 그리고 그 이후 그 이상으로 눈부신 기여를 한다.

생물체의 유기 조직은 하등동물(벌레, 해면동물이나 연체동물)에서 보다 고등동물(새, 포유동물)에서 훨씬 복잡하다는 것을 확인하면서, 그는 모든 동물들간의 계보를(아직 돌연변이나 진화라는 단어를 사용하지 않고) 만들어 냈다. 그리고 한쪽은 동물들로, 다른 한쪽은 식물들로 분류된 복잡하게 뻗어 나가는 배열은 사실상 계보도(系譜圖)를 형성하게 된다. 그는 《동물철학》에서 다음과 같이 적고 있다. "삶을 향유하는 조직체에, 자연은 점진적이고 연속적으로 전면적인 영향을 미쳤다. 그것을 의심할 개연성은 더 이상 없다." 한 걸음 더 나가서 "자연이 점차적으로 각기 다른 특별한 유기 조직들을 창조함으로써, 동물들이 재능을 가지게 된 것이다"라고 주장했다.

라마르크가 볼 때 이 생명체들의 계보에 있어서, 중요한 메커니즘은 환경 적응이고 이는 유전된다고 보았다.

후세들은 라마르크 이론을 유명한 기린의 예를 통해 상징적으로 표현하였다. "기린은 나뭇잎을 먹기 위해서 목을 길게 늘였기 때문에 긴 목을 가지게 되었다. 기린의 목은 세대를 거치면서 점점 더 길어지는데, 그 이유는 각 세대마다 '진보'되었던 것들이 후손들에게 전달되었기 때문이다."

계속해서 대담성을 더더욱 발휘하면서, 라마르크는 (다윈보다 훨씬 이전에) '인간은 원숭이의 후손이다'라는 말을 하게 된다.

1809년 라마르크 이론이 출간되자마자, 교회는 이를 규탄하기 위해 전전긍긍했다. 그의 이론 전부가 교회의 마음에 들지 않은 것은 사실이었다. 생명체는 일반적인 물질로 만들어졌다는 등, 생명체의 형태

---

2) 라마르크는 실제로, 린네와 퀴비에와 함께, 전시대를 통틀어 가장 위대한 분류학자들 중의 한 사람이다.

와 다양성은 진보의 결과라는 등, 인간 영혼 자체도 '유기 조직'이라 불리는 이 보편적인 원칙에 따른 산물이라는 등. 이 속에는 신이나 신의 역할에 대한 일언반구도 없었다. "태초부터 종말까지 당신께서 창조한 모든 창조물에 대해 당신을 찬양합니다"라는 글을 신에게 바친 위대한 린네의 태도나, 또는 대재앙에 대재앙을 거듭하는 지질학적인 시대를 거치면서, 모든 종류의 생명체를 창조하신 분은 신이라고 했던, 조르주 퀴비에와 얼마나 대비되는 태도인가!

교회는 흥분해서 격렬한 비난을 퍼부었지만, 프랑스와 이탈리아에서는 어떻게 할 방법이 없었다. 그 이유는, 당시에는 황제가 유럽을 지배하고 있었고, 황제의 철학은 종교 정신에 우호적이지 않았기 때문이다. 이러한 상쇄는 라마르크를 엄청난 논쟁으로부터 구해 주었지만, 동시에 그의 이론은 후세에게 전해지지 못하도록 금지당했다. 실제로 만약 라마르크가 갈릴레이와 같은 재판을 받게 되었다면, 그는 당연히 오늘날 생물학의 창시자로 간주되었을지도 모른다. 그러나 끔찍했던 왕정복고 치하에서 교회가 또다시 권력의 위치에 오르고, 진화론을 제소하고, 벌을 내릴 수 있게 되었을 때, 이 진화론을 추종하는 사람은 하나도 없었고, 라마르크는 늙고, 실제적인 영향력도 없이 빈곤 상태에 빠져 있었기 때문에, 굳이 긁어 부스럼을 만들 필요가 없었다.

역사는 불공평하다. 역사는 라마르크를 간과하고 찰스 다윈을 진화론의 유일한 창안자로 등극시켜 놓았다. 다윈이 모든 교회들로부터 유죄판결에 상응할 정도의 수많은 논박을 당한 것도 사실이고, 그의 저서들이 최근까지도 끊임없이 논란을 불러일으키고 있는 주제라는 것을 감안할 때, 이는 타당한 것이다.

하지만 속내를 들여다보면 그 내용들은 그렇게 단순하지도 않고, 또 어느 날 갑자기 생겨난 것도 아니다. 다윈 가족 중에서 돌연변이 이론을 제일 먼저 발전시킨 사람은 찰스 다윈이 아니라, 그의 할아버지인 에라스무스 다윈이었는데, 그의 저서인 《동물생리학》은 18세기말에 출간되자마자 곧바로 금서 목록으로 지정되었다. 이 이론은 뷔퐁에 의해 계승되고, 그 이후에는 주지하다시피, 라마르크가 상당 부분을 발전시킨 것이다. 1844년에는 로버트 챔버라는 기자가 창조의 흔적에 관한 책을 가명(假名)을 써서 출간하였고, 이 책은 생물 종(種)에 대한 계보를 대중화시켰다. 실제로 퀴비에가 죽자마자 1833년에는, 영국과 프랑스에서 라마르크의 이론들은 계몽주의 사상 속에 스며들었다. 모든 사람들은 다양한 생명체들 사이에서 아리안의 혈통을 찾아낼 수 있을지도 모른다는 기대감에 휩싸였다.

찰스 다윈이 젊었을 때, 케임브리지대학에서 수학할 당시에는 이런 '돌연변이' 학설이 한창일 때였다. 다윈이 자신의 이론을 굳히게 된 데에는, 비글이라는 배를 타고 세계 여행을(1831-1836) 한 것이 결정적인 역할을 한 것으로 알려져 있다. 동시에 라이엘과의 친분 관계와 지질학을(그는 이 분야에서 두각을 나타냈다) 배웠던 것도 크게 작용하였던 것이다. 일찍이 그는 동물과 식물 화석의 변화에 대해 관찰했으며, 이러한 현상들을 규명하고자 노력했다. 유명한 인구통계 학자이자 경제학자이고, 사회와 경제 발전의 원동력은 '생존 경쟁'이라고 주창한 맬서스의 책을 읽게 되면서 다윈은 확고한 신념을 갖게 된다. 다윈은 자신의 이론을 서서히 완성해 나갔고, 1844년에 이에 대한 원고를 완성하였다. 그렇지만 그는 그것을 책으로 출간하지 못하고 주저하고 있었다. 두려웠던 것이다. 그 이유는, 다윈은 이미 버클랜드와 라이엘이 지질학에서 대재앙 이론을 가지고 격렬하게 다투는 모습을 목격하였고, 영국 교회가 극도로 예민하고 위협적인 입장을 취하고 있는데다 혁명을 겪고 있고, 과학에 우호적인 제1제정 시대의 프랑스 상황이 급변하고 있음을 염두하고 있었기 때문이다. 그는 몸을 사리고 있는 부유층 사이에서 물질적인 어려움 없이 풍요로운 삶을 누리고 있었고, 교회의 반대에 대한 두려움에 휩싸여 있었다. 숨죽이고 있던 그의 행동이 바뀌게 된 계기는, 자신의 이론과 유사한 이론을 기술하고 있는 월리스의 원고를 받아 본 것이 아닌가 싶다. 이를 계기로 다윈은 일을 서둘렀고, 월리스에게는 원고를 늦추어 줄 것을 당부했다. 그렇게 해서 그들은 나란히 1858년 7월 1일 런던 린네협회 앞에서 자신들의 이론을 발표하였다. 두 이론은 유사한 것이었지만 다윈이 발표한 것이 훨씬 특출해 보였다. 그는 설득시키기 어렵다는 것을 알고, 궁금증을 불러일으켜서 관심을 갖게 만드는 방법을 이용하였다. 1859년 다윈은 《자연 선택에 의한 종의 기원에 관하여》라는 첫 저서를 출간하게 된다. 초판은 1주일 만에 매진되었고 같은 속도로 재판 삼판이 이어져 갔다. 단번에 엄청난 성공을 거둔 것이, 뷔퐁이 쓴 《박물지》가 거둔 성공과 약간 비슷했다. 이 저서에서 다윈은 라마르크 이론에다 자연 선택이라는 중요한 요소를 첨가하였는데, 이 자연 선택이란 성적(性的)인 경쟁과 먹이 경쟁이라는 간접적인 수단을 통해서 행해지는 것을 말한다. 자연은 가장 능력이 있고, 가장 적응을 잘한 것들을 선택하고, 최고의 요소들을 보존시키고 약하고 병들고 적응하지 못한 것들은 포기한다.

다윈도 라마르크의 획득 형질 유전에 대해 옹호하는 입장이었다. 다윈과 라마르크의 유전 도식에 의하면 인간도 예외가 아니다. 인간도 생물학적 진화의 산물인 것이다. 다윈은 연구일지에 다음과 같이 적고 있다. "인간과 동물 사이에 큰 간극이 있다고 해서, 인간의 기원은 다를 것이라는 생각을 절대로 수용할 수 없다." 그는 1871년에 출간한 《인간의 계보》라는 두번째 저서에서, 인간에 관해 자신이 생각하고 있는 바를 정확히 밝히고 있다. 이 순간부터 신앙에 충실한 월리스는 다윈과 결별하게 된다.

1860년부터 쾰른 공의회에서, 다윈의 이론들에 대해 유죄판결을 내렸던 교회는 감정이 폭발하고 만다. 교황 비오 9세는 돌연변이설을 부정하고, 학식 있는 사제들은 이 악마 이론에 대항하여 반기를 들었다. 콘스탄틴 제임스는 《모세와 다윈》이라는 책을 썼는데, 이 책에서 그는 다윈을 사이비 그리스도(〈요한계시록〉에 의하면 종말 직전에 나타나

혹세무민한다는 적(敵)그리스도)로 묘사하고 있다. 교회만큼이나 교리적이고 폭력적인 다윈의 동조자들이 많은 이탈리아는 가장 격렬한 싸움이 벌어지는 장소가 되었다. 그리고 이를 부추기는 교황은 지척에 있었다. 험악한 말들이 양측에서 오고 갔다.

바라고라 불리는 사람이 강연회를 하면서 "인간은 신보다는 원숭이에 더 가깝다"고 주장하였다. 전통적으로 과학의 편에 섰던 예수회 신부들조차도 너무나 화가 나서, 이는 일종의 도발이라고 주장하고 나섰다. 다윈은 제소당하고 파문당했다.

영국에서도 상황은 마찬가지였다. 성공회 교회는 이러한 악마의 계략에 대항하여 유죄판결을 내려야 하고, 속죄를 하게 만들어야 하며, 내용을 정정시켜야 한다는 등, 모든 방법을 총동원해야 한다는 의견에 동조하는 순례를 하였다.

그럼에도 불구하고 이 이론은 가톨릭 교회 내부에서조차도 관심을 끌고 있었다. 도미니쿠스 수도회 신부인 르로이는, 1887년에 진화 이론과 종교의 입장을 겸하고 있는 《유기 조직 종(種)의 진화》라는 책을 출간하였다. 예수회 신부인 헤이트는 생물학적 진화라는 이론에 동의하고 있었고, 명망 높은 신학자인 무사키 신부도 같은 입장이었다. 로마는 이 방약무인한 신부들에게 살기를 느끼게 만드는 불같은 호통을 쳤다. "어떻게 그리스도의 조상들 중에 원숭이가 있었다고 인정할 수 있단 말인가?"

하지만 이러한 단호한 입장 표현에도 불구하고, 교회는 반대자들의 입을 다물게 하지는 못했고 성직자들 사이에서조차도 진화 이론에 동조하는 목소리들이 계속해서 표출되었다. 로마는 전혀 흔들림 없이 그들을 처단하게 된다.

이전에는 신학적인 논거를 근거로 내세웠던 교회는, 이번에는 거의 과학적인 수준이라 할 수 있을 정도의 기술적인 증명을 뒷받침으로 하는 체계적인 반박을 준비하였다. 다윈은 증명한 게 아무것도 없다. 다원의 이론은 과학이 아니다. 왜냐하면 그 이론은 증명된 이론이 아니기 때문이라고 교회가 주장하였다. 매우 놀라운 사실은, 그것은 어떤 면에서 사실이 아니던가! 다윈의 저서는 실질적으로 증명된 것이 거의 없다. 그의 저서는, 자신의 이론을 뒷받침하기 위한 필수적인 과학적 요소들은 없고, 대부분이 추측들로 이루어져 있다.

유전학을 창안한 그레고르 멘델의 연구 결과가 발표된 것은 1865년이 되어서였지만, 그것을 읽는 사람은 아무도 없었다. 이런 방향으로 중대한 이론적 단계로 발전된 것은, 19세기말 바이스만의 연구 덕분이었다. 바이스만은 획득형질 유전은 불가능하다는 것과, 반대로 유전형질은 변함없이 대대손손 유전된다는 것을 증명하였다. 결정적인 진척을 일궈 낸 사람은 네덜란드 사람인 위고 드 브리스이다. 그의 업적은 먼저, 멘델의 법칙을 재발견했다는 것이고, 그 다음에는, 특히 유전적 돌연변이라는 개념을 만들어 냈다는 것이다. 그 개념에 따르면, 우연히 발생하는 돌연변이들이 유전 변화의 원인이 되고, 그 다음에 선택은 이들 변형에 있어서 무엇인가를 조장하기 위해서 작용된다는 것이다.

이를 계기로 신다윈설이라 불리게 되는 것과, 이후에 유전학과 다윈의 이론을 결합하는 진화 합성 이론이 점차적으로 발전하게 된다.

여기서 19세기말에 진화론에 호의적인 입장을 취했던 에른스트 헤켈의 논거에 대해 한마디 언급해야 할 것이다. 헤켈은 다음과 같은 유명한 말을 남긴 사람이다. "개체 발생은 계통 발생을 되풀이한다." 그의 이론은, 대부분의 동물들의 배아의 모습은 성장한 배아보다 초기 단계 배아의 모습에서 서로 유사하다는 사실에 근거를 두었으며, 이런 사실을 바탕으로 그는, 예를 들어 모든 포유동물들의 진화는 물고기 배아로부터 시작되고, 신종 형성은 진화 과정에 있어서 점차적으로 생겨난 것이라고 추측하였다. 그의 추론 방법으로 인해 관심을 끌었던 이 이론은 반박당하게 되고, 끝내는 버림받게 되었다. 그러나 이 이론은 부분적으로 진리를 내포하고 있으며, 진화 이론을 입증하고 있다.

올챙이들이 아가미를 가지고 물고기처럼 산다는 것을 감안할 때, 그것들이 물고기에서 양서류로 진화하는 과도기로 생각된다는 것을 저버릴 수는 없을 것이다. 어쨌든간에 그의 이론들은 변이-선택이 동력이 되는, 진화의 인과 관계에 대한 설명을 제공하지 못하고 있다. 데모크리토스를 모방하는 자크 모노는 이 변이-선택이라는 말을, 나중에 우연과 필연이라는 말로 바꿔 부르게 된다.

한편, 교회들은 공격의 고삐를 늦추지 않았다. 생명은 신이 주관하는 것으로, 과학이 접근할 수 없는 신비한 채로 남아 있어야 된다고 여기고 있었기 때문이다.

그래서 교회들은 전면에 걸쳐서 맞서 나갔다. 다윈 이론과 관계되는 모든 것이 여기에 해당되었는데, 그래서 화학은 다른 분야보다 교회의 공격을 더 많이 받았다.

당시까지만 해도 화학은 H_2O, NH_3, CH_4, C_6H_6라는 단순한 분자들을 합성할 줄은 알았지만 복잡한 분자들에 대해서는, 정확히 말해서 생명체를 구성하는 복잡한 분자들의 합성에 대해서는 그 능력이 한계가 있었다. 오로지 생명에만 해당되는 신비한 힘만이 이 복잡한 분자들을 만들어 낼 능력이 있었던 것이다. 그런데 1828년, 뵐러가 요소를 합성해 낸 이후부터 이 장벽은 무너지게 되었다. 생명력과 생명 물질의 독특한 속성이라는 개념을 동시에 무너뜨리면서, 생명체를 구성하는 모든 분자들을 차례로 실험실에서 합성하기에 이르렀고, 생명 물질은 자생력이 없는 물질과 같은 방식으로 결합된, 같은 원자들로 이루어졌다는 사실도 알아냈다.

생명화학은 생명 물질이 화학 법칙을 따른다는 것을 밝혀냈지만, 그렇다고 해서 생명의 신비를 벗겨낸 것은 아니었다. 그리고 파스퇴르가 자연 발생은 불가능하다는 것을 증명했을 때는, '무기' 화학과 생명체 사이에 어떤 보이지 않는 괴리가 존재하는 것 같은 생각을 들게 만든다. 뵐러 이후로 많은 화학자들이 주장했던 화학적인 연관성에 대한 기대는 깨지고 만 것이다.

그럼에도 불구하고 우리들의 관심을 끄는 것은, 모든 생명체들은 같은 분자들로 구성되어 있다는 것과, 이 분자들은 실험실에서 변형시키고, 조작하고 또는 합성시킬 수 있다는 것을 밝혀낸 행위가, 진화 이론을 뒷받침하고 있는 중요한 근거라는 점이다.

한 생명체에서 다른 생명체로 변화하는 과정은, 생명체 세계에서 일반적으로 일어나는 화학 형질의 변이처럼 보인다.

진화에 대한 화학 차원의 설명 방식이 있다. 이는 실험실에서 재생산해 낸 것이기 때문에 신비스러울 것이 하나도 없는, 화학 반응을 통해서 분자들을 점진적으로 변형시킨 것이다.

그리고 분자생물학으로 인해서 이 이론은 널리 알려지게 된다. 실제로 이 분야에서 위대한 발견이 이루어진 이후, 오늘날에는 생명체들은 같은 혈통에 속한다는 결론을 얻어냈다. DNA는 생물학적 정보를 담고 있는 분자이다. 이 DNA는 이중의 나선 구조로, 매우 특이한 구조를 띠고 있는 매우 복잡한 분자이다. DNA가 박테리아나 코끼리이든, 식물이나 동물이든 간에 모든 생명체들에게 동일하고, 같은 규칙에 따라 같은 역할을 한다는 사실은, 그 자체가 진화에 대한 거의 부인할 수 없는 증거이다. 실제로 수천 개의 원자가 정해진 배열에 따라 합쳐진 그런 분자가, 상당히 여러 번에 걸쳐서 합성되고 만들어질 수 있었다는 것이 믿겨지지 않는다. 유전적 코드를 담고 있는 구조인 DNA는 복잡해지고 변형될 수 있었지만, 누차에 걸쳐서 생성하고 재생성할 수는 없었다. 게다가 모든 생물체에게서 동일하게 DNA 유전자 정보를 RNA에 복사하고, RNA는 세포 핵 밖으로 전이 되서 단백질을 합성하는 등등의, 복잡한 기계적인 작용을 하는 세포의 조절 메커니즘들은 같은 문(門: 동, 식물 분류)에 속해 있다는 또 다른 증거이다. 라마르크의 이론인 생명체의 유일성, 즉 생명체의 동류성은 그렇게 분자생물학에 의해 완벽하게 증명되었다.

종교당국은 곧바로 생화학과 분자생물학이 생명의 본질에 관한 비진화론적이고 종교적인 이론들을 문제 삼게 될 것임을 간파하고, 직접적으로 공격하기보다는 과학보다는 신앙을 더 중요시 여기는 몇몇 생물학자들을 대리인으로 삼아서, 간접적으로 이 학문들을 공격하였다.

예를 들면 대학과 아카데미 차원에서 가톨릭 신앙이 매우 독실한, 당시 파리의 생물학 최고 권위자인 피에르 폴 그라세가 자크 모노와 분자생물학에 대항하여 전개했던 방해공작이, 그러한 공격의 가장 전형적인 예가 될 것이다. 프랑코 치하의 스페인에서 분자생물학은 실제로 냉대를 받게 된다. 더욱 은밀한 방법으로 사제들과 종교인들은, 거의 신성모독적인 것으로 여겨지는, 이 '생물의 은밀한 부분을 캐는 행위'를 죄로 인정했다. 그러나 진보해 가고 있는 과학을 막기에는 너무나 역부족이었다.

오늘날 생물학적 진화는, 생명체들이 점진적인 변이를 통해 한 생물체에서 다른 생물체가 파생된다는 사실은 이미 증명된 것으로 간주하고 있는 과정이다. 물론 이 말은 우리가 모든 것을 다 안다거나, 모든 것이 다 이해되었다는 것을 의미하는 것은 아니다.

학술 언어로 drosophile이라고 불리는 초파리에 행해진 실험덕분에 어떻게 한 종(種)에서 다른 종으로 진화하는지 대체적으로 알려진 반면, 어떻게 파충류(악어, 거북)에서 조류로, 또는 조류에서 포유류로 이동하는지, 그리고 이 '엄청난' 진화의 메커니즘은 무엇인지를 이해하기에는 수많은 어려움이 따른다.

"게다가 인류의 출현은 아직도 설명되지 않고 있다." 인간과 큰 원숭이의 공통 조상인 오스트랄로피테쿠스로부터 인류가 진화한 것이 분명하다고는 하지만, 인간의 뇌 기능이 원숭이의 뇌 기능과는 아무런 연관이 없다는 것이 밝혀졌다. 인간은 생각하는 동물이고 이 '생각하는'이라는 말이 그 차이를 충분히 부각시켜 주고 있다. 생물학적 진화에서 전무후무한 진화로, 백만 년 동안에 뇌의 크기가 세 배나 커지게 된 것은 어떤 메커니즘에 따른 것인가? 여기에 대한 확실한 설명은 없다. 직립 자세가 뇌를 발달시키기에 충분했을 것임을 옹호하는 이론은 좋게 보면 가설처럼 보이지만, 분명코 인과 관계에 대한 설명은 아니다. 반면에 오랫동안 논란이 되어왔던, 지구의 여러 다른 지역에서 인류가 출현했다고 하는, 인종차별주의자들의 편견으로부터 발전된 인류다원론에 대한 문제는 완전히 사장되었다. 이 이론은 유전학이 발달하면서 살아남지 못했다. 이 유전학에 따르면 인류는 한 장소에서 같은 진화 과정을 겪으면서 출현했는데, 이곳은 분명 아프리카라는 것이다. 이 아프리카에서부터 인류는, 사막과 산과 지협과 바다와 대양을 넘어 전 세계로 퍼져나갔다. 이런 관점에서 신앙인들은 일종의 위안을 삼을 수 있었다. 화산과 호수들의 경치를 담고 있는 아프리카 골짜기 어딘가에 하나의(아니면 몇몇의) 아담과 하나의(아니면 몇몇의) 이브가 분명히 있었을 터이니 말이다.

생명 자체의 출현에 관해 말하자면, 모든 것이 미스터리 상태로 남아 있다. 분명 모든 고생물학적 그리고 지구화학적 증거들이 오늘날에는, 생명이 지구상에 출현한 것은, 아주 오래전인 38억 년이나 40억 년 전이라고 말하도록 바꾸어 놓았지만, 사람들은 어떻게 해서 그런 결과가 나왔는지 잘 모른다. 1953년 스탠리 밀러가 오파린이라는 소련 사람의 이론을 바탕으로 시험관 내에서 아미노산을 합성해 냈을 때, 사람들은 몇 년 안에 생명체나 아니면 거의 생명체에 가까운 것을 만들어 내게 될 것이라고 확신했었다. 20년이 지난 후, 내가 처음으로 스탠리 밀러를 만났을 때, 그는 내게 자신의 엄청난 실망감에 대해 설명해 주었다. 그는 위대한 영국 화학자인 레슬리 오르겔과의 공동 연구에는 아무런 변함이 없었지만, 40년이 지난 후에도 더 이상 아무런 진척도 이루어 내지 못하고 있었다. 가장 눈부신 쾌거로는 의심의 여지없이 카를린 멀리스가 시험관 속에서 DNA 두 가닥의 나선 중 한 가닥을 복제해 낸 것이지만, 이는 생명체를 가지고 이미 합성된 한 가닥의 나선으로부터 출발한 것이기 때문에, 이 업적은 **DNA** 자체의 생산에 관한 비밀을 벗겨낸 것은 아니었다. 오늘날 훌륭한 재능을 가진 수많은 화학자들이 자가 형성, 효소의 자촉매 작용 등과 같은 새로운 개념의 도움으로 새로운 실마리를 찾기 위해 연구하고 있지만, 현재 상태는, 실험실에서는 어떤 형태로든 생명을 재생산해 내지 못하는 답보 상태에 있음을 인정할 수밖에 없다.

그리고 우주탐험 연구에 힘입은 태양계의 모든 행성과 위성에 대한 탐험도, 화성과 트리톤과 뜨거운 금성과 얼음처럼 차가운 가니메데나 칼리스토 어디에서도 최소한의 생명의 흔적을 찾아내지는 못했다. 그리고 이는 의회에서 **NASA**에 대한 예산 심의가 있기 전날, 미국의 몇몇 과학자들이 화성의 운석에서 생명의 흔적에 대해 과학계의 의견을 뒤집는 그런 발표가 아니다. 마찬가지로 몇몇 천문학자들이 산출해 낸 터무니없는 확률 계산도 아니다. 이를 뒤집을 수 있는 증거가 나올 때까지 생명은 우주에서 독보적인 현상인 것이다.

어쩌면 미래에는 화성에서 생명체를 발견하게 되는 것은 아닐까? 태양계 밖에 위치한 어떤 행성에서 발견되는 것은 아닐까? 어쩌면 실험실의 시험관에서 생명을 합성해 낼 수 있게 될 것인가? 그렇다면 행동으로 옮겨야 한다. 하지만 오늘날 그런 것들을 확인할 방법은 전혀 없다. 현재 상태는 어떻게 생명이 나타났는지, 어떻게 박테리아와 조류 식물처럼 매우 원시적인 단세포 존재로부터 복잡한 기능의 다세포 존재로 진화되었는지, 어떻게 다양성을 보장해 주는 자웅성(雌雄性)이 나타났는지, 그리고 어떻게 이 모든 진화 메커니즘이 정확하게 기능을 하는지 알지 못한다는 것이다. 진화론은 사실이지만, 내면의 메커니즘에 대해서는 아직도 탐구해야 할 것이 남아 있다. 이렇게 말하는 것은 생물학의 입지를 좁히는 것이 아니라 그 반대이다. 과학을 약화시키는 것은 교리주의 같은 거만함이지 겸손함이 아니다. 그리고 이것은 갈릴레이 이후부터 그랬던 것이다.

상대편인 교회에 대해서 말하자면, 교회들은 공격을 멈추지 않고, 진화 이론을 뒤집어엎거나 아니면 적어도 이 이론의 가치를 깎아내리기 위해 기만적으로, 감당하기 어려울 정도가 되었으면 하는 비판을 받게 만들면서, 최소한의 흠이나 최소한의 약점이라도 잡아내려고 애를 썼다.

여러 해 동안 진화 이론이 젊은이들의 머리로 이해하기에는 너무 어렵다는 핑계로, 고등학교 3학년 말기 과정에서 제외시켜야 한다고 하면서, 진화 이론이 고등학교 3학년 과정부터 교육되는 것을 방해해 왔다. 그리고 진화론의 이런저런 면을 비난하면서 그 중요성을 깎아내리려고 시도했다. 하지만 이 모든 노력들은 아무런 소용이 없었다.

최근에 교회는, 아니 교회보다 교회들은——미국의 몇몇 개신교 교회들은 가톨릭 당국보다 개방적이라고 보기 어렵기 때문에——전략을 수정해서 진화론을 보다 효과적으로 약화시키기 위해 마침내는 진화론에, 일종의 진화론 '내부로' 뛰어들었다. 과학자이기 이전에 신도들인 몇몇 과학자들이 이 전략에 동참하였다. 신앙으로 무장한 이 과학 전사들은 진화 이론을 거부하는 것이 아니라, 반대로 이 이론이 완벽하지 않다는 것을 고발하기 위해서 이 이론을 주장하고, 이 이론의 본질을 왜곡시키려고까지 한 것이다. 그래서 이런 행동들 앞에서 다음과 같은 문제를 제기하지 않을 수 없다. 테야르에도 불구하고 몇몇 가톨릭 생물학자의 노력에도 불구하고, 교황청 아카데미에도 불구하고 교회는 근본적인 입장을 바꾸었다는 말인가? 그럴 개연성은 전혀 없다.

분명 오늘날에는 〈창세기〉 내용에 엄격하게 집착하면서 신의 역할을 옹호하기란 불가능한 일이다. 신이 진화 과정을 주도한다는 전제 조건 하에서 종(種)의 진화라는 이론을 수용할 수밖에 없다. 교회가 말하듯이 지상에 생명을 탄생시킨 것은 신이고, 그래서 우리가 생명을 재현시키는 데 어려움이 있는 것이다. 세포가 증식할 때 분리되는 이중 나선 구조의 두 개의 선으로 구성되어 있고, 너무 복잡하고 동시에 너무 교묘한 DNA는 신의 작품이다. 진화를 주도하는 것은 신이고, 단순한 것에서 복잡한 것으로, 박테리아에서 코끼리로 진화하는 것으로 방향을 정한 것은 신이다. 포유동물이나 곤충들의 눈을 분석하고 그 성능을 카메라와 비교했을 때, 모든 동물들의 눈들은 그 동물들이 가지고 있는 모든 DNA 속에 담겨져 있는 동일한 유전자의 통제를 받고 있기 때문에, 누가 이렇게 완벽하고 이렇게 효과적인 시스템을 '발명' 해 냈는지 의구심을 가지게 된다. 그 이유는 신이 변화와 변이를 좋은 방향으로 유도했기 때문이다. 오스트랄로피테쿠스에서 인간으로 진화할 때, 뇌의 크기가 몇십 년 만에 세 배로 커진 이유는 무엇일까? 그 이유도 마찬가지로 신이 그렇게 원했기 때문이다. 뇌의 크기가 그렇게 빨리 변화한 것은 진화 역사에서 유일무이하다는 것이 그 증거가 된다.

따라서 진화는 방향이 설정되고 이끌어져 나갔을 것이다. 박테리아에서 점차적으로 무척추동물, 척추동물, 포유동물 그 다음엔 결국 인간으로 발전되었는데 그 이유는 이러한 진화가 신이 의도한 진화 계획에 일치되었기 때문일 것이다. 생물학적 진화가 방향이 있을 것 같은 것은 생물학적 진화가 방향이 있기 때문에 그런 것이다.

중요시된 과학적 논거는 동식물을 구분하는 문(門)이나 강(綱)의 변화이다. 말에서 당나귀로 전이된 것은 돌연변이에 의한 것인가? 어쩌면 그럴지도 모른다. 하지만 단순한 돌연변이로 인해 악어(파충류)에서 독수리(조류)로 전이되는 것은 불가능하다. 뭔가 다른 '특별한' 개입이 있어야만 한다. 게다가 이 논쟁에서 결정적인 요소가 되는 것으로, 고생물학 연대기 속에는 주요 문(門)들이나 강(綱)들 사이에, 중간 매개적인 형태에 대한 어떠한 흔적도 없다는 것이다.

이 논거는 간과할 수 없는 것이었다. 왜냐하면 강(綱)들간의 전이를 설명하는 메커니즘에 대한 증거도, 정확한 지식도 없다는 것을 실토하지 않을 수 없기 때문이다. 그리고 설령 중간매개적인 것들이 존재하지 않았던 이유가 고생물학 자료들이 누락되어서 그랬다 치더라도, 그 자료들이 메커니즘의 본질을 밝혀 주는 것은 아니질 않은가!

비록 진화론의 모든 메커니즘과 십중팔구 모든 양상들조차도 아직 이해하지 못하고 있는 것이 분명하다 하더라도, 진화론은 참된 이론이고, 어떤 방해공작도 그 이론의 본질을 무너뜨리지 못할 것이라는 점을 강력하게 말하고 또 말해야 한다.

진화 방향 문제에 관해 말하자면, 그 문제는 최근의 발견들에 의거하여 논할 수 있다. 실제로 디노사우르스는 단순히 '일반적인' 자연선택에 의해 사라진 것이 아니라, 6천 5백만 년 전에, 운석의 충돌과 거대한 화산 폭발에 의해 초래된 심각한 기후 변화의 희생물이었다는 것이 밝혀졌다. 디노사우르스와 함께 매력적인 암모나이트 조개(고대 생물)를 비롯한 수천 개의 종(種)들뿐만 아니라 수많은 해양 종(種)들도 사라졌다. 그런데 퇴출된 종들은 자신들이 처한 환경에 완전히 적응해 있었고, 자신들이 감내해야 하는 생태학적 경쟁에서 살아남을 수 있는 능력을 가지고 있었지만, 그 종들은 위기 상황에는 적응하지 못했던 것이다. 위기에서 살아남은 종들은 비정상적인 상황에 적응했던 종들이었다.[3] 그래서 열대 지방에 흩어져 있었던 빙하기에 친화적인 유공충류들은, 이 조건에 잘 적응했던 그와 유사한 종들이 완전히 박멸된데 반해, 살아남게 되었던 것이다.

이런 경우에 선택에 의한 생존은 바로 우연과 필연의 결과인 것이다! 이는 비정상적이고, 극단적이고, 평범한 것에 적응하지 못한 존재의, 혁신적인 존재의, 유별난 존재의 승리였다. 신의 손길이 사방에 미치고 있음을 본 사람들에게는 대단한 충격이었다. 적어도 신은 유별난 것들을 싫어하는 것 아닌가? 그러지 말라는 법은 없다. 어쨌든 그것들은 가장 창조적인 창조물들이 아닌가!

---

3) V. Courtillot, *op. cit.*

진화 자체의 리듬은 한결같은 과정이——이 과정은 우발적인 상황이 벌어지지만 그래도 규칙적이다——만들어 내는 것보다 훨씬 변덕스럽다. 진화는 지질학 시대를 거쳐 오는 동안 일정한 리듬으로 돌연변이를 일으키는 것으로 사람들은 생각하고 있었다. 이를 생체시계라고 불러왔으며 이와 함께 생물 계보도는 점점 더 복잡해져서 결국 오늘날에는 5억 5천만 년 전의 캄브리아기(紀)보다 생명체 종(種)들이 훨씬 다양해지는 결과를 낳았다. 그런데 그 유명한 캐나다에 있는 브리티시컬럼비아 주(州)의 버거스 편암(頁岩) 동물군이 발견된 이후, 생명체는 캄브리아기에 '기하급수적으로 증가' 했고, 이 시기에 존재했던 생명체의 종류는 거의 오늘날의 수준만큼 다양했었다는 것을 알게 되었다.[4] 만약 진화가 신의 뜻에 따라 행해진 것이라면, 이 진화는 신의 갑작스런 충동이 빚어낸 것일지도 모르고, 또 가장 중요한 점은 그것이 5억 5천만 년 전에 일어났었다는 점이다. 신의 행동이 이렇게 발작적이고 간헐적이었을 것이라는 생각을 떠올리기란 쉽지 않은 일이다. 이는 거의 분노와 감정을 부렸던 그리스의 전설적인 신에 해당되는 이야기이지, 정의롭고 엄격하고 자비로운 유대-그리스도교의 신이 아니다.

이 모든 것에도 불구하고 수많은 교회와 사제들의 투쟁은 끊이질 않았고, 그들은 진화 이론을 어르기도 하고 헐뜯기도 하면서 교리를 지켜나가려고 애썼다.

아비세나의 조국인 이란에서 결국은 창조론만이 유일하게 생물학에서 인정하는 진실이 된 것이다. 세계 지식의 등불로 한 시대를 풍미했던 국가에서 진화론은 비참한 상황을 맞이한 것이다. 북아프리카에서도 근본주의자들은 같은 내용을 권장하였다. 세계에서 가장 강력한 국가인 미국에서는 창조론을 주창하는 개신교와 가톨릭이 증가하였다.

---

4) 《인생은 아름다워: 진화의 놀라움》, S. J. Gould, Paris, Seuil, 1991 참조.

그들은 의회에 영향력을 행사하였고 의회에서 그들은 학교 교육 과정에 진화론 대신에, 그리고 진화론 자리에 창조론을 도입할 것을 촉구하였다.

그렇다 하더라도 교황이 얼마 전에 다윈의 이론을 인정했기 때문에, 가톨릭 쪽에서 보면 상황이 훨씬 유리하다고 보기에는 문제가 있는 것 아니냐고 당신은 내게 말할지도 모른다. 그렇다면 좀더 가까이서 살펴보기로 하자. 교황은 교리에 나오는 생명의 존귀함을 포기하고, 우연과 필연의 역할을 인정이라도 했단 말인가? 전혀 그렇지가 않다. 사실 교황은 테야르 드 샤르댕(이 사람도 예수회 수도사였다)을 주축으로 하는 가톨릭 지식인들의 해석을 채택하는 데 있어서 반세기 이상의 시간을 지체해 왔다. 실제로 교황은 정해진 방향으로 진행되는 진화와, 특히 생명 창조, 진화의 진로 결정, 그리고 인간 창조, 이 세 가지 순간에 신이 개입했다고 믿었다. 이는 다윈의 이론과는 한참 동떨어진 것이었다. 교황이 볼 때, 만약 우연이라는 것이 존재한다면 그것은 신이 통제하고, 방향을 정하고, 잘 조절한 우연이라는 것이다.

갈릴레이에 관해서 했던 선언 이후, 다윈에 관한 교황의 놀라운 선언은 어쩌면 진솔한 것일지도 모르지만 또한 전술적인 것이기도 하다. 이는 섹스와 출산 문제가 걸려 있는 근대 생물학과 같은 다른 문제들을 놓고 다투는 데 있어서 유리한 고지를 선점하기 위해 생물학과 관련된 주제에서 한 발짝 물러섰던 것에 불과하다.

실제로, 진화 이론에 관한 르로이 신부의 의견을 수용하는 데 있어서, 백 년을 지체한 이 교황이 피임약과 콘돔과 낙태를 범죄시한 바로 그 교황이다. 그가 내세운 명분은 무엇이었는가? 바로 생명의 존귀함이었다.

출산 문제에 관해서는 몇 가지 점들을 따로 놓고 보아야 하는데, 제일 먼저 출산 조절에 관한 것으로, 피임과 낙태를 구분해서 보아야 한다.

피임에 관한 교회의 태도를 수긍하기에는 문제가 따른다. 왜냐하면 교회는 생리 주기와 체온 변화의 상관 관계를 기초로 한 오기노 박사의 방법만을 인정하고, 피임약과 콘돔을 거부하고 있기 때문이다. 그런데 피임약과 콘돔, 이 방법들은 생명을 해치는 것도 아니고 또 그것을 파괴하는 것도 아니다. 이는 아이들이 참담한 인생을 살아가게 될까 봐, 부모들이 아이를 원치 않는 경우에 수태가 되지 않도록 도와줄 뿐만 아니라 단순하게, 고질적인 식량 부족을 겪는 국가들에서 인구 폭증으로 인해 기아가 확산되는 것도 막아 준다. 게다가 간과해서는 안 되는 점은, 피임은 부부들에게, 특히 여성들에게 선택의 자유를 부여한다는 점이다. 인간이 동물과 구별되는 것은 바로 책임감이다. 그런데 왜 인간은 출산 문제를 결정하는 책임을 거부하는 것일까?

만약 예수 그리스도가 오늘날 살아 있다면, 그는 피임을 허락할 것이고, 그리고 모든 방법을 동원해서 에이즈에 맞서 싸울 것을 권장했을 것이라고 생각된다.

낙태와 관련해서는 문제의 성격이 달라진다. 그 이유는 낙태는 윤리적으로나 종교적으로 훨씬 민감한 문제를 건드리기 때문이다. 십계명 중에 하나인 '살인하지 마라'는 말이 있다. 배아의 어느 단계부터 독자적인 생명체로 간주될 수 있는 것인가? 상당히 민감한 이 생물학적 문제는, 언젠가는 발생학적 차원에서 해결해 주기는 하겠지만, 현재로서는 논리적인 난항을 겪고 있다. 이 문제가 민감할 수밖에 없는 이유는, 모든 낙태는 여성뿐만 아니라 대개의 경우 부부들에게 심리적 · 생리학적으로 감내하기 힘든 것으로 느껴지고, 또한 때로는 비극적인 것으로 느껴지기 때문이다.

그렇지만 수많은 경우에 있어서 낙태는 사회적으로 부득이한 경우나 의학적인 이유로 인해 '정당화' 되고 있다. 따라서 이런 상황에 처하는 경우에는 낙태가 가능하도록 해주어야 한다. 하지만 종교적인 차원에서는 어려움이 따른다. 그리고 신자가 아닌 사람들은 이를 이해해야만 한다.

더군다나 이 점에 관한 가톨릭 교회의 입장은, 언제나 사회의 도덕 수준을 따라가지 못하고 한참 뒤처져 있다. 기억을 더듬어 보면, 1830년경에 르망의 부비에 추기경은 난산일 경우, 산모를 희생시켜서 죽든 살든 칼로 배를 갈라 애를 꺼내야 한다고 권고하였다. 그런 식으로 해서 태아를 살리기 위해, 수많은 산모들이 죽어갔다고 조르주 미누아[5]는 보고하고 있다.

결국, 교회에게는 아직도 힘써야 할 길고도 험난한 노력이 있는 것이고, 사람들은 마음에 들지는 않겠지만 적어도 그것이 지체되더라도 이해해 줄 것이다.

인공출산에 관련해서, 교회는 이 문제에 대해서도 유연한 입장을 취해야 할 것이다. 물론 교회로서는 아무거나 인정하는 일은 없겠으나, 법도 마찬가지로 아무거나 가능하게 해주지는 않는다. 아이를 갖기 위해서 인공수정을 원하는 여인에게, 어떠한 손해나 위험이 따르지 않는 확실한 상황에서 수술이 이루어진다면, 이 인공출산을 나쁜 것이라고 비난하기는 어렵지 않을까 하는 것이 나의 생각이다.

이 모든 문제에 관해 갑작스런 충돌이 빚어지는 것을 원치 않는다면, 과학자와 신학자 사이에 대화를 재개하는 것이 내가 보기에는 절대적으로 필요하다고 생각된다(이는 다행스럽게도 프랑스가 선도하고 있는 윤리위원회에서 행하고 있는 것들이다). 하지만 이 대화에서 유익한 성과가 얻어지기를 기대한다면, 과학자들과 더불어 신학자들은 생각의 유연함을 보여주어야 한다. 왜냐하면 생물학이 급성장하고 있는 가운데 점점 더 난해한 문제들이 속출하고 있기 때문이다. 내가 생각하는 것은, 예를 들자면 유전조작 같은 것인데, 이 말은 불필요한 의미

---

5) G. Minois, *op. cit.*

가 내포하고 있는 관계로 해서, 유전형질에 관한 실험이라고 부르는 편이 나을 것이다. 각 종(種)들은 DNA라고 불리는 이중 나선 형태의 거대한 분자들이 유전자 정보를 가지고 있고 또 코드화되어 있다. 염색체를 구성하고 있는 것이 바로 이 분자들이다. 현재 하등동물에 대한 유전자 코드는 해독되어 있다. 다시 말해서 개체 생산과 그 생리 기능에 있어서 각각의 DNA 요소, 각각의 뉴클레오티드(유기 염기와 인산의 결합체)가 어떤 역할을 하는지 밝혀냈다.

고등동물에 있어서 그것은 훨씬 복잡하다. 무엇보다 유전자 정보가 훨씬 길다. 박테리아 게놈은 2백만 개 정도의 뉴클레오티드만을 포함하고 있지만, 인간의 게놈은 30 내지 40억 개 정도 된다. 그리고 이 인간의 게놈도 훨씬 복잡해서 뉴클레오티드의 4분의 3 정도가 어디에 이용되는지 알지를 못한다.

하지만 이것들이 부족하기라도 한다면 전체가 흔들리게 된다!

이렇게 분자에 대한 지식이 완벽하지 못한 상태에서 그 유명한 '유전자 조작'을 하기 시작했다. 이 조작은 DNA에 직접 손을 대서, DNA를 개조하고, 그리고 그것을 통해서 이런저런 생물체의 후손을 변모시킬 수 있다.

이런 유전자 조작이 거론되기 시작하면서 최악의 시나리오들이 터져 나왔다. 그래서 최근에 영국의 생명공학 팀이 유전자 조작으로 암양을 복제했을 때, 전 세계는 이 방법을 인간에게 적용했을 때 일어나게 될지도 모르는 일들을 상상하면서 한바탕 출렁거렸다.

사실 이 문제들은 상당히 단순하면서도 동시에 아주 복잡한 문제들이다. 사람들이 유전공학으로 만드는 것은 새로운 의약품이나, 새로운 성질을 가지게 된 새로운 식물들, 인간에게 훨씬 생산적인 새로운 동물들 등등이다. 그런데 이 인위적인 생물체 조작은, 당연히 이미 근본적으로 윤리 문제에 걸리는데다가 기술적인 문제들도 제기된다. 우연치 않게 새로운 바이러스들을 발생시키고, 새로운 병들을 만들어 내게 되는 것은 아닐까? 이 부분에 있어서는 상당히 조심해야 한다. 인간의 게놈을 해독한다던가, 유전되는 병들을 박멸하려는 시도를 한다던가 하는 것들은 받아들일 수 있다. 그렇다 하더라도 이 부분에 있어서도 매우 신중해야 한다. 반면에 인간의 유전형질을 조작하는 모든 행위들은 반드시 금지되어야 한다.

이 점에 있어서 과학과 종교 간에 의견 대립은 없다. 생물학은 돌팔이 마녀들의 분야가 아니다. 생물학자들은 자신들의 책임이 막중하다는 것을 알고 있는 사람들이다. 그 예로서 처음으로 유전조작이 일어난 이후에, 5년 시한의 DNA 재조합 관련 실험의 유예를——아실로마르 규범이라 불리는——선포한 사람들이 바로 생물학자들이다. 그리고 유전자 조작들이 위험하지 않다는 것을 확인한 뒤에야, 식물과 동물에 대한 유전자 조작 실험이 허락되었던 것이다.

인공출산에 대해 말하자면, 이에 대한 윤리 규범을 정한 사람들은 의사들 자신이었다.

생물학의 경계선에서는 분명 과학과 윤리 간에 충돌이 생길 수 있다. 물론 윤리의 가치는 종교의 전유물만은 아니다. 사람들이 생명과 인간에 대해 가지고 있는 생각들이, 사회가 조금씩 꾸준히 쌓아온 가치들을 형성한 것이다. 뤽 페리가 이에 대해 아주 훌륭하게 지적해 놓았듯이, 성경과 같은 성서들이 제시하고 있는 윤리는 수천 년에 걸쳐서 형성된 고대 사회의 규칙들을 담고 있다. 윤리는 무엇보다도 사회생활에 대한 규칙들의 총체이고, 초기 인류 사회에서 생성되고 축적된 성찰들을 바탕으로 해서 오늘날까지 심화되어 온 것이다. 윤리는 발전하지만, 윤리란 것이 전체적이고 총체적인 특징을 가지고 있기 때문에 그 발전 속도는 훨씬 더디고, 사회 자체의 변동보다는 덜 혼란스럽다. 윤리는 지표로서의 가치를 유지해야 하지만 그 지표는 진보되어야 한다.

생명체에 대한 조작에서 실현되고 있는 놀라운 발전 속도는 토론과 성찰을 필요로 하게 되고, 그에 따른 결론은 현명한 것이 되어야 한다.

그 이유는 집단적인 사고방식은 개인의 사고방식보다 훨씬 더디게 발전하기 때문이다. 물론 종교들 자체도 자신들 나름대로의 성찰을 발전시켜야 한다. 왜냐하면 사람들이 생명에 대해 그리고 인간과 생명의 관계에 대해 가지고 있는 새로운 시각은 성경에 쓰여 있는 내용과는, 그것이 함축적인 내용이라 할지라도 아무런 연관이 없기 때문이다.

다른 한편으로는, 새로운 고찰을 이끌어 내고 이러한 새로운 생명 윤리를 구축하는 데 있어서, 사회라는 이름으로 사회를 위한다는 명목으로 과학이 뒤로 밀려나 있는 것은 아닌지 생각해 볼 수 있다.

드니 쟁바르가 "궁극적으로 사회 내부에서 과학은 신(神)을 대체하지 못했단 말인가?"라고 문제를 제기한 것은 이런 의미에서였다. 하지만 "윤리는 종교의 전유물이 아니다"라고 주장했을 때와 똑같은 용기를 가지고, 내 동료들 중에 어떤 이들은 나의 의견에 동의하지 않을지도 모르지만, 나는 "과학은 종교 혼자만이 윤리를 정하도록 내버려두지 않는다"라고 주장하는 바이다.

과학은 분명 자기 나름대로의 방식으로 윤리를 세우고 있고, 진실의 탐구라는 목표도 추구하고 있다. 과학은 분명 인종은 존재하지 않는다는 것과, 인류의 가장 큰 재산은 다양한 인간이 존재한다는 것과, 그래서 만약 어떤 미친 사람이 인간 복제를 일반화시키고자 한다면, 인간 복제는 절대적인 재앙이 될 것이라는 명백한 증거들을 제시하고 있다. 하지만 그것으로는 충분하지 않다. 과학은 사회윤리 발전에 절대적으로 필요한 근본적인 성찰 요소들을 제시해 주지만, 규범을 정하는 것은 과학이 아니다. 그것도 사회적으로 폭넓게 논의되지 않은 규범들을 말이다.

자연의 법칙을 기치로 하는 과학에 근거한 윤리를 가정해 보자. 주지하다시피 자연의 법칙은, 약하거나 장애를 가지고 있거나 적응하지 못하는 존재들에 대해서는 신경을 쓰지 않는다. 반대로 이러한 존재들을 도태시킨다. 자연의 법칙이나 다윈의 이론을 주창하는 윤리들이 정치와 사회 분야에서 어떠한 결과로 초래될 수 있었는지는 다들 알고 있다. 어쩌면 언젠가는 빛을 보게 될 유전공학의 파괴력을 감안할 때, 오로지 생물학적 진보에 기초한 행태가 어떤 대재앙을 불러올 것인지 상상이 간다. 아마도 공학 수준으로 성장한 우생론(優生論)이 빠른 속도로 부활하게 될 것이다.

윤리적인 결정을 내리는 데 있어서, 과학적인 근거들을 무시하면서 결정을 내리는 것도 무책임하고 어리석은 짓이지만, 그렇다고 오로지 과학만을 내세워서, 과학자들이 마치 사제나 예언자라도 되는 듯한 행태를 보이는 것도 어리석고 무책임한 짓이다. 이렇게 되면 과학 자체가 변질될 가능성이 크기 때문에 과학자들은 절대 그런 행태를 보여서는 안 된다. 따라서 종교가, 진보되는 것을 받아들이기만 한다면, 이런 점에 있어서 종교와 첨예한 대립이 생기는 일은 일어나지 않을 것이다. 왜냐하면 특히 유전자 조작은, 진화 메커니즘과 생명 메커니즘에 관해 우리에게 시사하는 바가 크기 때문이다.

따라서 생명에 관한 과학적인 관점과 종교 개념 간의 갈등은 분명하며, 그 원인들에 대해서는 잘 알려져 있다. 그럼에도 불구하고 앞으로 다가올 미래에 그 갈등은 훨씬 더 직접적인 충돌로 발전될 가능성이 있다. 새로운 전쟁터가 될 분야는 신경과학 분야이다. 왜일까? 그 이유는 종교가 영혼과 육체, 또는 정신과 물질을 따로 구분하고 있는 데 반해, 신경과학은 궁극적으로, 사람들이 애매모호한 것으로 생각하고 있는 개념들의 바탕이 되는, 물질적인 특성을 규명하고자 하는 것이기 때문이다.

종교는 초월성이라는 개념에 기초하고 있다. 반면에 육체는 생물학적인 법칙을 따르는데다, 물질적인 현실을 초월하는 추상 개념인 의식이 지배하고 있다.

모든 종교들은 각각의 인간들에게 내재되어 있는 '심리적인 기계'의 현실을 초월하고, 종종 영혼이라 불리는 특수하고 비(比)물질적인 형질의 존재에 기초하고 있다. 궁극적으로 육체와 영혼의 유리(遊離)에 기초하고 있는 데카르트의 이론들은 대체로 모든 종교에 배어 있다. 그런데 근대 신경과학은 이 개념을 거부하고 뇌 기능에 대한 물질적인 측면을 설명하려 든다. 제럴드 에들먼은 자신의 저서들 중에 하나에다 《의식의 생물학》[6]이라고 제목을 붙였고, 장 피에르 샹주는 《뉴런의 인간》[7]에 대해서 이야기하고, 안토니오 다마시오는 《데카르트의 실수》[8] 라는 책을 써서 데카르트를 비난하였다. 여기서 우리는 물질의 본질과 물질과 영혼과의 관계에 관해 촉발된 토론으로 되돌아가게 되는데, 주지하다시피 이들 문제들을 밝혀내는 일은 연금술의 궁극적인 목적 이었다.

뇌는 '뉴런'이라고 불리는, 셀 수 없을 정도로 수많은 신경세포의 결합체로서, 뉴런끼리 수많은 접속을 통해 소통한다. 이 '수천억 개의 뉴런'은 어마어마한 네트워크를 형성하고 있고, 수많은 정보들은 이 네트워크를 통해 전달된다──바늘끝만한 크기에 거의 백만 개 정도 의 접속이 이루어진다. 뉴런의 내부에서는 전기파장 형태로 정보들이 전달되고 있고, 뉴런에서 뉴런으로의 전달은 신경전달물질이라는 화 학 매개체의 도움을 받아 이루어진다.

샹주 · 에들먼 · 크릭 또는 다마시오와 같은 신경 과학자들은, 우리 뇌에서 발산하는 추상적인 생각들은, 뉴런들간에 접속을 통해 이루어 지기 때문에 물질화된다고 생각한다. 샹주가 뉴런 그래프를 만들어 낸 다든지, 에들먼이 뉴런 지도를 만들어 낸 것처럼 이 둘은 분명 추상적 인 것들을 물질적으로 표현하였다. 그래서 정신을 형성하고 있는 추상 적인 생각들은, 사실상 아주 구체적인 물질적 실재(實在)가 있을지도 모르는 것이다.

---

6) 《의식의 생물학》, G. M. Edelman, Paris, Odile Jacob, 1992.
7) 《뉴런의 인간》, J.-P. Changeux, Paris, Fayard, 1983.
8) 《데카르트의 실수》, A. Damasio, Paris, Odile Jacob, 1995.

뇌는 시각·후각·촉각·청각·미각과 같은 감각 기관이라는 매개체를 통해, 바깥 세상의 정보를 끊임없이 받아들인다. 뇌는 이들 정보들을 다룬다. 다시 말해서 정보를 추출하고, 분류하고, 자기 것으로 만든다. 뇌는 이 정보들을 바탕으로, 하나나 그 이상의 뉴런 그래프들을, 각각의 대상과 각각의 감각과 각각의 생각에 일치시키면서 뉴런들이 만들어 내는, 머릿속으로 이미지들을 만들어 낸다. 이 머릿속에 만들어진 이미지들은 보고, 만지고, 듣거나 또는 느낄 수 있는 구체적인 대상물들과 일치할 수 있을 뿐만 아니라, 뇌 스스로가 나름대로 그래프 조각들을 조합하고, 나름대로 새로운 결합을 창출해 내면서 이것저것 합성해서 만들어 낸, 상상해서 만들어 낸 대상물에 해당되는 것일 수도 있다. 따라서 이 상상 속의 대상물들은 실제 존재하는 대상물일 수도 있고, 반대로 '생각'이라고 불리는 추상적인 대상물일 수도 있다. 뉴런 그래프들은 뇌 속에 아무렇게나 할당되어 있는 것이 아니며, 뇌는 친화 영역과 관계 영역으로 편성되어 있는 것처럼 보이기도 한다. 따라서 지리학에서 지도를 만드는 것처럼, 두뇌에 대한 지도를 실제로 만들 수 있을 것이다. 하지만 CT, MRI, 자기 신호 측정 장치 같은 다양한 촬영 기계로 정밀 검사를 해보았지만, 구체적으로 이 분포도가 어떻게 편성된 것인지는 모른다. 이 분포도는 처음에 생각했던 것보다 훨씬 복잡하고, 비슷한 정보를 지니고 있는 영역들이 반복되고 중첩되는 것 같다. 그렇다 하더라도 어떤 유사성에 따라, 뉴런 그래프들이 국재적(局在的)으로 결합하고 있다는 생각에 대해서는 이의를 달지 않는 것 같다. 그렇다고 해서 뇌가 지정된 특수한 기능을 담당하는 영역들을 가지고 있는 컴퓨터처럼 구성되어 있다는 것은 아니다. 뇌는 그 기능[9]이나 기능 작용에 있어서 컴퓨터와 다르다는 것을 아주 분명히 해야 한다. 뇌는 한편으로는 정보들을 다루는 것에만 국한되지 않

---

9) 뇌는 사전에 만들어 놓은 프로그램도 없고 별개의 기억 장치도 없다.

고, 스스로 정보를 생산해 내기도 하고, 이를 위해 프로그램을 설치할 필요도 없다. 이런 기능은 자동적으로 실행된다. 그리고 다른 한편으로는 우리가 기억하고 있는 뇌의 기억은, 필요에 따라 사용하기 위해 정보를 저장해 두는 장소라 할 수 있는 뇌의 일부분이 아니다. 신경 회로들은 기억을 활성화시키는 속성을 가지고 있는데다 또 자주 이용되기 때문에 쉽사리 작동된다.

이런 관점에서 미셸 주베[10]가 연구했던 꿈은, 전에 보았던 이미지나 아니면 생경한 이미지들을 떠올리게 만드는, 통제되지 않는 뇌의 기능처럼 이해된다. 그래서 미래를 예견하는 꿈이라든지, 과거를 되살리는 꿈과 같은 인상을 받게 되는 것이다. 그러니까 신경 그래프가 서로 결합해서 생기는 과정이라고 쉽사리 생각하게 되는 것이다. 뿐만 아니라 황당하고, 비극적이거나 경이로운 내용이 '뒤섞이는 꿈'도 꾸게 되는 것이다. 뉴런 그래프들은 경험을 바탕으로 생성되고, 이어서 사용 여부에 따라 선택되는데, 여기서도 다원적인 선택이 이루어진다. 이를 바탕으로 신경 그래프들은 또다시 아이디어나 개념들이나 추론 같은 것들을 만들어 내면서, 세분화하고 결합하고 조합하고 조화를 이룰 수 있다. 생각들이라 하는 것은 뉴런들이 만들어 낸 '산물'이고, 추론은 뇌의 또 다른 활동인 '기능'인 것이다.

하지만 실제로 그렇다면, 동물들도 우리처럼 생각할 수 있는 것이 아닌가? 신경 과학 분야의 전문가들은, 동물들의 뇌는 훨씬 작은데다 구조도 단순하다는 것을 고려해 볼 때, 신경회로들이 결합할 가능성은 인간의 그것보다는 한참 뒤떨어진다고 주장한다.

뇌에 대한 '유물론적' 개념을 가진 사람들에 따르면 의식이라든가, 정신이라든가, 의지와 같은 '자각'들은, 우리가 방금 간추려서 언급한 일반적인 범위 내에서 합리적인 설명을 이끌어 낼 수 있다고 한다.

---

10) 《수면과 꿈》, M. Jouvet, Paris, Odile Jacob, 1992.

이 관점은 거센 반발을 피해가지 못했다.

그 수가 얼마 되지 않는 몇몇 과학자들과 그들 중에 노벨상을 수상한 유명한 오스트레일리아의 생물학자인 존 C. 에클스[11] 경은 이 관점을 부정하고, 뇌를 '지휘하는' 비물질적인 의식인 '무언가'가 있다는 것을 고집스럽게 옹호하였다. 상당히 탁월한 생리학자인데다 아무거나 지껄이거나 하는 사람이 아니었던 에클스는 한 가지 시스템을 생각해 냈다. 그 시스템에 따르면, 에너지 보존 법칙의 속박에서 벗어날지모르는 어떤 미세한 양자 메커니즘에 의거하여 그 이치를 설정할 수 있을지도 모른다는 것이다. 딱 잘라 말해서, 소위 이 메커니즘이라 하는 것은 극도로 모호하거나 너무 난해하며,[12] 솔직히 말하자면 이것이 어떻게 기능할 수 있는지 이해가 잘 안 된다.

에클스는 이미 10년 전에 철학자 카를 포퍼와 이와 같은 관점을 제시했었다. 그들이 보여준 내용은, 설득적인 면은 하나도 없었던 데다가, 인식론에 대한 연구로 카를 포퍼가 얻었던 '곧이곧대로'라고 하는 명성에 금이 가게 되었다. 결국 신경과학 '내부에서 서로 치고 받았던' 이런 비난들은, 실제로는 알맹이가 하나도 없었던 것이다.

두번째로 벌어진 일련의 비평들은, 몇몇 철학자들과 프로이트를 추종하는 심리학자들로부터 제기되었다. 그들은 샹주, 에들먼 그리고 그일파들이 사상 논쟁을 양자역학 문제로 국한시킨다고, 예를 들어 의지의 이행이나 자유 의지라고 불러 마땅한 것들을 조합 관계로 대체하려든다고 규탄하였다. 내가 주의 깊게 읽어본 이 비평들의 대부분의 내용들은——사람들은 내가 이 내용들을 논의의 공평성을 위한다는 명목으로 인용하거나 하지 말았으면 할 것이다——내가 볼 때, 진일보한

---

11) 그는 얼마 전에 사망했는데 그 당시 나는 이 책의 근거 내용들을 재검토하고 있었다.

12) 《어떻게 의식은 뇌를 통제하는가?》, Sir John Eccles, Paris, Fayard, 1997.

최근의 신경과학에 대해 너무 모르고 있는 것이 아닌가 싶다. 어떤 철학자들은, 철학적인 고찰은 플라톤에서 비트겐슈타인에까지 이르는 옛날 철학자들을 러시아 인형들처럼 줄줄이 인용하고, 그리고 나서 현재의 지식, 즉 과학과의 모든 연관성은 제쳐 놓은 상태에서, 이론들을 해석하는 것이라는 논리를 옹호하면서 잘난 척을 한다. 나는 이를 '내재적 철학' 또는 '내연적 철학'이라 부른다. 그들은 철학의 뿌리는 지식에서 기인되고, 최소한의 과학적 기초가 없으면 철학을 하기가 매우 어렵다는 것을 망각하고 있다.[13] 이들보다 좀더 현명한 다른 철학자들은, 신경과학에 관한 서적들을 읽어보려고 애는 썼지만, 거의 대부분은 중도에 포기하고 말았으니 유감스러울 뿐이다. 그렇다 하더라도 그들은, 인터넷 작동 메커니즘에 대한 지식과 인터넷을 사용하는 사람들의 뇌가 기능하는 방법을 이해하는 것과는 의미가 다르다고 하는, 이 단순한 사실에 대해 고민해 볼 필요가 있을 것이다. 하지만 단순한 상식이 먹혀들지 않는다면, 근대 철학 중에서 가장 최고의 논증 방법을 이용하고, 존 스튜어트 밀의 말을 인용해 보도록 하자. "만일 정신 활동에 대한 물질적인 조건들을 찾아내는 것이 유물론적이라고 한다면, 정신에 관한 모든 이론들은 유물론적이거나 아니면 결함이 있다고 보아야 한다."

사실 신경과학도 마찬가지이다. 장 디디에 뱅상이 자신의 저서[14]에서 상세히 묘사한 '사랑의 마음을 들게 해주는' 마약에 반대하는 심리학자의 논고가 생각난다. 이는 신경과학자들이, 사랑에 빠지는 지능적인 감정적 행위를 화학적 작용으로 '폄하'한다는 의미는 아니다. 그들

---

13) 영혼의 존재와 물질/영혼의 유리(遊離)를 증명하고자 노력했던 베르그송 자신도 신경과학 연구에 관해, 특히 실어증에 관한 자료를 오랫동안 수집해 왔다. 주지하다시피 그는 자신의 관점을 밑받침할 만한 자료는 찾지 못했지만 적어도 그의 연구 방식은 엄격한 방향으로 진행되었다.

14) 《열정의 생물학》, J.-D. Vincent, Paris, Odile Jacob, 1996.

은 이 상태가 기억과 감정과 아버지나 어머니에 대한 이미지나, 어쩌면 냄새나 색깔이나 형상들이나, 그리고 규정하기 아주 힘든 뇌에서 느끼는 감정들을 통합하고 있는, 뇌 메커니즘의 결과로 보고 있는 것이다. 그래서 뇌에서, 예를 들어 심장 박동이나 해면체로 화학물질들이 분비되는 것을 가지고 사랑에 빠진 상태라고 바꿔 말하는 것이다.

뇌는 추상적인 생각들을 만들어 내는데, 사람들은 말이나 글을 통해 소통하는 특성을 가지고 있기 때문에 한번 만들어진 생각들은 독자적인 존재로 남게 되고, 태초부터 만들어진 생각들이나 개념들 전체는 사회 전체의 지적 유산이 된다는 것을 부정하는 사람은 아무도 없다.

심리학적인 것이나 정신분석학적인 관찰의 상당 부분은, 실제로 신경과학 범주로 속할 수 있거나 아니면 설명되어질 수 있다. 더구나 제럴드 에들먼 같은 사람은 자신의 저서에서 그러한 노력을 기울였다.[15] 나는 정신분석학 쪽에 전문가는 아니지만, 어머니 이미지의 영향, 꿈 해몽, 말실수(lapsus)를 직관적으로 인식하는 역할, 이 세 가지 예를 들어 보고자 한다.

어머니에 대한 이미지는 뇌 속에 매우 활기찬 신경 그래프 형태로 저장되어 있다가, 청소년이 한 여성을 만나게 되는 경우, 이때 생겨나는 신경 그래프들은 어머니 기억과 밀접하게 연관된 부분과 접하는 영역들 중에, 어머니 기억과 정확하게 일치하는 영역에 위치하게 된다. 그래서 거의 필연적으로 얽히고설키는 결합이 발생되고, 어머니의 '영향'이 나타나게 만드는 것이다.

꿈해몽에 대해서도 마찬가지이다. 만약 꿈이 기억되어 있던 이미지들을 되살려 주거나 아니면 새로운 이미지들을 합성해 낸다면, 그것은 인접해 있던 신경 그래프들이 간접적으로 영향을 미쳤기 때문이다. 따라서 꿈은, 각 뇌마다 고유한 내적 구조를 가지고 있고 또 각 개인의

---

15) G. M. Edelman, *op. cit.*

인성과 각 개인이 살아온 특징을 담고 있다는 것을 잘 보여주고 있다.

말실수(lapsus)는 낱말들이 이미지와 냄새와 감정과 어떻게 결합되어서 뇌에 저장되었는지를 보여준다는 측면에서 볼 때, 비록 수많은 말실수들이 무의식적이고 우연치 않게 발생한다 할지라도, 각 뇌가 어떤 순간에 어떻게 이루어졌는지를 의미심장한 방법으로 보여주고 있다.

나는 정신분석학의 대가들이 일궈 놓은 어떤 확대 적용한 내용들을 타당하다는 쪽으로 몰고 가려는 것이 아니라, 단지 사람들이 종종 내세우는 반대 논리가, 넘지 못할 산이 아니라는 것을 보여주려고 한 것뿐이다. 프로이트 자신이 직접 한 말을 인용해 보자. "생물학은 무한한 가능성을 지닌 분야이다. 우리는 생물학이 가장 놀랄 만한 결과를 얻어낼 때까지 기다려야 한다. (…) 어쩌면 그 결과는, 우리가 가상으로 설정한 모든 가설들을 무너뜨리는 그런 결과가 될 것이다." 게다가 내가 보기에는, 신경과학에 가해진 비평들은 근거가 없는 것처럼 생각된다. 우리가 철학적이거나 심리학적인 이 '비평' 들에 대해 언급한 이유는, 사실상 이 비평들이 종교적인 접근 방식과 비슷하기 때문이었다. 이 비평들은 종교적인 접근 방식과 마찬가지로, 정신 세계인 영혼과 신체의 세계인 뇌를 따로 떼어 놓고 보고 있다. 이렇게 분리시키는 것은 다른 궁극적인 목적이 있기 때문이지만, 그것을 받쳐 주고 있는 근거들은 동일한 것들이다.

나머지 문제는 종교적인 비판들과 영혼의 섭리이다. 영혼과 영혼의 불멸성을 어떻게 이런 도식에다 끌어들일 것인가?

근대적인 신경과학의 개념은 당연히, 한쪽에는 신경 조직과 신경 전달매체로 되어 있는 신체인 뇌가 있고, 다른 한쪽에는 존 C. 에클스와 카를 포퍼의 묘사에 따르면, 어떻게 보면 허공에 떠다니고 있으면서, 가장 신비한 메커니즘을 통해 물질을 움직이게 만드는 초월성을 띠고 있는 정신 세계가 있다고 하는 논리와 상충하고 있다.

80세에 가까운 나이에[16] 훨씬 더 독실한 신자가 된 이 출중한 두 지식인은 자신들의 종교적 신념과 자신들이 이룩한 과학적 탐구들을 조화시키려고 애를 썼다. 실제로 그들은 영혼과 물질로 구분해 놓은 데카르트의 명맥을 이어나갔는데, 결국은 같은 이유에서였다. 이런 종교적인 행태는 간단한 논평 이외에는 별다른 반향을 일으키지 못했다. 신앙심은 이성의 소관은 아니지만, 완벽한 정신분열증 환자들한테는 제외하고 이성을 가로막을 수는 없다. 앞으로 알게 되겠지만, 우리들 각자가 신을 믿는 것에 대해 가로막을 수 있는 것은 아무것도 없지만, 과학자들의 반발을 불러일으키는 것은 주관적인 선택을 정당화시키기 위해서, 이성에 호소하고 과학을 '쥐어짜는' 그런 행태이다. 주지하다시피, 종교는 신경과학에 관한 논쟁에서 핵심을 이루고 있다. 그럼에도 불구하고 종교는 현시점에서 신경과학에 무관심한 입장을 취하는 쪽으로 가고 있다. 이것이 교회가 줄기차게 이용하고 있는 전술이다. 교회는 새로운 발견으로 인해 거북해지면, 처음에는 그것을 무시해 버리거나 아니면 비방을 한다. 하지만 코페르니쿠스 같은 경우에 있어서, 교회는 언제까지 이런 전술을 구사할 수 있을까?

하지만 과학자는 어려운 난제들을 풀어 가는 데 있어서 종교를 개의치 않는다. 그리고 논의를 진척시키기 위해서, 우리는 다음과 같은 근본적인 문제를 제기해 보아야 한다. 신경과학 모델, 다시 말해 신경분포도 모델과 신경 그래프 모델은 모든 것을 설명해 주는가? 이 모델은 의식과 의지를 설명해 주는가? 화창하게 좋은 날, 내가 산책을 가는 대신에 이 책을 집필하기로 결심했다면 이는 의지 행위이다. 나는 이것이 어떻게 하다 보니 우연치 않게 그렇게 되었다든가 아니면, 어느 특정한 전기 법칙에 따라 결합된 결과라고 하는 것이 믿겨지지 않는다.

---

16) 존 C. 에클스는 가톨릭 신자임에도 불구하고 그 나이에 이혼을 한다.

의지는 어떻게 형성되는 것일까? '인지하고 있다'라는 의미에서의 인간의 의식은 어떻게 발전된 것일까? 더군다나 단순한 조합 관계라는 것을 부인하지 않는 것도 쉽지 않은 일이다.

우리의 뇌는 아직 확실히 밝혀지지 않은 뇌의 이곳저곳에, 생각과 기억과 이미지와 감각과 독서를 통해 얻은 내용들과 행동 양식들로 채워져 있고, 이는 우리의 개성과 인성의 밑바탕이 된다. 그런데 정보의 전달이나 개념의 창출은, 뇌 대뇌피질의 여러 부분에서 신경 그래프들이 재활성화되거나, 부분적으로 지워지거나, 재결합되면서 실행된다는 부분에 대해서는 문제될 것이 전혀 없으며, 뿐만 아니라 전기생리화학으로 증명된 규칙에 따라, 신경세포의 연접부인 시냅스에서, 전기 형태로 코드화된 정보들의 결합이나 추가라는 부분에 대해서도 마찬가지이다. 하지만 이것은 이 정보들이 어떻게 양적으로 처리되는지 설명하지 못한다. 그리고 '하드(hard)'[17] 방식은 분명히 존재하며, 이것에 의해 우리의 사고활동이 행해진다. 하지만 이 방식은 아직도 밝혀내지 못했다.

보다 명확히 하기 위해 열역학에서 그 유사성을 살펴보도록 해보자. 사람들은 오랫동안 물질의 변형을 좌지우지하는 최종적인 법칙은, '에너지'와 미시적인 형태나 거시적인 형태로 '변형되는 방법'과 연관이 있다고 생각해 왔다(이를 열과 작용이라 부른다). 이 접근 방식이 완벽하지 않다는 것이 드러나자 열량과 온도에 관계되는 물질계의 상태를 나타내는, 열역학적 열의 단위를 나타내는 '엔트로피'라 불리는 매개변수를 도입하였다. 엔트로피가 시스템 상태에 관해 가지고 있는 정보량을 측정한다는 것은, 레온 브리우앵 이후에 알려졌다.

나는 그것이 뇌에서도 마찬가지라고 생각한다. 한쪽에서는 전기생리 화학적이고 결합적인 물리화학이 실행되고, 다른 한쪽에서는 뇌의

---

17) 컴퓨터 용어의 '하드 디스크'라는 말에서 '하드'와 같은 뜻. (역주)

정보 방식이 행해진다.

뇌 속에는 정보 세계와 긴밀하게 결합되어 있으면서, 동시에 서로 구분되는 것들이 공존하는 물리화학 세계가 존재한다. 여기에서 데카르트가 주장한 물질과 영혼의 분리를 생각해 볼 필요가 있을까? 전혀 그렇지 않다. 정보와 전기에너지의 전달은 둘 다 같은 신경 시스템 요소들이다. 이 두 세계는 상호 종속적이다. 마치 물리학에서 에너지와 엔트로피가 상호 종속적인 것처럼 말이다. 하지만 이 두 세계는 서로 구별된다.

그리고 이런 범주 안에서 뇌 기능의 내부 메커니즘을 밝혀내는 일이 아직도 남아 있고, 정보에 대한 뇌 이론도 밝혀져야 한다. 클로드 샤논[18]의 신경학이 기대된다!

나는 유심론(唯心論: 우주 만물의 참된 실재는 정신적인 것이며, 물질적인 것은 그 현상에 지나지 않는다고 주장하는 이론)을 어떤 형태로든지 둔갑시켜서, 이 이론의 부활을 넌지시 권하거나 할 생각은 추호도 없다. 왜냐하면 내가 다른 사람들처럼 뇌 기능의 신비스러운 특징을 따져 본다 하더라도, 그가 과학 연구에서 발전시켜 놓은 성과들은, 사람들이 유물론적이라고 규정지은 접근 방식, 즉 신경과학에서 유래되었던 것임을 나는 알고 있기 때문이다.

하지만 나는 뇌 기능의 법칙들을 밝혀내는 데에는 시간이 오래 걸릴 것이라는 생각이 든다. 이 연구는 신경과학에 기반을 둘 것이지만, 또한 한편으로는 '뇌와 연관되는 것'을 연구하는 모든 분야와, 인문과학에 속해 있는 모든 분야와 연계를 하게 될 것이다. 내가 인식적(認識的)으로 불렀던 이 인지과학(認知科學) 운동은 현재 진행중이다.

어쨌거나 현재로서는 상상이나 이념 조작이나 게다가 종교 신앙을

---

18) 클로드 엘우드 샤논은, 컴퓨터와 통신에 관한 이론적 연구의 토대인 정보 이론을 창안한 사람이다.

위한 영역이 아직도 상당히 많이 남아 있다. 하지만 이 영역은 실증 정신을 가지고 정복해 나가야 할 것이다. 인류는 창조 시나리오들을 상상해 낸 이후에, 자기 자신의 뇌가 창출해 냈던 것을 이해하려고 기를 쓰고 있다. 하지만 뇌는 민감하면서도 동시에 추상적인 세상의 표방이 아니던가? 그리고 만약 신이 존재한다면, 그 신은 하늘에 존재한다기보다는, 인간의 뇌 속에 존재하는 것이 아닐까?

제6장
과학의 길

　기독교 종교의 반목 대상이었던 주요 과학 분야들의 면면을 살펴보면, 그러한 적대적인 태도에 직면하면서도 과학이 발전했던 곳이 정확히 서양, 그것도 기독교 지역이었던 까닭은 무엇 때문일까? 라는 의문이 들게 된다. 왜냐하면 이는 틀림없는 사실인데다가, 과학이 비약적인 발전을 거듭하는 때에도, 과학이 박해를 받던 상황이었으니 말이다. 비난받고 학대받고, 늘 감시당하고 때로는 금지당하기도 했던 과학은 조금도 굽히지 않고 꿋꿋하게 발전을 이루어 왔다.

　여기에는 또한, 개인적으로 볼 때 과학과 종교 간의 관계 논리와, 동시에 과학 발전 논리를 규명할 수 있는 열쇠인 모순 논리가 담겨 있다.

　수많은 근대 사상가들에 의해 제기되었던 이 질문에 대해, 아인슈타인은 빙빙 돌려서 대답하기를 "근대 과학 발전은 너무나 예상밖인데다가, 너무나 특이한 사건이라서 한곳에서만 이루어질 수밖에 없었을 텐데, 우연하게도 그것이 서양에서 벌어졌던 것이다"라고 했다. 따라서 아인슈타인이 보기에는, 역사적이고 문화적이고 정신적인 서양의 특수한 상황과 과학의 개화(開花) 사이에 연관성은 없고, 과학의 개화는 우연의 결과인 것이다.

　나는 그에 대한 존경심에는 변함이 없지만, 그와는 다른 논리를 펼쳐 보고자 한다. 내가 말하고 싶은 것은 서양 기독교 사회에서, 과학 발전에 있어서 우연이라는 부분은 없다고 주장하는 것이 아니라, 그것이 문제의 본질이 아니라는 것이다.

내가 볼 때, 다른 데도 아니고 서양 기독교 사회에서 과학 발전을 선도했던 세 가지 중요한 이유가 있다.

첫번째 이유는, 어쩌면 가장 놀라운 것은, 성서를 따르는 종교들의 메시지의 내용, 그리고 그 형태와도 관계되어 있다는 것이다.

두번째 이유는, 과학 발전의 특별한 장소로 부각되는 기관의 창설과 관계된다. 내가 말하고자 하는 것은 바로 대학이며, 대학들의 출현은 그 자체가 성서와 관련이 있다.

세번째 이유는, 성서를 따르는 종교들간에 지배적이었던 치열한 경쟁이다.

여기에는 이런 이유들을 부각시킨 다양한 역사적 상황들이 더해진다.

당연히 일종의 기본서이자 지침서인 성경은, 지식인 계층이 발전하는 데 유리하게 작용하였다. 초창기 지식인 계층들이 두각을 나타낸 것은, 그들이 영감을 받거나 계기를 얻은 신화적인 서적들과 주석서를 중심으로 이루어졌다. 인도의 《마하바라타》, 그리스의 《일리아드》나 메소포타미아 세계의 길가메시 서사시조차도 그런 부류에 해당한다. 비록 그 성격은 덜하다 할지라도 말이다. 그리고 지적 호기심이 나머지 한몫을 차지한다. 사실 가르쳐 준 것에 대해 문제 삼지 않거나, 무엇을 감추려고 하는지 알아내려고 애쓰지 않는데, 무턱대고 인간의 지능을 자극할 수만은 없는 일이기 때문이다. 이는 모든 교수들이 일상적으로 겪는 일이다. 성경에 기초한 유일신 종교는 신학적인 방식과 진리의 계시, 그 속에 담겨 있는 역사의 의미로 인해서 과학적 고찰이 비약적인 발전을 하게 된 훌륭한 초석이 되었던 것이다. 이보다는 훨씬 우화적이고, 비유적이고 또는 철학적인 중국이나 불교의 경전들은 문제 제기를 하는 데 있어서 훨씬 간접적인 성향으로 치우쳐 있다. 인도 경전도 마찬가지이다. 비록 《마하바라타》는 서사시이기는 하지만, 여기서는 《일리아드》에서처럼 신들이 자신들의 창조적인 재능보다는 자신의 능력을 과시하는 측면이 강하다.[1]

다른 종교들이, 성경보다 먼저 세상의 문제를 제기했었다는 반대의 견도 있다. 이집트인들과 바빌로니아 사람들이 세상에 관한 문제를 제기했었던 것은 부인할 수 없는 사실이고, 또 성경의 내용들은 앞서 말한 모든 접근 방법들을 폭넓게 망라하고 있다. 하지만 정확하게 말해서, 세상에 대한 그런 전반적인 견해들을 하나의 경전에 집대성하고, 인간을 중심에 놓고, 인간에게 특별한 책임을 부여한 경전은 어디에도 없다.

성경이 존재하기 이전에는 여러 신들과 인간들이 존재했었지만, 성경이 만들어진 이후에는 하나의 전지전능한 신과, 자신의 운명은 자신이 책임지고 자신이 지배하는 인간만이 존재할 뿐이다.[2]

이 성경에는, 인간의 고통스러운 삶은 인간 스스로가 저지른 잘못 때문에 비롯되었다는 것을 상기시키는 원죄라는 것이 있다. 신의 감시 하에 놓여 있는 인간은, 예를 들어 보다 더 신에 다가가고, 보다 더 신을 사랑하기 위해서 신의 업적을 이해하고자 하는 노력을 경주하는 방식과 같은, 각별한 모습을 보여주어야 한다. 뿐만 아니라 기독교 국가에서 과학이 발전하게 된 가장 중요한 원인은, 비록 다른 수많은 요인들이 있기는 하나, 그 무엇보다도 신앙이었다. 사실 다른 수많은 요인들이라 하는 것들은, 근본적인 지식이 성숙되기 이전에 부각되어졌던 요인들에 지나지 않는다.

---

1) 참조할 문헌들:
   《그리스의 신화와 사상》, J.-P. Vernant, Paris, Maspero, 1965.
   《길가메시 서사시》, J. Bottéro, Paris, Gallimard, 1992.
   《마하바라타》, J.-C. Carrière, Paris, Belford, 1989.
   《인도의 신화와 신》, A. Daniélou, Paris, Flammarion, 1992.
2) 《신의 출현》, J. Bottéro, Paris, Gallimard, 1986 참조.

성서에 대한 조그만 꼬투리라도 될까 싶은 문제 제기는 기독교가 자리잡아 가는 초기 단계에서부터, 성 아우구스티누스 자신이 간파하고 있었던 것처럼 어김없이 교리와 충돌하게 되는 갈등을 빚어냈다.

하지만 이런 호기심은 원천적으로 대학이라는 지식 기관이 존재하지 않았다면, 분명 종교라는 절대적인 힘에 의해 억눌렸을 것이다. 뿐만 아니라 자체가 성경에서 출발한 문제 제기의 결과이자, 성직자들의 호기심에서 비롯된 대학의 출현은, 과학이 비약적인 발전을 하는 데 있어서 결정적인 사건이었던 것이다.

그리고 인간활동에 있어서 가장 강력한 원동력 중의 하나인 '경쟁'이 여기에 부가되었는데, 이 경쟁은 서양의 유일신 종교들이 수천 년 전부터 힘써 왔던 부분이기도 하다. 제일 먼저 유대교와 가톨릭이 그랬고, 그 다음에는 이슬람교와 정교회가 그랬으며, 그리고 마지막으로 기독교가 그랬다. 사실 이 종교들간의 차이점은 세계의 다른 모든 종교들을 구별하는 일반적인 바탕을 근거로 해서 보면 백짓장 한 장 차이로, 이는 각 종교들이 자신의 독창성을 주장하려고 애를 쓸 때, 서로 대적하게 만드는 경쟁이 얼마나 첨예한 성격을 띠고 있는지를 보여주고 있는 것이다. 이 경쟁에서 과학은 중심적인 역할을 했던 것이다. 종교는 과학을 자신들의 입맛에 맞게 개조하거나, 자신들의 뜻대로 움직이게 만들려고 하거나, 반대로 필요와 상황과 시대에 따라 과학을 억압하려고 애를 썼다.

성서 종교들과 과학 발전 간의 관계에 대한, 이 이론은 수많은 역사적 사실들을 통해서 뒷받침될 수 있다.

과학을 형성하게 되는 첫번째 요소들이 중국 북부의 황하강 유역, 인도의 상류 유역, 메소포타미아 강 유역, 이집트 강 유역, 그리고 얼마 지나지 않아 그리스에서 동시에 나타났다. 역사에서 첫번째 천 년 동안 세계 도처에서 인간들은 우주·하늘·땅 등 일반적으로 자연에 관한 의구심을 품어 왔고, 신화와 종교라는 방식을 통해 답을 구해 왔다. 인간들이 살고 있는 세상은 신들에 의해 창조되었고, 우리를 둘러싸고 있는 별들은 신들과 연계되어 있었다. 지구의 주기, 계절, 생명, 다양한 생명, 강한 생명력, 이 모든 것들은 영생 불사하는 초인간들인 신들이 전지전능하다는 것을 보여주는 징표이다. 다양한 신들이 존재하는 것이 다반사인데다가, 그 신들의 서열이나 기능은 종교에 따라 다소간에 차이가 있기는 하다. 어쨌거나 유일신이나, 좀더 정확하게 말해 최고의 신이라는 개념은 어느 종교에나 다 있다. 이미 알려진 바와 같이 길가메시 전설에 나오는 수메르의 창조의 신은, 거의 유일신이나 다름없다. 인도의 수많은 신들 중에 브라마는 이와 비슷한 역할을 하고 있고,[3] 이집트에서 파라오 아메노피스 4세(아크나톤)가 강요하고자 했던, 종교에 나오는 아톤(태양)도 마찬가지였는데, 어떤 이들은 유대교의 근원이 되는 것들을 이 종교에서 찾기도 한다.

이들 원시종교들에게 있어서 이해하고자 노력하는 것 자체가, 신과 더 가까워지고자 하는 노력이었다. 따라서 과학은 종교의 연장선상(또는 좀더 나은 표현으로 심화 활동)으로서 장려되어 왔다. 명심해야 할 것은, 이 당시의 모든 '과학자'들은 누구라 할 것도 없이, 그들이 밝혀내고자 했던 자연이라는 메커니즘 뒤에는, 신의 의지와 재능이 담겨 있다는 것에 의구심을 품지 않았다는 것이다. 게다가 그들이 자연에 대해 설명하고 있는 내용들은, 대개가 신들의 역할과 일치하고 있다. 자연에 대한, 과학과 종교를 아우르는 사상의 흐름에 직면하여 사상가들은 기발한 생각을 하게 되고 동시에, 신화적이고 철학적인 종교 사상의 틀을 깨고 새로운 전기를 마련한다. 그런 사상가가 세 명 있었다. 소크라테스, 석가모니(부처라고 불리기도 함) 그리고 공자였다. 이들 세 사람은 그리스 · 인도 · 중국으로 장소가 각각 달랐지만, 기원전 6

---

3) A. Daniélou, *op. cit.*

세기와 5세기라는 같은 시기의 사람들이다. 이들은 자연과 우주의 기능에 대한 과학적 호기심을 충족시키기보다는 제일 먼저 인간에 관심을 가지게 된다. "너 자신을 알라."(소크라테스) "행복은 네가 어떻게 행동하느냐에 따라 달려 있다."(석가모니) "중요한 것은 다른 사람들에 대한 인간의 행실이다."(공자)

자기 주제도 모르고 인간 관계와 사회생활도 제대로 관리하지 못하면서, 자연의 기능은 알아서 무엇에 쓰겠다는 말인가? 이런 질문 방식들은 무지를 깨우치게 하기 위한 성찰 방식이지 과학을 부정하고자 하는 것이 아니며, 지식 탐구에 있어서는 인간을 최우선적인 대상으로 삼고 있는 것이다. 이러한 철학은 1500여 년이 지난 후에 과학이 신앙심을 흐리게 하지나 않을까 두려워서, 무조건적으로 종교의 말씀만을 따르라고 설교하던 성 베르나르의 철학과는 아무런 관련이 없다. 하지만 실천 부분에 있어서 세상에서 '외적인' 진실을 탐구하기보다는 자기 자신에 대해 명상하고, 자신을 다스리고, 사회생활에서 인간 관계를 중시하도록 하는 부분은 일맥상통한다. 그렇다고 이를 완전히 부정적인 것으로만 치부해서는 안 된다. 왜냐하면 이는 먼 훗날 인문학과 사회학으로 불리게 되는, 과학 이상으로 지식 영역을 확대시키는 빌미를 제공하고 있기 때문이다.

이런 견지에서 성경을 종교적인 측면에서 놓고 볼 때, 총합적이고 비교적인 방식을 택하고 있는 것처럼 비쳐진다. 마치 소크라테스 이후, 모든 철학들이 인간과 자연에 동시에 관심을 가지게 되었던 것처럼 말이다.

성경의 의도는 자연과학과 인간과학을 반박하는 것이 아니라, 이 두 과학을 아우르는 동시에 정신과 육체, 초월적 존재와 물질을 분리해서 고찰하는 데 있는 것이다. 우리를 감싸고 있는 세상에 대한 호기심, 세상의 기원에 대한 호기심, 자기 자신에 대한 명상과 절제, 보다 조화롭고 보다 견고한 사회 기능이 이루어지도록 인간의 행동거지에 대한 규율의 확립, 이러한 태도는 일종의 초월성과 연관된 도덕이라 불리는 규칙들에 의해 체계화된 것들이다.

유대-그리스도 교도들에게 있어서 신은 우주의 창조주이고, 그의 가르침들은 인간의 행실에 영향을 미친다. 다시 말해서 신의 가르침은 물질적인 것과 형이상학적인 것에 대한 답변인 동시에, 윤리와 금욕과 실천을 뜻한다.

인간의 운명을 신의 뜻에 따라 행해진 서사시처럼 묘사하고 있는 성경은, 우주에 (그리고 우주의 기원에 관한 문제에) 관심을 돌리고 있는 종교들과, 사회에 속해 있는 인간의 행실에 관심을 돌리고 있는 종교들 사이를 잇는 가교 역할을 한다. 성경은 자연의 기능에 관해 제기된 문제들에 대한 답변뿐만 아니라, 사회에 몸담고 있는 인간의 행실을 규제하는 규범을 제시하고 있다. 이 모든 것들을 아우르는 종교는 하나도 없지만, 서사시적이고 문학적인 특징이 농후한 교본에서는 이 정도의 수준은 담고 있다.

따라서 성경은 자연의 역사와 인간의 역사를 도입하게 되는데, 이 인간과 자연의 역사는 의미와 시작과 종말을 담고 있다. 이집트와 중국의 윤회적인 시대와 인도의 윤회는 막을 내리고, 세상은 역사라는 것을 가지게 되었고, 인간은 그 역사의 주인공이 되었다. 여기에서 성경은 인간에게 자연의 역사를 연구하도록 부추기고, 동시에 인간 자신의 역사에 대해 연구하도록 부추겼으며, 인간과 자연은 하나일 뿐이고, 이 둘은 서로가 서로의 연장일 뿐이다. 그리고 이 모든 것은 기록의 형태로 남아 있어서, 지속적으로 유지되고 있는 것이다. 이런 것이 성경이 행한 핵심적인 역할이었다.

서양에서 성경이 위력을 발휘하던 1000년 이상 동안 중국은 과학 분야에서 서양을 앞서나갔다. 중국에서는 종교가 과학에 영향을 끼치지 못했다. 왜냐하면 도교철학이 자연에 관한 문제를 약간 언급하기는 했지만, 그 문제 제기는 자연의 기원에 관해 제기한 것이 아니라 자연의 기능[4]에 관한 문제 제기였기 때문이다. 중국 종교는 자연과 인간의 기원을 이해하려고 하기보다는, 세상의 질서를 존중하고, 인간의 본성을 다스리는 것을 가르친다.[5] 중국의 신앙은 존재에 관심을 돌렸던 것이지, 우주에 관심을 돌렸던 것은 아니다.[6]

중국에서는 과학이 침체하는 데 반해, 서양에서는 과학이 발전하게 된 것을 이해하기 위해서 맨 먼저 해결해야 할 문제는, 서양에서 실제적으로 과학이 비약적인 발전을 이룩했던 순간, 더 정확히 말해서 그 시대를 규정하는 것이다.

어떤 이들은 서양의 과학이 비약적인 성공을 한 때는, '그리스 기적'이 일어난 때라고 하면서, 이 시기를 상당히 오래전으로 잡고 있다. 그런데 그 뿌리가 실제로 그리스 시대까지 뻗어 올라간다 하더라도, 그 당시 그리스인들은 그 당시 중국인들보다 앞서질 못했고, 그들이 이룩해 놓은 과학적 성과가 어떤 분야에서는 최고라 할지라도, 자신들이 손대지 못한 과학 전체의 모든 면을 속속들이 다 알고 있는 사람들의 결과는 아니었다.

사실 서양과학이 중국을 앞지르면서 강력하게 급부상한 때는, 한참 지난 후인 르네상스 시기였다. 이때부터 서양은 중국과의 격차를 벌리면서 앞서가기 시작했기 때문에, 이때가 자가 촉진(또는 자가 촉매)하는 방식으로 발전하는 서양과학과, 과학 발전이 점차적으로 늦춰져서 퇴색되어 가는 동양과학 사이의, 수학자들이 쓰는 표현으로 하자면 진정한 분기점이라고 말할 수 있을 것이다. 하지만 (르네상스 시대에 불시에 나타난) 이러한 폭발력은 사실상 오랜 숙성 기간을 거치면서 무르익어 왔던 것이었다. 과학적 사고가 되살아난 것은 13세기초 초창

---

4) 《도교 정신》, J. Grenier, Paris, Flammarion, 1973 참조.
5) 《공자와의 대화》, A. Cheng, Paris, Seuil, 1981 참조.
6) 《중국의 과학과 서양》, J. Needham, Paris, Seuil, 1969 참조.

기 대학들이 생겨나기 시작하면서부터이고,[7] 이 대학들은 성경으로 인해 제기된 문제들로 들썩거리고 있을 때였다. 서양과학은 13세기에 신을 등에 업고 도약하게 되었던 것이다.

만약 세계 과학 발전사를 개괄적으로 시대 구분을 한다면, 대략 네 개의 시기로 구별할 수 있을 것이다. 첫번째 시기는 고대 시기로, 이 당시의 과학은 종교나 신화적인 이야기와 다소 연루되어 있다. 이 시기의 분포는, 기원전 3000년부터 로마제국이 시작되는 기원전 200년경까지 해당된다.

이 기간 동안에 과학은 세계 도처에서 발전한다. 인도의 천문학자들은 이집트의 천문학자들을 능가하고, 바빌론의 천문학자들과 어깨를 나란히 할 정도이고, 중국과 인도의 수학자들은 서양보다 400년이나 앞서서 대수학의 기초를 마련했지만, 기하학을 발명한 사람들은 그리스인들이었다 등등.

실증적인 관점을 가지고 이 시기를 살펴보면, 이 시기 이후부터 천년 동안 과학이 발전하게 될 것이라고 기대하기에는 어려움이 따랐을 것이다.

이 시기의 말기에는, 다시 말해 기원전 300년경에서 200년경까지에 해당하는 시기에는 중국이 서양보다 발달이 덜한 것은 아니었다. 분명 서양에는 아르키메데스하면 금방 떠오르는 (라지드 왕조 지배하에 있던) 알렉산드리아의 그리스 학교가 있었다. 하지만 갈레노스학파, 프톨레마이오스, 에라토스테네스, 유클리드 그리고 그밖의 사람들이 주도했던 이 두번째 '그리스 기적'은, 결국 아르키메데스의 발견 이외에는 별다른 것들을 이끌어 내지 못했다.

조셉 니덤의 괄목할 만한 연구 덕분에, 이 시기에 중국이 상당한 공헌을 했었다는 사실을 알게 되었다.[8] 수학 분야에서 중국인들은 몇 세

---

7) 《중세의 지식인들》, J. Le Goff, *op. cit.* 참조.

기 전부터 10진법, 음수, 소수 그리고 0에 대해 이미 알고 있었다. 그들은 이미 대수를 발명해서 복합방정식의 근과 대수학적인 도형을 풀 줄 알았다. 게다가 그들은 벌써 π(파이)라는 수의 보편성과 가치를 알고 있었다. 중국인들은 기하학을 몰랐을 것이라고 사람들은 종종 이야기한다. 그것은 옳은 말이 아닌 것 같다. 특히 중국인들의 실력이 뛰어났던 수량기하학과 관련된 부분에서 말이다. 중국인들은 기원전 4세기부터 나침반을 알고 있었다. 그 이유는 탁월한 항해사였던 그들은, 서양의 질베르보다 10세기나 앞선 이때부터 자기(磁氣)에 관련된 법칙의 근간을 만들었기 때문이다. 그들은 하늘을 관찰했고, 그리고 바빌로니아, 그리스, 이집트 사람들처럼 천체 움직임에 대한 예측을 할 줄 알았다. 그들은 태양을 관찰하고, (갈릴레이와 슈라이너 간에 벌어진 유명한 논쟁 주제인) 태양에 흑점이 있다는 사실도 발견했다. 의학 분야에 있어서 중국인들은 어떻게 몸 안에서 피가 흐르는지 이미 알고 있었고, 반면 서양인들은 그것을 알아내기까지 오랜 시간이 걸렸다(데카르트는 이 점에 관해 말도 안 되는 소리를 많이 했다). 농업 분야에 있어서 중국인들은 기독교도들보다 2000년이나 앞서서 철로 만든 쟁기를 다룰 줄 알았고, 훨씬 이전부터 마구 장비, 그리고 여러 고랑에 한꺼번에 물을 주거나 씨를 뿌릴 수 있는 물받이 펌프를 사용하였다. 그들은 기원전 2세기부터 종이, 성냥, 맥주, 주조(鑄造)기술과 철을 만들어 냈다. 그들은 소리가 파장의 형태로 퍼져 나간다는 것을 밝혀내고, 음향 효과가 아주 뛰어난 극장을 건설했다. 게다가 더욱더 놀라운 것은, 중국인들은 기원전 200년경에 가스를 뽑아내기 위해 시추를 하고, 그것으로 난방을 했다.

서양에서는 그리스인들이 이루어 놓은 과학과 기술 지식이 줄곧 유지되고 있었다. 기하학에서는 탈레스·피타고라스·유클리드 그리고

---

8) J. Needham, *op. cit.*

밀레학파와 이후의 알렉산드리아학파가, 의학에서는 갈레노스(나중에 히포크라테스로 대체)가, 지리학에서는 헤로도토스와 에라토스테네스가, 천문학에서는 프톨레마이오스(나중에 에우독소스로 대체), 물리학에서는 아리스토텔레스와 이후 누구와도 견줄 수 없을 정도로 출중한 아르키메데스, 그리고 경험론의 초기에는 밀레학회와 (원자에 대한 기발한 직감을 포함한) 천재적인 데모크리토스가 명성을 날리고 있었다. 서양인들은 바퀴, 마구 장비, 무한 나사, 정수역학의 개념, (배의) 조타 장치, 용수로 체계 등등에 대해서도 상당한 지식이 있었다. 그럼에도 불구하고 자크 블라몽은 그리스인들은 발명보다는 철학 쪽에 더 심취했으며, 수많은 발명품들도 고대 그리스인들이 만들어 내고 빛을 보게 했다기보다는, 이집트 · 메소포타미아 · 페르시아 또는 인도에서 만들어진 것들로 보아야 한다고 주장했다. 그리스는 교류의 중심지였기 때문에 그런 것들을 잘 조합해서, 자기네 것으로 만들어 낸 정도에 불과했을 것이라는 것이다.

어쨌든 전반적으로 볼 때, 그리스 과학의 성과와 중국의 과학적 성과는 비교하기는 뭐하지만, 필적할 만한 것이었다고 말할 수 있다.

그 다음 시기는 기원전 200년부터 13-14세기까지로, 중국에서는 과학 발전이 지속되고 있던 반면, 서양에서는 심각한 침체기로 기록된다.

먼저 서양 쪽을 살펴보면, 로마제국 하면 대체로 법률가나 군인들을 떠올리기 십상이지만, 과학자들을 떠올리는 경우는 매우 드물다. 실제로 로마인들은 훌륭한 군인 · 행정가 · 법률가 · 정치가 · 도시 건축가 · 정복자들이지만, 과학적인 재능에서는 두각을 나타내지 못했다. 물론 루크레티우스라는 사람이 역동적인 기질에 있어서 남다른 소질이 있기는 했어도, 전반적으로 볼 때 로마 시대는 이 분야에 있어서 퇴보를 보여준다. 이 퇴보를 상징하는 것이 어쩌면 로마가 지속적으로 정복활동을 하는 동안에 있었던, 알렉산드리아 학교의 와해일 것이다. 유명한 로마 도서관의 화재가 상징이 되었던 것처럼 말이다.

분명 로마에는 공학도, 학식 있는 사람, 지식인, 건축가들이 있었지만 발명가는 거의 없었다. 로마인들은 과학보다는 기술에, 의구심보다는 조직에 더 관심을 기울였고, 그것들이 본질적인 것들이었다. 결국 과학의 본질적인 속성 중의 하나는, 과학은 쇄신하지 않으면 발전이 없고 퇴색되어 간다는 것이다.

로마가 멸망한 이후에도 여전히 상황은 훨씬 더 참담했다. 실제로 과학의 암흑기가 시작된 것이다. 어떤 과학자들이 무슨 말을 하던간에 당시 서양은 지식의 관점에서 보면 후퇴기로 접어든 것이다. 단순하고 소박한 신앙생활이 주류를 이루게 되었고, 도전적인 활동들은 뒷전으로 밀려났다. 그렇다면 기독교가 그리스 과학을 파멸시킨 주범이란 말인가? 아테네 최고의 그리스 과학자들과 대립했던 성 바울로는 과학에 대한 애정이라고는 전혀 없었다. 사람들은 종종, 성 바울로 사도가 코린트 사람들에게 보낸 유명한 편지에 나오는 구절을 인용한다. "기록된 바, 내가 지혜 있는 자들의 지혜를 멸하고, 총명한 자들의 총명을 폐하리라." 기독교는 초창기에는 분명, 신도들에게 지식과 과학을 독려하지 않았다. 교회는 과학을 견제했다. 성 안토니우스 같은 영향력 있는 사람은 문맹이면서도 자기 자랑이 심한 사람이었는데, 이런 말을 남겼다. "과학은 복음서의 순진성을 죽이려든다." 성 암브로시우스(340-397)도 비슷한 말을 했다. "과학보다는 먼저 인생을 추구합시다."

분명 오리게네스와, 특히 나중에 성 아우구스티누스는 전혀 다르게 이에 반대하는 입장을 취하면서, 과학은 성서를 이해하는 데 있어서 없어서는 안 되는 것이라고 주장하였다. 하지만 성 아우구스티누스가 존경받는 인물이었다 할지라도, 그의 말을 따르는 사람은 전혀 없었다. 그래서 로마가 멸망했을 때, 과학은 완전히 미개척 분야로 남아 있었던 것이다.

이 기간에 대해 과학 혁신이라는 관점에서 평가를 내리자면, 실로 엄청난 재앙이 아니라 할 수 없다. 이 당시에는 새로운 아이디어나 발명이라고는 전혀 찾아볼 수가 없다. 로마에서도 그렇고, 비잔틴에서도 그렇고, 초기 중세 유럽에서도 그렇고, 최소한의 눈여겨볼 만한 과학적인 공헌은 어디에서도 찾아볼 수가 없었다. 더욱 참담한 것은 그리스 지식의 거의 전부와, 15세기초(에라토스테네스가 기원전 100년에 지구 구형의 반지름을 구했음에도 당시까지 지배적이었던) 지구 평면설을 뒤엎은, 무엇보다도 가장 상징적이었던 지구구형설이 점차 시들어 갔다는 사실이다.

지속적으로 명맥을 유지하고 있는 유일한 지식은, 꾸준하게 수가 증가하고 있었던 도시 수공업자들의 기술 지식뿐이었다. 교회는 과학적 사고방식을 독려하는 그 어떤 행동도 하지 않은데다가, 과학을 불신하기까지 하였으며, 맹목적인 신앙을 따를 것을 설교하는 성 베르나르와, 지식에 목말라하는 지식인인 아벨라르 간의 갈등은 알려진 바와 같이 종말을 고하게 된다. 하지만 교회가 무력화시켰던 것은 과학뿐만이 아니라 과학 정신도 동시에 무력화시켰던 것이다. 이런 상황은 대세가 새롭게 반전되는 13세기까지 지속된다.

이 기간 동안 중국에서는, 전보다는 속도가 훨씬 느리기는 했어도, 꾸준한 발전을 이어나가고 있었다. 중국은 봉건제를 구축하였다. 이 봉건제는 서양처럼 자본주의가 아니라, 관료주의로 귀착하게 된다. 과학 연구는 국가 기관에 귀속되고, 군주를 위해 봉사하게 된다. 이러한 체계는 다양한 결과를 낳게 된다. 중국인들은 총, 대포, 화염방사기, 그리고 10-11세기 사이에는 로켓마저 발명하게 된다. 서기 150년부터 수력 에너지를 이용했고, 서기 120년부터는 현수교를 건설했으며, 천연가스와 오늘날 석유에 해당하는 액체 연료를 채굴하기 위해 1천미터도 더되는 시추 작업을 하기에 이른다.[9] 서기 8세기에는 인쇄기를, 서기 9세기에는 지폐를, 그리고 서기 1000년에는 지진계와 지진학을 발명한다.

당연히 이러한 발명들은, 조상을 숭배하는 유교문화와 점점 더 갈등을 빚게 된다. 그래서 보수주의적인 분위기에 눌린 중국의 지식인들은, 서기 500년에 황제에게 상소를 올린다. "황제 폐하, 과거의 낡아빠진 이론들을 신임하지 마시옵소서."[10] 이와는 별도로, 중국의 과학은 계속해서 발전해 나갔다.

나중에 확인하게 되겠지만, 중국인들이 이루어 낸 결과물들이 엄청나게 많아서, 이 기간 동안에 서양이 이루어 낸 결과들은, 중국에 비교가 안 될 정도로 상당히 빈약해 보일 정도였다.

중국인들의 앞서가고 있던 분야는, 기초 과학보다는 기술 분야에서 훨씬 두각을 나타냈다. 사람들의 예상과는 반대로, 이런 발명들은 사회에 상당히 폭넓게 파고들었다. 중국은 사회 발전을 이룩하는 데 있어서 과학을 활용하지 못함으로써, 이 때문에 과학의 침체를 불러왔을지도 모르는 반면에, 기독교 사회는 과학 발전에 힘입어서 사회를 발전시킬 수 있었기 때문에, 기독교 사회가 과학의 요람이었을지도 모른다는 것을 사람들은 생각하지 못했던 것 같다. 기원전 2000년부터 서기 600년 사이에, 중국 사회는 발명의 영향에 힘입어서 심도 있는 발전을 이룩해 왔다. 중국이 경직되기 시작한 것은 서기 600년 이후부터였다. 다시 말해서 정확히 중국과학이 심각하게 기울기 시작한 것은, 이때부터이다. 그런데 중국과학이 이런 침체를 맞이하게 된 데에는, 종교적인 요인(조상을 숭배하는 유교문화)이 중대한 역할을 했던 것

---

9) 이러한 기술 성과는 믿기 어려울 정도이다. 하지만 사용되었던 기술들은 Robert Temple의 《화학이 우리를 앞서 나갔을 때 *Quand la chimie nous précédait*》(Paris, Bordas)라는 저서의 51쪽에 묘사되어 있다.

10) J. Needham, *op. cit.*

은 분명하다. 따라서 다음과 같은 주장으로 바꿀 수 있다. 중국 사회가 발전하지 못한 중대한 요인 중의 하나는, 의심의 여지없이 조직기구와 관료주의와 결과지상주의의 남용에 따른 과학의 침체였다. 하지만 반대로, 만일 중국과학이 침체되었던 원인이 초월적이거나 종교적인 야망이 부족해서 그랬다고 한다면, 그렇다면 인도는 왜 중국과 같은 전철을 밟지 않았을까?라는 생각이 들 수 있다. 인도는 아소카 왕조 시대에 비약적인 과학 발전을 이룩하지 않았던가? 인도인들은 숫자와 0(제로), 덧셈, 곱셈을 창안해 냈고, 그들은 천문학에 능숙했으며, 재기 넘치는 원자 이론을 완성해 냈다. 따라서 출발은 상당히 순조로웠다.

사실 인도인들은 수학과 천문학에만 국한되어 있었다. 그런데 수학 자체에만 치중되어 있는 수학은 아무짝에도 소용이 없는 것이다. 실험도 없고, 관찰도 없고, 기술도 없는 수학적인 과학은 도태하게 된다. 부르바키의 실험이 있기 전까지 인도의 과학은 그러한 한 예가 된다. 그리고 서양에게 있어서 천만다행이었던 것은 서양은 이론과 실험 간의, 순수과학과 응용과학 간의 균형을 찾아낼 줄 알았다는 것이다. 아르키메데스·케플러·갈릴레이·뉴턴이라는 이름이, 이런 순서로 상징적인 고리를 형성하고 있는, 선구자라는 계보에 있는 사람들은, 이러한 균형을 중시하였던 사람들이다. 이는 서양에게 있어서는 행운이었다. 그리고 아인슈타인이, 자신의 유명한 이론을 발전시켰던 것도, 이 네 사람을 염두에 두고 그랬던 것이 분명하다.

이미 말했던 것처럼, 서양에서 실질적으로 과학이 비약적인 발전을 하게 된 것은 13세기경, 대학이 출현하면서부터이다.

대학이라는 제도는 왕이나 여느 대주교의 결정에 따라 생겨난 것이 아니라, 고찰하고 토론하고 가르치기 위해서 의기투합한 몇몇 성직자들과, 이들의 수업을 받게 되는 문하생들이 합세해서 사적(私的)으로 만들어진 '자발적인 의도'에 의해 생겨난 것이다.

최초의 대학은 12세기말 파리에서 생겨났다. 뒤이어 옥스퍼드대학, 볼로냐대학, 몽플리에대학, 케임브리지대학이 생겨났다.

14세기에는 프라하대학(1347), 크라코우대학(1364), 빈대학(1365), 하이델베르크대학(1385), 콜로뉴대학(1388), 부다페스트대학(1389), 아비뇽대학(1303), 그르노블대학(1339), 피사대학(1343), 페라리대학(1391)이, 그리고 15세기에는 라이프치히대학, 루뱅대학, 바젤대학, 웁살라대학이 생겨났다.

이 대학들의 주요 연구 대상은 성경과 성서들이었고, 이를 바탕으로 철학이나 토마스 아퀴나스의 표현처럼 경전에 대한 심층적인 연구였다. 성서가 교과서가 되었고, 지식을 쌓는 것이 최종 목표였다. 서양으로서는 성경을 기반으로 하는 '과학적인' 프로그램과, 신에게 다가가기 위해 자연을 이해하기 위한 수단으로서의, 대학을 동시에 갖추고 있었다.

이 당시 중국의 상황은 어떠했는가? 중국도 연구를 위한 특별한 장소가 마련되어 있었던가? 지적 고찰에 대한 강력한 자극제가 존재했는가? (중국은 학식 있는 사람들이 행정관청에 등용되었기 때문에) 과거를 준비하는 학당들이 많이 있었지만, 이곳의 학생들은 과학, 자연에 대한 지식, 하늘에 대한 지식, 그리고 지구가 태양의 주위를 도는지 안 도는지 또는 짐승들이 영혼이 있는지 없는지, 이런 것들에 대해서는 개의치 않았다. 결국 서양에서는 호기심 많고 나중에는 파문의 중심에 서는 사람들이 모여든 대학들을 설립한 반면에, 중국에서는 학문에 열중하고 규율을 잘 지키는 학생들이 모인, 행정고시학원 정도의 서당들을 발전시켜 나갔다. 중국에서는 2세기 이후부터 기능을 담당하는 과학자 공무원들이 존재하고 있었고, 그들은 이미 팀을 짜서 연구하는 행정 기관의 연구원들이었다. 황제는 과학 연구에 필요한 물질적·재정적 지원을 제공해 주면서, 결과를 이루어 내기를 요구하였다.

중국에서는 이미 3세기부터 일종의 근대적인 대형 과학연구소의 전신과 같은 모델이 존재했던 것이다. 하지만 이 기관들은 미래를 예측하는 데 항상 도움이 되는 천문학에 관한 문제들은 도외시하고, 오로지 실용적이고 곧바로 현실에 적용시킬 수 있는, 응용과학 쪽에만 관심을 두었다. 자연법칙에 관한 연구는, 이 당시에는 관심사항이 아니었다.

그래서 알베르 르 그랑과 토마스 아퀴나스가 파리에서 아리스토텔레스 물리학의 타당성이나 보편성에 관한 입장을 개진한 반면, 중국인들은 황화강 유역의 평야에 관개수로를 개선하는 방법이나, 보다 빠른 기마 전차를 제작하기 위한 새로운 발명품을 창안하는 방법을 모색하고자 노력하였다. 하지만 에두아르 브레진이 말한 것처럼, 촛불을 개선하기 위해 연구하다가 전기를 발명하게 되는 것은 아니다. 게다가 중국에서는 새로운 기술 발명이, 효용성이 입증된 선조들의 방식을 너무 뒤엎거나 해서는 안 되었다. 그렇다면 진전을 이루었다고 할 수 있는가? 그렇다고 할 수도 있다. 하지만 더디고 통제 속에 이루어진 진전이었다. 그런데 단정할 수는 없지만, 기초적인 연구와 세상의 신비에 대한 지속적인 자극제도 없고, 자발성과 사상의 자유가 없고, 창조적인 혼란을 겪지 않고서는 과학은 쇠퇴하게 된다.

대학을 중심으로, 통제할 수 없을 정도로 다양하게 끓어 넘쳐흐르는 열정이 확산되던 서양의 당시 분위기와 얼마나 대비되는가!

이따금 서양과학 발전의 핵심이었을지도 모르는 요소로서, 중국에서는 완전히 무시되었을지도 모르는 개념인 자연 법칙 개념이 언급된다. 그리고 법률문화를 자랑하는 중국이, 자연 법칙들을 자연 연구로 전환하지 않았다는 사실에 관해서도 의아해하지 않을 수 없다. 왜 그랬을까? 게다가 서양과 중국, 각 대륙을 지배하던 종교의 본질 속에서 그 차이점을 살펴보아야 할 것이다. 기독교인들의 관점에서는 신이 인간 세계를 창조한 것처럼, 자연도 신이 창조한 것이다. 결국 신이 인간 세계와 자연에 대한 법칙과 규칙을 만들어 낸 것이기 때문에, 이런 법칙들을 규명하는 것은 신을 숭상하는 한 방법인 것이다. 이런 연구를 자유스럽게 행할 수 있도록 서양에서는 대학이 만들어졌던 것이다. 중국인들의 관점에서는, 규칙과 법칙이라는 것은 전형적으로 인간에 대한 개념이지 자연에 대한 개념이 아니다. 여기에는 창조자와 조물주로서의 신도 없고, 성경에 나오는 천지창조에 해당되는 것도 존재하지 않는다.

결국, 더더욱 실용적인 면을 강조하고, 이내 실용적인 것만을 주장하게 된 중국과학의 특성은 과학이 쇠퇴하게 되는 원인이 된다. 그러한 특징이 로마과학이 쇠퇴하게 된 원인이 되었고, 또 그러한 특징으로 인해서 터키의 냉혹한 행정 관리의 지배를 받던 아랍과학이 쇠퇴하게 되었던 것처럼 말이다. 중국과학이 전성기를 맞이한 시기는 공자(孔子)의 공리주의적이고, 어쩌면 사회학적이기도 한 사고방식 때문에 꼼짝달싹하지 못하고 국가의 엄격한 조직 기구로 인해 억눌려 있었던, '자연에 대한 연구'를 도교(道敎)가 이를 전면에 내세웠던 시기이다.

과학은, 자유가 보장되는 가운데에서만 번성한다는 것은 아무리 강조해도 지나침이 없다. 비판적이고 반항적인 젊은이들로 가득 찬 대학은, 과학 연구에 있어서 최고의 장(場)이 된다. 오늘날도 마찬가지이다. 구소련은 대학과 연계되지 않은, 과학아카데미라는 공무 기구를 설립했다. 이는 흥미로운 결과를 보여주었지만, 전체적으로 볼 때는 부정적이었다.

미국은 과학계를 지배하고 있다. 한마디로 말해서 세계를 지배하고 있다. 그 이유는, 미국의 경제 발전은 대학과 젊은이와 연구의 자유와 기존 생각에 대한 반발을 바탕으로 한, 이노베이션에 기초하고 있기 때문이다. 그리고 역설적이게도, 서양에서 과학이 비약적인 발전을 이룩할 수 있었던 것은, 깊이 연구하고 고증해야 할 '성경'과 그것을 실행하기 위한 장소인 '대학'이 있었기 때문이다.

그렇다 하더라도 서양에서 과학을 살려냈던 것이 아랍인들이었다는 사실을 간과한다면, 중국이 주도하던 과학이 13세기에, 그 주도권이 서양으로 옮겨진 것에 대해 제대로 이해하기 힘들 것이다.

마호메트는 "태어나서 죽을 때까지 지식을 연마하라, 필요하다면 중국에까지 가서라도 말이다"[11]라는 말을 남겼다. 아랍인들은 중국으로 가게 된다. 그들은 비단길을, 카즈가르를 경유해서 타림 사막의 북쪽으로 가는 비단길과 호티앙을 경유해서 남쪽으로 구불구불하게 연결된 비단길을 부활시키고 발전시킨다.[12] 그렇게 해서 아시아로 가는 길을 따라서, 여러 가지 개념들도 전파되었다. 제일 먼저 수학자들은 자신들의 추론 능력을 가지고, 신앙적으로 교육받고 양성된 이슬람교도들을 매료시켰다. 게다가 물론 그들은, 자신들이 침략했던 인도인들과 긴밀한 관계를 가졌다. 그렇게 해서 아랍인들은 0이라는 숫자와 유리분수, 방정식 해법을 도입하게 된다. 이를 바탕으로 아랍인들은 그리스, 중국 그리고 인도과학을 융합하면서 아랍과학을 발전시키고, 11세기부터 12세기까지 전성기를 구가하게 된다.

중국인들과 그리스인들과 인도인들은 이미 하늘에 대한 관찰을 하고 있었다. 아랍인들은 이들의 모든 지식들을 접하면서 알려진 모든 내용들을 집대성하고, 또한 이들 지식들을 더욱더 심화시켜 나갔다. 그들은 아테네의 그리스과학과 알렉산드리아의 밀레과학을 되살리고, 동양의 과학과 어깨를 견주게 된다. 오마르 하이얌, 아비세나, 엘 비투미 이 모든 이름들은, 페르시아 사막을 중심으로 하는 유목민들의 탐구와 지식을 떠올리게 만든다. 아베로에스라는 이름은 스페인에서의 아랍의 전성기를 연상시킨다. 아랍의 사상가들이 도전하고자 했던 것은 종교를 존중하면서도, 그리스어의 표현에 따르면 과학을 되살리는

---

11) 《코란》.
12) 《대초원의 제국》, R. Grousset, Paris, Payot, 재판 인쇄, 1989.

것으로, 신앙과 과학을 아우르는 것이었다. 그들은 거의 의도한 대로 이루어 낸다.

이런 시도를 함으로써 역사에 획을 그은 사람이 두 명이 있다. 먼저 페르시아 근방에 살던 사람으로, 의사이자 천문학자이고 지질학자이면서 광물학자인, 아비세나라는 이름으로 명성을 날린 이븐 시나(980-1037)가 있다. 그는 13세기에 제라르 드 크레몬이 번역한 서양에서 의학 교육 입문서인 《의학 전범》이라는 책을 남겼다. 그리고 서양에서 아베로에스라는 이름으로 알려져 있고, 코르두에서 살았던 이븐 루슈드(1126-1198)가 있다. 가장 고상한 의미로, 지식에 몰두했던 이 아랍 세계에서는 학자들이 논의하고 토론하고 책을 만들어 내고 교육을 시켰다. 물론 이 시대부터 과학에 반대하는 입장들이 생겨났다. 알 가잘리(1058-1111)는 신앙의 이름으로, 아비세나의 접근 방식에 대해 무조건적인 비판을 가함으로써 유명하게 된다. 그 자신도 나중에는 아베로에스로부터 신랄한 비난을 받게 된다. 달리 말하자면, 이슬람 세계에서는 종교와 과학이 충돌하기는 했지만, 당시를 주도한 것은 과학이었다.

종교적 색채와 신앙심과, 호기심 강한 아랍은 제일 먼저 기초과학에 관심을 가졌다. 뿐만 아니라 아랍인들이 중국인들이 개발한 기술을 받아들인 것은 거의 없다. 아랍과학이 발전하고, 이를 통해 서양에서 과학 르네상스가 일어난 것은 오히려 철학·수학·천문학·지질학, 그리고 의학 분야에서였다. 아랍 과학은 칼리프(이슬람 통치자)의 보호하에서 향유를 누리고 있고 아베로에스가 실질적인 학교로 발전시킨, 코르도바대학까지 전파되었다. 아베로에스는 아리스토텔레스를 읽고 나서 그의 이론을 재정립하였다. 아베로에스의 재해석은, 토마스 아퀴나스로 하여금 기독교 세계에 그리스 사상을 재도입하도록 만드는 자극제가 되었다. 아베로에스는 수학자이자 의사이며 동시에 천문학자였다. 그는 아랍인들뿐만 아니라 유대인, 기독교인 모두로부터 칭송을 받은 인물이었다.

그러나 그의 성공은 또한 이슬람 종교 당국으로부터 반발을 사게 되는 원인이 되었다. 이슬람 종교 당국은 아베로에스를 매개로 해서 과학을 거부하기 시작했다. 그리고 그 당시 이슬람 세계에서 박해와 구속과 탄압이 확산되고 있었다.

코르도바대학에서는 칼리프가 이러한 공략 속에는 종교적인 이유만큼이나 정치적인 이유가 있다는 것을 확실히 간파하고(바그다드는 강력하고 독자적인 코르도바를 언짢게 생각하고 있었다), 아베로에스를 끝까지 보호해 준 덕분에 아랍판 갈릴레이 재판을 모면하기는 하였지만, 간발의 차이로 벗어날 수 있었던 것이다.

나는 종종 이러한 아랍과학의 눈부신 발전을 그렇게 가혹한 방식으로 가로막았던 사실에 대해 의구심을 가져왔다. 아랍의 과학은 그리스와 인도 · 중국 · 메소포타미아의 과학을 아우르는 데 성공하였고, 종교는 사고력을 고취시키고, 지식에 대한 탐구를 장려해 왔었기 때문이다. 아랍과학이 성장을 멈추게 된 주된 원인은 당연히 정치적인 문제 때문이었다.

안달루시아는 지식인들이 모여든 세상에서 가장 활기찬 장소들 중의 하나였지만, 국토회복 운동(아랍인을 몰아내는 재점령 운동)에 의해 멸망하게 된다.

동쪽에서는 터키의 침략이 결정적인 작용을 하였다. 터키인들은 일종의 중동의 로마인들이라고 보면 된다. 그들은 예술과 문학을 사랑한 군인들이자 행정가들이었지만, 개혁이나 철학적인 사색에는 관심을 쏟지 않고, 과학에 대해서는 공리주의적인 견해를 취하고 있었다. 그래서 이미 지적한 바와 같이, 한 제국이 자기의 구미에 맞게 과학을 좌지우지하려는 순간부터 과학은 창조의 자유를 잃게 되고, 억압당하고 쇠퇴하게 되는 것이다. 이 또한 깊이 생각해 보아야 할 예인 것이다.

날로 번창하고 있고, 학문의 발전은 묵과할 수 없을 정도의 높은 수준인데다, 종교적으로는 위협의 대상이 되어가고 있는 아랍 세계에 대항하여 다른 종교들은 대책을 강구하게 된다. 당시까지만 해도 과학에별 신경을 쓰지 않았던 유대인들은 각성하게 된다. 이것이 전성기를 맞이하게 되는 시발점이다. 아랍의 지식에 대적하기 위해 유대인들이 제일 먼저 취했던 대책 중의 하나가 스페인에 탈무드대학을 설립(1022)한 것이었으며, 이 대학은 후에 중세기의 위대한 유대인 사상가 중의한 사람인 모세 마이모니데스(1135-1204)를 배출하게 된다. 하지만불행하게도, 스페인 당국으로부터 박해받은 그는 스페인을 떠날 수밖에 없게 된다. 아랍의 지식이 주도하고 있는 데에 대한 유대인들의 또다른 대책으로, 스페인과 프로방스에서 카발을 탄생시킨 것을 들 수있다. 카발은 숫자의 의미를 이용한 난해한 방법으로, 〈구약성서〉를해석하고자 하는 신비철학을 말한다. 이를 통해서 카발은 유대인들이과학에 관심을 가지도록 만드는 자극제가 되었다. 카발은 오랫동안에걸쳐서 유대인의 과학사상과 주지주의에 영향을 주게 되는데, 긍정적인 측면도 있지만 그렇지 못한 면, 특히 신비주의와 수점(數占)으로 너무 쏠리게 한 측면도 있었다. 하지만 이 당시 카발의 역할은, 경종을울리게 하는 데 목적이 있었던 것이 아니던가!

기독교인들도 대학을 설립하는 방식을 통해서 이에 대처해 나갔다.쉬제 · 소르봉 · 토마스 아퀴나스 그리고 그 외 몇몇 사람들은 제일 먼저 아랍의 도전에 대항하여 행동에 나섰다.

14세기에 이르러 과학은 마침내 기독교가 득세하는, 서양에서 입지를 구축하게 된다. 과학은 끊임없이 교회와 충돌했음에도 불구하고혁혁한 발전을 이룩하게 된다.

이 당시를 설명하는 대표적인 키워드는 종교간의 경쟁, 국가간의 경쟁, 즉 경쟁이라는 단어이다. 실제로 서양은 변화와 다양성을 구가하게 되고, 이를 바탕으로 차이·비교·경쟁·대항 의식이라는 색채를 띠게 된다. 서로 경쟁하고 자주 전쟁을 벌였던 여러 국가들은 위신과 발전이라는 두 가지 측면에서, 과학으로부터 어떤 이득을 얻어낼 수 있을지를 재빠르게 계산하였다. 이들 국가들이 채택한 방식은 대학들 간에 경쟁을 부추기는 동시에, 당연히 이들 대학을 통제하는 방식을 모색함으로써, 여러모로 성공적인 결과를 얻게 된다.

또한 종교 분야에서도 경쟁은 존재하였다. 유대-기독교 세계는 제일 먼저 유대계와 기독교계로 양분되고, 이후 6세기부터는 이슬람계가 등장하게 된다. 이 세 개의 일신교들은 서로간에 힘겨운 경쟁으로 매진하게 되고, 이 경쟁은 종종 군사적 충돌로, 특히 기독교와 이슬람교 간의 무장충돌로 변질되기도 하였으며, 평화 시기라 할지라도 경쟁심은 언제나 극에 달해 있었다.

로마 가톨릭 세계 안에서도 몇 번의 분열이 일어난다. 1053년에 동방 교회가 분리되고(정교도), 루터가 종교 개혁을 일으키고(이후 칼뱅의 종교 개혁), 끝으로 앙리 8세 시대에 영국 교회가 분리된다.[13] 같은 영토 내에서조차도, 성경이라고 하는 같은 성서에서 유래된, 모든 종교들이 서로 공존하기가 그렇게 힘이 들었던 것이다. 형제간의 싸움보다 더 나쁜 것이 어디 있으랴.

그런데 오랫동안 정치와 종교가 분리되었던 적은 없었던 반면에, 정치적인 분열과 종교적인 분열이 서로 얽히고설키면서 분열과 분할 상태가 지속되었다. 이렇게 각 세력별로 분열되고, 상대적으로 협소한 지역에 몰려 있던 서양은, 내부에서 과학 발전에 제일 중요한 '경

---

13) 1378년에서 1417년까지 두 교황이 공존했던 서양의 분열에 대해서는 말하지 않더라도.

쟁과 교류' 라는 두 가지 조건이 조성된다. 교류가 없다면 지식의 축적도 없고 다양성의 효과도 없다. 그리고 경쟁이 없다면 종교 교리가 모든 진보를 좌지우지하게 된다.

근대와 현대 과학의 발전은 정확히 이 두 요소를 바탕으로 하고 있다. 세미나, 심포지엄, 과학학회, 신문, 잡지들은 창조와 커뮤니케이션을 부추기고, 어떠한 교류 장소에서도 새로운 아이디어들이 건설적인 효과를 거둘 수 있도록 해주는, 이 두 가지 경쟁활동이 행해지는 장소이다.

유럽이 분할되던 시기에, 르네상스의 과학이 급성장을 이루게 되었던 것은 우연의 일치가 아니다.

이는 13세기에 대학이 생겨나면서 씨앗이 잉태되었고, 이후 몇 세기 동안에 서서히 성숙되고, 꽃을 활짝 피게 만드는 여러 요소들이 결합되던 시기인 르네상스 시대에 일순간에 만개한 것이다. 그 요소들을 살펴보면 종종 간과되는 사항으로, 터키인들에 의해 축출된 동양의 비잔틴 제국이 이탈리아 쪽으로 이주해 오면서 과학을 저해하기는커녕 오히려 과학을 장려했던, 동양 정교회 성직자들의 개방적인 성향과 아랍문화를 서양에 유입시켰던 것이 그 첫번째 요소이다. 그 다음은 두말할 것도 없이 인본주의 사상이다. 다시 말해서 그리스 문헌들에 대한 재해석, 즉 철학과 기하학과 그리고 알렉산드리아와 시러큐스를 포함한 그리스의 모든 경험이 담겨져 있는 과학적인 방식에 대한 재해석이다. 그리고 이미 지적한 바와 같이 인쇄술이다. 이 인쇄술은 결정적인 순간에 발명이 되고, 엄청난 효과로 지식을 전파하는 매개체가 되었다. 이 인쇄술의 발명은 서양의 지식의 흐름을 완전히 뒤바꾸는 중요한 전환점이 되었다. 이 모든 요소들은, 한편으로는 예술과 문예와 기술과 과학을 꽃피우게 만들었고, 다른 한편으로는 순식간에, 종교적인 자유라고 하는 엄청난 행보로 치닫게 되는 종교 개혁으로 귀착된다.

교류와 다양성이 최고조에 달하고 있던 이 유럽에서, 대학들은 여전히 중심적인 역할을 하게 된다. 실제로 대학들은 실제적인 환경, 즉 과학이 발전하고 번성하고 확산될 수 있는 기반이 되면서도, 한편으로는 비난받게 되거나 감당하지 못하게 될 소지를 안고 있는 조직망을 제공해 주었다. 비록 파리에서와 같이 교회의 통제를 받은 대학이 줄곧 상당히 개방적이지는 못하는 경우가 있기는 하지만, 유럽 전체를 놓고 볼 때는, 대다수의 대학들이 자신들의 자유를 지켜내고 있었다. 대학의 자율성을 보장받기 위해, 그리고 학생들을 상대하기 위해, 경찰이 동원되는 것을 막기 위해, 파리에서 최초로 파업이 일어났다는 사실을 잊어서는 안 된다. 볼로냐대학이 혈기왕성한 학생들의 혁명 중심지였다는 사실도 기억해야 한다. 그리고 갈릴레이가 대학교수였고 뉴턴도 그랬고, 나중에 보일과 라이엘 등도 대학교수가 된다는 이야기를 듣고 놀랄 사람은 아무도 없을 것이다.

　유럽에서 르네상스가 진행되고 있던 이 기간 동안, 중국에서는 이민족들을 정복하는 것보다 이민족들의 침략을 막아내는 데 급급하고 있었고, 점점 더 조직화되고 체계화된 중국제국 행정부는, 다양한 언어 때문에 빚어지는 폐단을 막기 위해 표준어를 주입시키고 있었으며, 과학은 관료주의와 미래지향적인 것이 아니라 과거회귀적인 종교라는 이중고에 시달리고 있었다.

　그렇다면 다시 서양으로 눈을 돌려보자. 왜냐하면 종교간의 경쟁이 과학 분야에 끼쳤던 유익한 영향에 대해 살펴보자면, 결국 그에 해당되는 일들이 벌어진 곳이 유럽인데다가, 특히 우리가 증명보다는 주장에 치중했던 견해에 관한 것이기 때문이다.

　모든 것은 서양과학의 출현과 함께 시작되었다. 이미 지적한 바와 같이 주도적인 역할을 했던 사람들은 아랍인들이었고, 아리스토텔레스의 물리학에(추상 개념의 주창자인 플라톤이 모든 서양 사상의 대가로 군림한 반면에, 그의 물리학은 서양 교회에 의해 금지당했다) 생명을 다시 불어넣은 것도 아랍인들이었고, (종교 신앙과의 마찰을 피하면서) 그리스 이론의 핵심을 계승한 원자 이론을 발전시킨 것도 아랍인들이었으며, 천체 관측을 부활시키고 수학에서 중대한 진척을 일구어 낸 것도 아랍인들이었다.

그러나 아랍인들이 가장 혁혁한 공헌을 한 분야는, 어쩌면 의학 분야라 할 수 있으며, 그리고 아비세나나 엘 비투미는 갈레노스의 의학보다 훨씬 앞서는데다가, 어쩌면 최초일지도 모르는 연구 결과들 덕분에 시대를 뛰어넘는 명성을 날리게 되었다. 반복해서 말하지만, 어쨌든간에 유대과학과 후에 기독교과학의 비약적인 발전의 단초가 된 것은 아랍의 과학이었다.

그런데 거만하고 호전적이고 정복을 일삼는 기독교 국가들에게, 아랍 사회가 우아하고 문화적이고 과학적이었음을 깨닫게 해준 계기는, 한편으로는 십자군 전쟁 때문이고, 다른 한편으로는 스페인 덕분이었다. 그리고 중세 대학이 보여준 도전 정신도 한몫했다. 알베르 르 그랑과 토마스 아퀴나스는 아베로에스가 수정한 아리스토텔레스의 물리학을 계승하게 되고, 결국 이 물리학은 기독교계 내에서 인정받게 된다. 기독교 국가에서 의과대학이 설립되었고, 이 대학에서는 아랍인들에게 뒤처지지 않기 위해서, 인간의 몸을 해부해서는 안 되는 금기사항을 깨뜨리게 된다——하지만 기독교인들의 이런 반감 때문에, 의학 분야에서 유대인들에게 선도적인 위치를 내주게 되는 결과를 초래하였다. 유대인들의 선도적인 우위는 몇 세기를 거치면서 그대로 굳어져 갔다.

케플러-갈릴레이 사건은 종교들간의 경쟁 심리도 보여준다. 개신교 신자인 케플러는, 같은 신앙인들로부터 인정받지 못했고, 루터와 멜란히톤으로부터 유죄판결을 받은 그의 지동설은 개신교 교회 내에서도 평판이 좋지 않았다. 이에 반해 이 순간 로마에서는 로마신학교가 천체 관측을 독려했다. 하지만 갈릴레이에 대한 유죄판결로 인해서

이 둘의 입장은 서로 뒤바뀌게 된다. 가톨릭계에서 지식인 계층들이 고개를 떨어뜨린 반면, 개신교계의 지식인 계층들은 의기양양해졌다.

케플러는 인정받고 칭송받고 그리고 귀감이 되었다. 갈릴레이가 죽은 지 30년이나 지났고, 뉴턴이 세기의 천재로 자리매김하고 있는 반면, 개신교도들은 유럽에서 지동설을 선도하고 있었다. 뉴턴이 중력을 이용해서 만유인력이라는 것을 창안해 냈을 때, 영국교회는 망설임 없이 이 이론을 받아들였다. 독일의 개신교도들은 이 이론에 대해 처음에는 의구심을 품었지만 이내 동조하게 된다. 로마는 개신교도들이 1세기 동안 세계 과학을 주도할 준비를 하는 동안 개신교도의 발명을 비난하고, 또한 끈질기게 과학에 적대적인 태도를 취했다. 서양의 모든 학회에서 프랑스도 마찬가지로 3분의 2는 개신교도들이 차지하고 있었다.[14] 하지만 작용은 반작용을 유발하는 법. 18세기 비약적인 과학 발전을 이룩하고 있던 개신교 독일에서, 가톨릭 신자들이 대응하기 시작했다. 그리고 18세기말 과학이 부흥하게 되는 것은, 독일의 가톨릭 대학들이 개신교도들과의 끊임없는 경쟁에 돌입하면서부터이다.

앵글로 색슨 개신교도들이 세계 과학을 주도하는 가운데, 로마 신학교의 예수회 수도사들이 20세기에 교황으로 하여금 교황청 과학 아카데미를 설립하도록, 두번째로 들고 일어난 것도 종교간의 경쟁 때문이었다.

이 장(章)을 마무리하기 전에, 폭넓게 논의되었던 부분을 다시 한번 되짚어 보고자 한다. 어떤 이들은 과학은 서양에서 발전되었지, 중국은 아닐 것이라고 주장한다. 그 이유는 막스 베버[15]가 주장했던 것처럼 자본주의가 발전하고, 기독교 과학이 자본주의의 비약적인 발전과

---

14) G. Minois, *op. cit.*
15) 《프로테스탄티즘의 윤리와 자본주의 정신》, Max Weber, Paris, Plon, 1964.

연계되면서, 패권을 장악하게 된 곳은 중국이 아니라, 서양이기 때문이라는 것이다.

내가 보기에는, 만약 과학 발전과 자본주의의 비약적인 발전이 불가항력적인 관계라고 한다면, 이 또한 아주 정확한 논리는 아니라고 생각한다.

가장 타당하다고 생각되는 대다수의 견해는 다음과 같다. 과학은 기독교 국가에서 발전했다. 그 이유는 초창기 자본주의가 이들 국가에게 과학이 발전할 수 있는 수단들을 제공했기 때문이다. 내가 보기에, 만약 이 견해가 인과 관계라는 논리로 접근했다면, 이 견해는 잘못된 것이라고 생각된다. 자본주의와 과학은 동시에 발전했거나 어찌 보면 공생적으로 발전했던 것이다. 무엇보다도 그 이유는 자본주의와 과학은 공통적인 뿌리를 가지고 있기 때문이다. 가톨릭 신학을 우선시하는 사상은 자본주의에 방해가 되었다. 그 이유는, 교회는 은행 제도, 특히 신용 대출을 비도덕적인 것으로 천명하고 있었기 때문이다. 성 아우구스티누스 이래로 좀더 빨리 어떤 일을 성사시키기 위해서 돈을 빌리는 것은 결국, 신에게서 시간을 훔치는 것과 다를 바 없는 것으로 여겨진 것이다. 돈을 빌려주고 부를 쌓는 것 또한 비도덕적인 것이다. 왜냐하면 그 이익은 힘들이지 않고, 즉 원죄를 씻기 위한 노동과 고통을 감내하지 않고 얻어낸 것이기 때문이다. 마찬가지로, 트리엔트 공의회 이후에는 로마 교황청이 중심이 돼서, 천문학이나 의학 분야에서, 자신들 구미에 맞게 진실을 왜곡함으로써 결과적으로는 과학 발전을 저해해 왔다. 분파되어 나온 개신교 세계에서는 이런 형태의 관례가 없었기 때문에 자본주의와 과학이 서로를 지탱해 주면서 발전할 수 있었던 것이다. 이런 식으로 해서 과학은 기술 발명이 가능해지고, 이런 기술 발명은 자본주의의 비약적인 발전의 도구들이 되었던 것이다. 그래서 직조기와 제분기의 발명뿐만 아니라 석탄 광산 · 철광산 · 야금 광산의 발견이 이루어지고, 이 모든 것들이 자본주의 성장의 밑

거름이 된 것이다. 같은 시기에 개신교 세계에서 일구어 낸 발견들은 훨씬 두드러진다. 특히 증기 기관, 전기, 원자를 기반으로 한 기술들이 여기에 해당된다. 자본주의는 이러한 기술들을 이용하고 또 새로운 연구들을 독려할 줄 알았다.

실용적인 것보다 이론적인 문제로 입장을 바꾸었던 가톨릭 문화는 프랑수아 1세부터 나폴레옹에 이르기까지, 끊임없이 연구를 독려한 국가의 노력에도 불구하고 제때에 여러 발명들을, 자신들이 발명한 것들을 포함해서 발전시키지 못했다.

나의 동료인 자크 에밀 블라몽은, 과학의 중대한 발전은 국가가 설립한 조직과 제도 덕분이기 때문에, 국가에 의해 추진되었을 것이라는 이론을 옹호한다. 그의 논문은 이 주장을 (라지드 왕조 지배하의 알렉산드리아를 제외하고) 그리스 과학이 비약적인 발전을 이룩했다는 것을 거의 인정하지 않는 쪽으로 이끌어 가고 있다. 어쨌든 이 주장은 좀 지나친 면이 없지 않다. 요약하자면, 물론 어떤 기간 동안 어떤 분야에 있어서, 가령 우주나 핵분야에 있어서 국가의 역할이 결정적이라고 할 수는 있지만, 그렇더라도 이 주장은 현실과 완전히 일치한다고 볼 수는 없다.

나는 그 반대로, 과학은 어떤 주어진 상황에서, 우연에 의해 생긴 결과라고 생각한다. 이런 관점에서 과학 발전은 어떤 면에서는 다원적인 시각이 있다 하겠다. 여기저기 사람들 머릿속에 여러 아이디어들이 떠오르고 그런 생각들이 펼쳐지고 발전하는데, 다소나마 유리한 환경이 조성된다는 견지에서 보면 말이다. 어쩌면 군주의 의도도 과학 발전의 한 요인이 될 수도 있다. 라지드 왕조나 고대 중국까지 거슬러 올라가지 않더라도, 나폴레옹 지배하의 프랑스나 황제들이 할거하던 페르시아처럼 말이다. 뿐만 아니라 대개의 경우, 그 나라를 지배하고 있는 경제적·철학적 조건들도 결정적인 역할을 한다. 사상의 자유, 종교적인 억압의 부재, 문화적인 기반들은 아주 중요한 요소들이다.

여러 세기 동안에 걸친 영국과 오늘날의 미국이 그 예이다.

끝으로, 과학 발전을 하는 데 있어서 어쩌면 경제적인 조건들이 매우 중요할지도 모르겠지만, 이 경제적인 조건들은 20세기초 이전까지는 별로 큰 역할이 아니었던 것 같다. 그래서 전 세계 물리학 연구자의 전체 숫자가 1910년에 2백여 명 정도였다고 하질 않는가! 그래서 그들의 연구 성과는 아직까지 그들의 재능에 부여한 평판에 좌우되는 것이 아니라, 그들의 창의력에 훨씬 좌우되고 있는 것이다. 과학 발전사에서 초창기에는 문화적 · 철학적 요소, 즉 종교적인 요소들이 경제적인 요소들보다 훨씬 비중이 높았던 것 같다.

과학사를 이해하기 위해서는 경제사보다 의식 구조의 역사를 이해하는 것이 훨씬 중요한 것처럼 여겨진다. 영국의 위대한 역사학자인 아널드 토인비도 역설한 것처럼, 경제사는 과학사의 원인이 아니라, 과학사의 결과라고 생각된다.

제7장
정면 대결

기독교 종교가 자신의 세력권 내에서 과학의 도약을 '야기'시켰음을 살펴보았다. 하지만 기독교는 과학을 '받아들인' 이후 과학을 통제하고, 자신의 뜻대로 이끌어 가려고 애를 썼지만, 뜻대로 이룰 수 없게 되자 매순간마다 과학을 자기편으로 끌어들이고, 게다가 후원까지 해주고자 하는 노력을 경주하면서도 과학을 박해하고, 때로는 처단하고, 대부분은 충돌을 빚어냈다. 결국 종교와 과학은 난처한 관계였다.

과학 자체에 대한 교회의 이러한 이중적인 태도의 결과는 무엇이었는가? 종교는 과학에게 걸림돌이었던가? 아니면 견인차였던가?

반대로 뒤집어서 질문을 던져 보자. 과학 발전은 종교 내용이나 종교활동에 영향을 끼쳤는가? 종교 쇠퇴의 책임은 과학에게 있는 것인가?

박해를 했던 종교는 장기적으로 볼 때, 자신들이 먼저 시비를 걸었던 싸움의 희생자란 말인가? 신은 결국 과학의 속죄의 제물이었던가?

이 양면적인 문제에 대한 해답은, 우리로 하여금 사회 발전이라는 보다 일반적인 맥락에서, 충돌에 대한 근본적인 원인이 무엇이었는지를 살펴보도록 하는 전기를 마련해 줄 것이다.

우리가 보았던 자연과학을 중심으로 확산된 이 갈등들은, 종교와 과학의 본질에 내재된 것이라 피할 수도 없었고, 또 피할 수 없는 것인가? 종교와 과학 사이에는 일종의 돌이킬 수 없는 적대성이 있는 것인가?

어떤 이들은 이러한 논리를 기반으로, 과학이 실질적인 발전을 하면서부터, 과학이 확고한 진실을 밝혀내면서부터, 즉각적으로 종교와 마찰을 빚게 되었다는 사실들을 열거하면서 그렇다고 생각하고 있다. 천문학·소재과학·지질학·생물학 등 이러한 분야들 때문에 촉발된 갈등들은 역사적으로 지속되어 왔다.

또 다른 이론은 훨씬 사회학적인 이론으로, 이러한 갈등의 원인을 권력과의 대항 관계에 무게를 두고 있다. 종교들은 '종교 권력'이 과학 발견으로 인해 위협을 느낄 때마다, 과학과 과학자들에 대항하는 반응을 나타냈을지도 모른다는 것이다.

과학과 종교 간에, 신비적인 사상과 과학적인 사고방식 간에 내재된 만성적인 대립이라는 존재를 완전히 부정하고자 하는 것이 아니라, 대개의 경우 갈등의 근본적인 본질은 무엇보다 지식의 대립보다는 권력의 대립이었다고 생각된다. 이 갈등들은, 대개는 지식인들이지만, 때로는 자만심으로 도치된 과학자들에 대항하여 종교인이면서도 동시에 권력가였던 사람들에 의해, 즉 교회들이[1] 불러일으킨 것들이었다.

그 갈등이 어떤 갈등이었든간에 우리가 보기에는 모든 갈등들은 역사적인 맥락에서 볼 때, 더 정확하게 말해서 심리학적이고 사회학적인 맥락에서 볼 때 정치적인 갈등이었다.

---

1) 우리는 조직화된 종교인들의 단체가 조직적인 계급 관계를 갖추었든 아니든 간에 이들 무리들을 교회라고 통칭해서 부를 것이다. 뿐만 아니라 가톨릭교도·개신교도·이슬람교도·유대교도·정교회교도들 또는 티베트 불교도들도 교회라고 말할 것이다.

16세기말이나 17세기초에 지동설, 원자 이론, 아리스토텔레스의 《자연학》을 중심으로 해서 처음으로 갈등이 불거졌을 때, 갈등의 근본적인 동기는 정치적인 것이었음을 다시 한번 강조한다.

　종교 개혁이 일어났고, 인쇄술이 이 사실을 급속도로 확산시켰다. 독일의 군주들과 스웨덴 왕은 종교 개혁을 받아들이고, 로마로부터 벗어났다. 로마 교회는 단숨에 자신의 세력 영토의 반과 토지와 부동산으로부터 나오는 엄청난 양의 수입을 상실하게 된다. 이번에는 영국이 종교 개혁 쪽으로 합세했다. 영국은 네덜란드의 내전을 조장하고, 스페인과 해전을 벌이기 위해 종교적인 구실을 이용했다. 교회의 맏딸격이고, 더구나 국가의 최고 지도자가 추기경이었던 프랑스는, 교회와 신앙심과 가톨릭 영토를 수호하기는커녕 스페인을 약화시킬 생각만 하고 있었고, 이를 위해 독일의 개신교도들을 부추길 생각만 하고 있었다. 이미 살펴본 바와 같이, 갈릴레이 재판은 이런 상황 속에서 벌어졌던 것이다.

　이보다 한 세기 반 앞서서, 아무도 가톨릭 국가의 왕들을 위협하지 않았음에도, 이 왕들은 로마의 축복을 받으며 모험과 탐험과 세계 정복, 마젤란 · 콜럼버스 · 바스코 다가마 등을 후원해 주었다. 학자들은 교회의 축복을 받으며 유럽의 각종 학교에 들어갔고, 혜택을 받았다.

　17세기초에 상황은 변화였다. 결국 갈릴레이에 대한 유죄판결은 무엇보다 위기에 처한 교황권(敎皇權)이 권위가 살아 있음을 보여주고, 세상에 보내는 권력 의지의 메시지였던 것이다.

　19세기에 영국에서 일어난 지질학으로 인한 갈등도, 정치적인 배경 때문이었다는 것은 아주 명백한 사실이다. 미국이 독립 혁명을 이룩했고, 프랑스가 막 혁명을 일으켰던 당시였다. 나폴레옹의 주도하에 프랑스 사람들은 사상의 자유, 이성주의 사상을 유럽에 전파시키고 있었다.

영국은 군사적인 위협에 직면해 있었고, 유럽의 다른 국가들은 프랑스 제국의 통제나 위협을 받고 있었기 때문에 영국은 유럽의 기독교 종교의 최후의 보루였다. 이런 상황 속에서, 허턴의 지질학 이론과 그의 제자인 플레이페어에 대하여 엄청난 공격이 날로 거세지고 있었다. 잘 알다시피, 당시에 그 공격은 성공을 거두지 못하고 일시적으로 끝났을 뿐이었다. 워털루 전쟁의 승리로 인해서, 영국 근대사에 있어서 그 누구보다도 가장 반동적이었던 수상인 웰링턴 공작이 권력에 오르게 되었다. 자연신학의 창시자인 버클랜드와 다윈의 친구인 찰스 라이엘의 논쟁이 펼쳐지게 되는 때가 이 때였다. 이번에도 역시 영국 성공회 교회는, 잘 알려진 것처럼 격렬하고 무분별적으로 반으로 갈라지게 된다.

유럽은 왕정복고 시대로 접어들었다. 오스트리아와 메테르니히도 왕정복고에 성공하였다. 교회는 기세가 다시 살아나고, 과학과 사상을 같은 죄로 단죄하면서 이 둘을 무력화시켰다. 1832년에 교황 그레고리우스 16세는 다음과 같이 말하였다. "양심의 자유라는 말은 터무니없는 소리이고, 이에 대해서는 단죄만이 있을 뿐이다……. 과학에 대해서 말하자면, 과학은 믿을 만한 구석이라고는 하나도 없다." 기도를 하는 데 있어 과학이 방해가 된다면서 조제프 드 메스트르가 개탄한 것도 이 시기였다. "과학은 우주의 기능을 설명한다는 핑계로 자유에 대한 신비감을 깨뜨려 버렸고, 기도를 소용없는 짓으로 전락시켜 버렸다. 과학은, 기적은 일어나지 않는다고 하는, 인간이 마음속에 품을 수 있는 가장 불손한 마음을 유포시켰다."

이탈리아에서의 상황은 더욱 악화되었고, 로마도 마찬가지였다. 교황은 거리의 가로등과 프랑스인들이 들여온 백신을 금지시켰다. 신학교의 교육 내용에서 과학이 제외되었고, 이는 나중에 에른스트 르낭에 의해 신랄한 비난을 받게 된다.

교회는, 교회와 성직자들에게 모욕을 안겨 주었던 프랑스 혁명, 나폴레옹 그리고 이 모든 '혁명 정신'에 대한 복수의 기회를 노리게 된다. 아주 잔인할 정도로 반교권적이었던 볼테르와 디드로의 계몽주의 사상이 전국을 휩쓸었을 때 성직자들의 재산을 몰수한 적이 있었는데, 교황청이 압력을 넣었음에도 불구하고 나폴레옹은 그 재산들을 돌려주지 않았다. 복수심에 불탄 가톨릭 교회는 민주주의, 평등, 자유, 이성 그리고 당연히, 이 모든 것을 담고 있는 과학을 싸잡아서 단죄하게 된다.

책에 선왕인 루이 13세를 (아주 조금!) 헐뜯는 내용이 있었다는 핑계로, 빅토르 위고가 젊어서 쓴 《마리옹 드 로름》이라는 작품이 금지된 것이 이 시기이다. 이때는 샤를 10세, 마르티냐크, 폴리냐크가 득세를 부리던 가장 처참한 역모가 일어났던 시대이다. 1825년, 프랑스의 성직 업무 담당 장관이었던 드 프레시누 대주교 예하는 '(프랑스 혁명에서) 우리들이 저질렀던 실수의 원인'에 관한 글을 썼다. 그는 실수의 원인을 이성(理性)에 대한 지나친 신뢰, 호기심에 대한 생각, 과학의 남용 이 세 가지로 보았다. 그는 성경에 대해서도 "근대의 거짓 과학이 무슨 말을 하든지간에, 성경의 모든 내용은 진실이다"라고 단언했다. 드 프레시누 대주교 예하는, 모세 5경은 모세가 기록한 것이라고 말했으며, 또한 리처드 시몬이 제기한 모세 5경을 보면, 모세 자신의 장례에 대해 묘사되어 있기 때문에, 어쨌든간에 진위 여부를 확인해 보자는 주장이 더러 있다는 것을 지적한 문제에 대해서는 "이것은 성경 이야기가 사실이라는 것을 증명하는 것이다! 성경이 이야기하는 내용들이 믿기 어려우면 어려울수록, 성경의 이야기는 더더욱 사실이다"라는 말을 덧붙였다.

영국에서는 지질학 논쟁이 맹위를 떨치고 있었던 터라, 그는 라이엘에 대해서도 비난하면서 "지질학은 추측에 근거한 것이지 사실에 근거한 것이 아니다. 지질학은 단순히 어느 한 지역에 대해 관찰한 것들을 가지고 지구 전체에 적용시킨 것이다"라고 한방 먹였다.

이렇게 과학을 부정하는 반동적이고 극단적인 공격에 프랑수아 르네 드 샤토브리앙도 합세했었다는 사실을 생각해 보면 애석하기 그지없다. "과학은 영혼을 메마르게 한다. 종교는 자연의 은혜가 무엇인지, 동물들의 매력적인 본능이 무엇인지를 가르쳐 주는데, 과학은 이상한 것들만 보고 있으니 (…) 과학은 혐오스러운 것을 아주 좋아하는 모양이다"라고 쓰지 않았던가? 하지만 이 모든 사실들은 무엇 때문이었는가? 그 이유는, 교회는 겉보기와는 달리 위협을 느끼고 있었기 때문이다. 혁명 때 성직자들이 재산을 몰수당함으로써 교회의 재산은 궁핍해졌고 그로 인해 교회는 재정적인 위기에 처해 있었다. 그리고 진보, 자유 의지, 양심의 자유, 게다가 사상의 자유라는 사상들이 급속도로 유럽 전역으로 퍼져나가고 있었기 때문에, 철학적으로도 위협을 받고 있다는 느낌을 가지고 있었던 것이다.

그런데 이런 심각한 반동적인 분위기 속에서도 라플라스는 《천체역학개론》이라는 책을 펴냈고, 볼타는 건전지를 발명했으며, 앙페르는 전기 자기장을 발견했고, 프레넬은 빛의 파장 이론을, 패러데이는 전기분해 법칙을 발견하게 된다. 전반적으로 이성이 고취되었던 세기에, 왕정복고 기간이 고통스럽기만 했던 시기였음은 사실이다. 하지만 이 모든 것은 억압과 반동적인 행위가 과학의 진보를 멈추게 하지 못했다는 것을 보여주고 있다. 기껏해야 발전 속도를 좀 떨어뜨린 것밖에는 없다.

우리가 이 장(章)과 전장(前章)에서 폭넓게 언급했던 사례들을 보면, 가톨릭 교회의 특기는 반과학적인 행동들이 아닌가 싶을 정도이다.

그러나 지금부터 살펴볼 또 다른 실제 예들을 보게 되면, 이 정도는 아무것도 아니다.

첫번째로, 이슬람의 예를 살펴보자. 서양에서 아리스토텔레스의 진가를 재조명받게 만든 아베로에스라는 현자는, 12세기에 코르도바대학에서 학생들을 가르치고 있었다. 그런데 바그다드는 코르도바대학에 대해 의심의 눈초리를 보내고 있었고, 바그다드 자체도 점점 거세지는 스페인 기독교인들의 압력을 받고 있었다.

코르도바의 칼리프(이슬람 통치자)를 약화시키기 위해, 동양에서 온 것이 분명한 울레마(이슬람 학자)들은 아베로에스를 비난하기 시작했다.

"그는 《코란》에 역행하는 교리를 가르친다"라는 늘 똑같은 이유를 들었다. 그들이 보기에 과학을 발전시키고 자연의 법칙을 이해하려고 애쓴 그의 노력은, 《코란》 교육의 전능함을 손상시키는 일종의 수단이지 않고 무엇인가? 그는 신학에 관한 소송을 당하게 되고, 또 그의 운명은 코르도바의 칼리프의 확고부동한 태도에 의해 좌우되게 된다.

그보다 1세기 앞서 아비세나는 그의 지식이 《코란》의 진리를 훼손했다는 죄목으로, 매번 울레마들에 의해 고소당하고 쫓겨날 때마다 페르시아의 변방에 있는 이 마을 저 마을을 전전하면서, 군주와 술탄의 시중을 드는 떠돌이생활을 해야만 했다. 그가 몇 번에 걸친 사형판결을 면할 수 있었던 까닭은, 그가 지역의 군주를 치료했던 의학적인 재능 덕분이었다.

몇 세기가 지난 오늘, 우리는 과학을 부정하는 이슬람교 근본주의자들이, 이란과 알제리에서 다시 꿈틀거리는 것을 목격하고 있다. 이들 국가에서는 과학을 악마시하고 있고, 과학 연구는 기피대상이 되어서 처벌되고 있다. 진화 이론은 금지당했다. 그들은 《코란》을 독송하고, 《코란》을 글자 그대로 해석하는 옛날 방식으로 되돌아갔다.

이 모든 것들은 명백히, 정치적인 배경 속에서 벌어진 것이다.

아베로에스가 있던 시대에 정치적인 표적은, 학자들에 의해 번영을 구가하고 있던 코르도바의 칼리프였다. 오늘날 알제리와 이란에서 근본주의자들의 야망은 "권력을 유지하느냐 아니면 찬탈하느냐"라는 이 한 가지밖에 없다. 종교는 정치의 역할을 대신하고 있다. 권력을 찬탈하거나 유지하기 위해 사용되었던 방법들은 과거에는 정당한 행위였다. 《코란》을 성심으로 섬긴다고 하면서, 어떻게 잔인한 짓거리들을 행할 수 있었단 말인가? 과학이 이성을 상징하고, 과학 지식이 독자적이었다는 이유로 과학은 박해를 당했다. "태어나서 죽을 때까지 지식을 탐구하라"고 말한 마호메트의 가르침과는 모순되게 말이다.

극단적 보수주의는 전체주의를 구현하기 위해 둔갑한 교리에 불과할 따름이다.

유대인들은 어떠했는가?

얼핏 보아서는 유대교는 엄격하고, 금욕적이고, 비타협적이고, 권위적이며 성경에 나오는 신의 행동을 따르는 이미지마저 가지고 있다. 그런데도 역사상 유대교는 과학과 충돌을 빚은 일이 거의 없다.

실제로, 클로드 바일이 말했던 것처럼 예루살렘의 신전이 파괴된 이후, 유대교는 성서에 대해서 매우 개방적인 태도를 취하는 입장을 견지해 왔다. 성서의 내용을 단어 하나하나에 역점을 두어서 읽게 되면, 난관에 봉착하게 되거나 의혹을 품게 되는 일이 벌어진다. 천신만고 끝에 약속의 땅을 차지한 후, 이 선택된 민족은 정복당하고 박해당하고 학대받았다. 솔로몬이 건설하고, 언약의 궤를 보관하고 있었던 예루살렘 신전은 파괴당했다. 신은 그들에게 가졌던 신뢰가 깨졌기 때문에 그 백성들을 단념한 것인가? 아니면, 성경은 영적인 내용을 담고 있지 않은, 다른 전설들과 별반 다르지 않은 그런 것에 불과했었던 것인가? 유대인들이 당연히 가지게 되는 의문들은 이런 것들이었다. 유대교 신자와, 또 끝까지 유대교 신자임을 고수하고자 했던 유대인들에게 돌파구는 한 가지밖에 없었다. 새로운 관점으로 성경을 다시 읽는 것이다.

그 방법의 일환으로, 무턱대고 성경 독송을 하는 것이 아니라, 그 반대로 의미를 해석하면서 성경을 읽어갔다. 이제는 성경을 배우는 것으로 만족해서는 안 되고, 무엇보다 성경을 이해하고 의미를 부여해야 했다. 성서가 기준이 되는 것임은 변함이 없었으나, 성서 속에 감추어진 상징적인 의미들을 풀어내야 하는 숙제가 남아 있었다.

그때부터 수많은 해설판과 다양한 관점을 바탕으로, 탈무드와 토라(모세 5경)에 대한 재해석을 실행하게 된다.

최고 종교위원회나 '교황에 해당되는 유대교 사제' 또는 어떠한 중앙 기관이 없었던 관계로, 랍비들 각자가 나름대로 성경에 대한 독송 방법을 발전시켰기 때문에 상당히 다양한 해석들이 존재하게 된다.

과학이 천문학과 물리학뿐만 아니라 지질학과 생물학 분야에서 발전하고 또한 새로운 개념들을 발견해 나가자, 유대교도들은 제일 먼저 어떻게 이러한 발견들이 성경 내용 속에 은연중에 포함되어 있었는지를 보여주려고 애를 썼다. 대부분의 유대인들은 교조주의적인 태도를 취하기는커녕, 과학적인 신개념들을 어떻게 받아들일까 하고 노력을 했던 것이다. 과학은 토론과 해석과 지식을 살찌우게 만드는 원천이 되었다. 학교가 여러 개 있다 보니 해석하는 방법도 천차만별이었고, 그러다 보니 당연히 이런저런 점에 있어서 매우 부정적이거나 또는 다분히 무조건적인 반대 입장을 취하는 학교도 생겨났다.

유대교 신도들에게 종교활동은 성경을 둘러싸고 벌어지는 기나긴 찬반 토론이라고 말해도 무방할 정도이다. 어떤 이들은 대체적으로 수많은 지식인들이, 특히 수많은 과학자들이 유대인 출신인 까닭은 아주 어린 나이부터 익혀 왔던, 이러한 신앙활동과 이러한 종교활동과 그리고 이러한 금욕적인 생활이 바탕이 되었다고 생각하고 있다.

이런 상황 속에서 성경을 글자 그대로 신봉하는 것을 고수하고 있어서, 근본주의자들과 별반 다를 것이 없는 랍비들의 숫자는 극히 적었다.

하지만 '전반적으로 긍정적'이라고 할 수 있었던 이런 종교적인 태도는 이스라엘 국가가 탄생하면서 조금씩 변색되었다.

종교인들의 태도는 엄격해졌고, 왕정복고 시대의 브르타뉴 가톨릭 사제들처럼 무조건적인 반대 입장을 보이는 모습이 조금씩 뚜렷해졌다. 이 근본주의자들은 옛날에 솔로몬 신전이 있었던 자리에 다른 신전이 있었다는 사실을 밝혀낸 고고학자들을 방해하고 괴롭히는 것을 주저하지 않았으며, 지구의 나이가 4천 년이라는 주장을 고수하는 등등의 태도로 바뀌었다. 그들은 자신들의 세력을 믿고, 결국에는 이스라엘 정치 무대에서 영향력을 행사하는 정당마저 설립하게 된다.

게다가 그들의 정치적인 야망은, 종교적인 면에서 교리주의를 부추기고 있다.

이미 언급했던 것처럼 근대 과학이 특히 기독교 세계에서 발전했던 것은, 과학에 대항했던 반대편들이 과학의 역동성을 제지할 능력이 없었음을 의미한다.

하지만 다른 종교들과 마찬가지로, 개신교가 자신들의 힘이 강해졌다고 느끼기 시작하면서 (아니면 더 정확히 말해서, 개신교 사제들과 그들을 신봉하는 사람들이 그렇게 깨닫기 시작하면서) 이번에는 그들이 과학에 대항하고 맞서 싸워나갔다. 이러한 반동주의적인 성격 때문에, 기독교 신자였던 칸트에게조차도 비난받았던 18세기 독일 대학들에 대해 말하지 않더라도, 오늘날의 미국에서 그 예를 찾아볼 수 있다.

돈이 지배하는 나라이고 부유하고 생동감 있는 대학 시스템 덕분에, 다른 어떤 지역보다 과학이 발전한 미국에서, 몇몇 개신교 교회들이 매우 반동적인 태도를 보여주고 있다.

창조론자들의 활동이 가장 왕성하고, 또한 가장 위협적인 곳이 미국이다.

지질학과 생물학에 대해 어떤 특정 교육을 강요하기 위해서 소송을 벌이는 곳이 미국이고, 한 과학자가 미(美)지질학 측량국의 공무원이었음에도 지구의 나이에 관한 책을 써서, 성경의 명예를 손상시켰다는 이유로 상원의원이 주저없이 그 과학자를 고소하는 곳도 미국이다.

당연히 당국도 법원도 그의 요구를 받아들이지 않았지만, 그들은 세상을 떠들썩하게 만들기 위해서라면 무엇이라도 해야 된다는 생각이었을 것이다. 그리고 낙태에 관한 문제로 인해서 세상이 떠들썩하게 변하게 된다. 그 이유는 낙태를 시술한 의사들을 종교의 이름으로 살해했기 때문이다. 그러자 어떤 가톨릭 신자들은 그들보다 뒤처지고 싶은 마음이 없었기 때문에 자신들도 교리주의를 주창하고, 또한 자신들도 낙태를 시술한 '죄를 지은' 의사들을 살해했다. 이는 분명히 소수의 광신도들에 국한된 문제이고, 현 미국 정부가 이에 대해 엄격하게 대처하고 있지만, 만약 '민주주의적인 압력,' 즉 대다수의 여론이 이런 방향으로 아주 강력하게 행사된다면, 정치적인 결과는 어떻게 나타났을까?

이런 종교적 행동들이 정치계에 자신들의 뜻을 관철시키려 하고 있다. 그리고 그들은 언젠가는 자신들의 목적을 달성할 수 있게 될 것이다. 과학이 발달한 국가에서 말이다!

성공회 교회의 경우는 매우 이채롭다. 이 교회는 기독교이기는 하지만, 로마교권의 영향력 밖에 놓여 있는 관계로 개신교가 된다. 하지만 실제로 이 교회의 교리나 역할을 분석해 보면, 오히려 칼뱅주의가 약간 혼합된 민족적 가톨릭사상에 해당하지 않나 싶다.

성공회 교회는 과학에 대해서 다양한 태도를 취해 왔다.

성공회 교회가 로마로부터 분리된 때는 르네상스 시대였다. 영국은 로마와의 단절로 인해 발생된 정치적 학문적 불균형을 해결해야 할 상황에 처하게 된다. 토머스 모어에 대한 사형 집행이, 수많은 영국의 사제들과 교수들의 가슴속에 깊은 상처를 남겼다는 것을 생각해 보자.

영국 대학들은 이탈리아에서 건너온 새로운 지식들을 수용한다. 조르다노 브루노, 에라스무스가 학문을 전수하기 위해 영국으로 왔다.

물론 과학을 부정하는 반응들도 나타나지만 엘리자베스 1세의 '자유주의'가 이를 무마시켜 준다. 옥스퍼드대학과 케임브리지대학은 여전히 자신의 독립을 침해받지 않으려는 세계의 지식인들의 중심지였고, 이곳에서 과학은 상당한 발전을 하게 된다.

그 다음 세기에 영국 교회는 뉴턴의 이론과 지동설을 재빠르게 받아들이게 된다. 영국 교회가 지질학과 생물학에 적대적인 입장을 취하게 된 때는 19세기뿐인데, 이미 지적한 것처럼 이러한 태도를 취하게 된 것은, 정확하게 말해서 정치적인 이유 때문이었다. 근세기 동안에는 영국 교회가 어쩔 수 없이 과학 발전을 받아들여서 그런지, 영국 교회에 대해 별 언급은 없지만, 영국 교회는 옥스퍼드와 케임브리지대학 캠퍼스에 여전히 우뚝 서 있는 모습을 통해서, 과학의 엄청난 발전이 영국 교회와 함께 이루어졌다는 것을 증명해 보이고 있다.

하지만 과학과 교육과 사회에 대해 성직자가 취한 태도를 가장 잘 보여주는 예는, 두 말할 것도 없이 티베트 불교이다.

만약 "종교는 본래 매우 관대하다"라고 한다면, 이에 해당되는 것이 바로 불교이다. 왜냐하면 불교 신자이면서 기독교 신자가 될 수 있고, 불교 신자이면서 힌두교도가 될 수도 있기 때문이다.

게다가 부처님의 모든 가르침은 지혜와 양식에 관한 말씀밖에 없다. 자기 절제와 명상을 빼놓고 불교라는 것을 생각할 수는 없다. 따라서 관용은 바로 종교활동의 중심에 있는 것이다.

아시아에서 불교는 그 수도 많고 종류도 다양하지만, 달라이라마를 중심으로 실질적인 성전을 꾸미고 탄트라 경전을 가르치는 티베트에서 만큼은 그렇지 않다. 서양에서 이 종교는——불교는 종교다. 왜냐하면 영혼의 불멸성을 믿기 때문이다——오늘날 상당히 호의적으로 소개되고 있다. 달라이라마를 포함한 큰 스님들이 서양으로 강연회를 하러 오고, 이곳에서 책을 출간한다. 어쩌면 가장 유명하다고 할 수 있는, 도르도뉴 지방에 있는 사원을 비롯해서 여러 사원들이 세워졌다. 요컨대 이 불교는 서양의 의미의 상실과는 대조를 이루며, 지혜를 숭상하는 인기 있는 종교가 된 것이다. 어떤 이들은 이 종교의 뇌 운동적인 측면을 지나치게 부각시켜서, 종교라는 말 대신에 철학이라든가 정신과학이라는 이름으로 바꿔 부르기도 한다. 지금부터 서양에 전파된 티베트 불교의 선교 내용은 뒤로 하고, 사찰이라는 중간 매개체를 통해 지배되고 있는, 티베트에서 실제로 벌어지고 있는 내용을 살펴보고자 하는데, 그렇다고 해서 불교의 수많은 흥미로운 면들을 부정하고자 하는 것은 아니다.

티베트 사회는, 오늘날에도 사원의 지배를 받고 있다. 사원에는 승려들이 모여서 향 연기와 야크(티베트 지방의 동물) 버터 냄새가 진동하는 기도 장소에서 참선에 전념한다. 탄트라 불교 경전을 위탁받은 이 승려들은 티베트인들 곁에게 상당한 특혜를 누린다. 이 티베트 민족은 불심이 지극하다. 티베트에서 종교활동이 어느 정도로 중요한가를 가늠해 보고자 한다면, 15년 전에 있었던 라사(티베트의 도시)에서 군중들이 매일 저녁 마니차를 돌리면서, 조강 사원 주위를 돌고, 여기저기에 무릎을 꿇고 기도하고 있는 모습과, 들판에 널려 있는 글씨가 새겨진 수많은 돌들과, 언덕과 산꼭대기마다 바람에 휘날리는 찢겨진 깃발들을 보는 것만으로도 충분할 것이다.

이 모든 것을 관장하는 승려들과 라마승들은 휘황찬란한 사원에 기거하면서 부처님께서 말씀하신 깨달음의 경지에 도달하기 위해 명상에 힘쓰고 있는데, 그들은 어쩌면 한 번 내지 두 번의 윤회 만에 그 경지에 도달하게 될지도 모르겠다.

좀더 가까이에서 살펴보면 상황은 훨씬 더 복잡하다. 승려들은 속세를 떠나지 않았다. 그들은 티베트인들을 무지의 상태로 지속시키는, 정신적인 독재자 행세를 한다. 탄트라 경전이 세상은 환상일 뿐이고, 중요한 것은 자기 절제·명상·자기 성찰이라고 가르치고 있다는 핑계로, 이 성직자들은 학교도 교육도 특히 어떠한 고등교육도 발전시키지 않고 있다. 티베트는 맹신적인 신앙으로 인해 무지가 판을 치는 왕국이다. 나는 자이레, 파푸아뉴기니, 케추아(페루, 볼리비아의 안데스 고원의 인디언), 몽골의 지질학자들은 알고 있지만, 티베트 지질학자는 아는 사람이 한 사람도 없다(마찬가지로 티베트의 물리학자나 화학자에 대해서도 아는 사람이 한 사람도 없다).

이 승려들은 과학은 발전시키지 않고, 반대로 돈에는 관심이 많다(이 주장이 너무 무례해서 현 상황에서 선전으로 비춰질지도 모르겠다). 사원들은 이미 찢어지게 가난한 농부들한테서 강제로 징수를 한다. 중국이 침략하기 전에는 수확의 3분의 1이 강제로 징수되었다. 이를 금지하고 있는데도 오늘날에도 여전히 그 양은 엄청나다. 이 사원들은 이런 식으로 상당한 부(富)를 축적했다. 하지만 이것이 전부가 아니다. 불과 20년 전에, 이 사원들 중에 어떤 사원의 승려들은 다른 사원의 부를 강탈하거나[2] 어린 승려들을 납치하기 위해 서로를 공격했다. 이 어린 승려들은 분명 수련을 쌓기 위해 있는 것이지만, 그들이 하는 일은 무엇보다 승려들의 수발을 드는 일이었다(그리고 수많은 다른 일들도 했다). 이 모든 것들이 독실하고, 성실하고 그리고 이와 완전히 무관한 승려들이 없었다는 것을 의미하는 것은 아니다. 13세기 가톨릭 수도원에서 독실한 사제들의 숫자가 많았던 것처럼, 티베트에서도 분명 독실한 승려들이 많이 있다. 그렇기는 하지만 이것은 인간들의 그룹인 성직자들과, 어떠한 형태로든 '종교 자금'이 있으면 권력과 관계되는, 즉 일탈그룹이 생겨난다는 것을 증명하고 있는 것이다. 어떻게 이런 상황이 지속되고 있는 것일까? 이는 종교적인 두려움, 저승 세계

---

2) 라사 주위에 있는 드레풍 사원과 세라 사원 간에 조상 대대로 전해지는 전쟁이다. 불교 승려들의 폭력은 중국에서 기정사실이고 일반적인 사실이다(《불교》, Bernard Faure, Flammarion, 1996 참조). 게다가 그 유명한 쿵푸는 이 승려들이 창안해 낸 것이다.

에 대한 두려움 때문이다. 고지에 위치한 관계로, 수명이 50세를 넘기기 힘든 나라에서는 죽음에 대한 두려움이 늘 지배하고 있다. 뿐만 아니라 자애로운 현자의 모습으로 자신에게는 금욕적이고, 민중들에게는 대쪽같은 권위를 행사하는 승려들에 대한 두려움 때문이기도 하다.

요컨대, 현실은 불교에 관한 강연회나 매우 카리스마적이고 미디어에 강한 달라이라마와의 인터뷰에서 드러나는 것보다 훨씬 복잡하다. 조국에서 추방당해 인도로 망명하고, 자신의 입장을 옹호하기 위해 전 세계를 돌아다니는 달라이라마는, 자기 자신과 불교에 대해 상당히 개방적이고 호의적인 이미지를 사람들에게 심어 주었다. 장 클로드 카리에르와 가진 인터뷰 내용을 읽으면서 확인할 수 있는 것처럼 오늘날의 불교는, 현대 과학을 기꺼이 '수용한다.' 양자역학·핵물리학·천체물리학·분자생물학, 그의 열렬한 찬사가 미치지 않는 곳이 하나도 없을 지경이다.

달라이라마가 산아 제한을 지지한다고 결연하게 말하고, 불교가 다른 종교보다 우수하다는 생각에 동의하지 않는다고 했을 때, 사람들은 그런 사람의 통치를 받는 나라는, 과학과 이성을 위해서는 틀림없는 파라다이스가 될 것이라는 생각을 갖기 시작한다. 이런 나라는 존재할지 모르나, 몇 세기 동안 불교가 교권뿐만 아니라 지상권에 대해서 불교 교리를 강요했던 티베트는 분명 아니다.

여기에서 또한 지나친 단순함과 경직된 이미지를 갖지 않도록 조심해야 한다. 도르도뉴에서나 네팔에서조차도 불교 승려들은, 사회가 자신들의 조직이나 체제를 따르도록 권력을 행사하지는 않는다. 종교는 지역의 구애를 받지 않는다. 티베트 성직자들의 실제적인 영향력을 평가하기 위해서는, 티베트에 가서 그곳의 실상과 그들의 행동을 살펴보아야 한다.

티베트의 탄트라 경전을 신봉하는 힌두교 일파들은 현실 세계를 믿지 않기 때문에, 그들한테서 과학이 발전하기 어려운 것이 사실이다.

달라이라마 자신도 이 경전 내용을 인용하지 않았던가.

　세상을 등지면 등질수록,
　세상이 더욱더 현실처럼 느껴진다.
　세상으로 파고들면 파고들수록 ,
　세상은 점점 더 눈에서 멀어져 가고
　신기루처럼, 덧없게 된다.

　장 클로드 카리에르가 이를 긍정적으로 해석하는 것으로 봐서, 어쩌면 어떤 양자 철학자는, 이 문장이 하이젠베르크의 불확정성 원리를 함축하고 있다고 주장할는지도 모른다. 하지만 재차 반복하건대, 이 모든 것은 신기루이고 환상이며, 어쩌면 그냥 시(詩)일 뿐일지도 모른다. 티베트 현실과 달라이라마는 이와는 아무런 상관이 없다.

　티베트의 불교는 이론상 아주 호감이 가는 종교로, 특히 그것이 의심의 여지없이 지식과 현명함이라는 면에서 매우 이례적인 인물인 달라이라마가 포교활동을 할 때 더욱더 그렇게 느껴진다. 그러나 역사적 현실은 아주 다르다. 명상과 지혜라는 핑계로, 불교는 실제로는 반계몽주의(反啓蒙主義)[3]를 심화시켰다. 그리고 그러한 비판이 아주 타당하다고 인정하는 달라이라마조차도 이 근본적인 현실에 전혀 손을 대지 않았다는 사실은, 반대로 그가 이런 현실을 정당한 것으로 인정하고 있기 때문이다.

　당연히 티베트 사회의 기능에 대한 이런 엄격한 비판들은 어떠한 경우에 있어서도, 중국의 티베트 점령과 모든 식민지 점령에서처럼, 점령으로 야기된 잔혹 행위들을 정당화시켜 줄 수는 없다.

---

　3) 어쩌면 태국은 예외이다. 태국의 몽쿠트(1804-1868) 왕은 문화 혁명을 이끌었고, 이 혁명의 목적은 불교와 과학 간의 총합을 이루어 내는 것이었다.

방금 이러한 예들을 통해서 보아 온 것처럼, 과학에 대한 종교들의 부정적인 태도는 가톨릭에만 해당되는 것이 아니다. 이는 교회가 어떤 지상권(地上權)을 행사할 수 있는 기회를 만나게 되면, 모든 교회에서 나타나게 되는 공통적인 특징이다.

　과학은 다른 곳에서보다 가톨릭 영향권 내에서 더 발달하였기 때문에 종교와 갈등을 많이 빚은 곳도, 또 그 갈등이 심각했던 곳도 가톨릭 영향권 내부이다. 과학이 전무하거나 초보적인 수준에 머물러 있는 지역에서는 갈등이 생겨날 수가 없는 것이다.

　과학을 억누르고 또 과학에 대해 '성 베르나르드회 수도사'와 같은 태도를 취한 티베트 불교는, 맞상대할 만한 상대가 없었기 때문에 갈등이 없었던 것이다.

　또 이런 이유에는 당연히 거의 봉건적인 가톨릭 교회의 계급 구조를 들 수 있는데, 이 계급 구조는 그 구조 자체로 인해서 잠정적으로 억압 기구가 되었던 것이다. 한 인간이나 소규모 단체가 진실을 밝혀냈다고 주장하고, 이를 다른 사람들에게 종용하게 되면 충돌의 위험성은 엄청나게 커진다. 그래서 트리엔트 공의회 이후, 교회와 교황의 무류성(無謬性: 과오를 범하지 않는다는 확실성)이——과학 분야에 있어서도——선포되었었다는 사실을 잊어서는 안 된다.

　그러나 과학과 갈등 관계에 빠져 있는 종교들보다는 교회들의 책임에 비중을 더 둔 이 논증을 뒷받침하기 위해, 유물론에 입각한 '종교' 쪽을 살펴보도록 하겠다.

　첫번째 예는, 19세기 후반의 프랑스와 관계된 것이다. 합리주의 이론들은 왕정복고 기간 동안 잠시 혼란스러운 틈을 타서, 공화정 정부 당시에 세워진 학교에서 배출된 지식인들이 대거 동참하면서 강력하게 되살아났다. 그들은 라그랑주와 라플라스가 완벽한 꼭짓점(라그랑주 포인트)이라는 성과를 얻어낸 역학에 대해 자부심을 가지고 있었고, 프레넬·패러데이·맥스웰이 중대한 기여를 했던 물리학을 높이 평가하고 있었다. 화학은 생겨난 지 얼마 되지 않았는데도, 이미 한 물 간 학문으로 여겨졌다. 다윈·파스퇴르·클로드 베르나르는 생물학의 기초를 닦아 놓았다. 라이엘과 퀴비에는 지질학의 기반을 다져 나갔다.

전무후무한 '사이언티스트(과학지상주의)' 운동이 확산하게 되는 것은, 승리지상주의에 물든 이런 환경에서였다.

환속한 신학생이자 마르셀랭 베르틀로의 친구이고, 장래 콜레주 드 프랑스의 교수가 되는 에른스트 르낭은 과감하게 '과학 종교'[4]에 대한 말을 꺼냈다. 그는 '자연스럽고 합리적인 종교'를 만들어 내고자 했으며, 이 종교가 '인류과학기구'가 되기를 기대했다. 이 기구가 발족되고 나면, 과학은 **"신을 만들어 내는 것이다."**(본문에는 진한 글씨로 강조되어 기록되어 있다.) 그러나 과학에 대한 열정을 가지고 있는 르낭은, 이 운동을 교리를 고집하는 방식으로 추진하지는 않았다. 그가 갈망했던 방식은 확고하고 엄격하지만, 개방적인 방식이었다.

오귀스트 콩트라는 가장 설득력이 뛰어난 대변인이 속해 있던 실증주의학파의 일반적인 태도는, 훨씬 폐쇄적이면서도 동시에 훨씬 급진적이었다. 이 종교는 과학에 기반을 둔 종교이고, 그 목표로 내세운 것이 인류의 행복이다.

오귀스트 콩트는 '교리' '숭배' 그리고 '체제'[5]라는 세 가지 기치 아래 '인류 종교'라는 것을 만들어 냈다.

그는 《실증철학 강의》는 책도 출간했는데, 이 책은 과학적 방식을 주창하는 데 있어서 극치를 이루고 있으며, 기독교 '신앙'들을 반박할

---

4) 《과학의 미래》, E. Renan, 1848년에 집필하고 1890년에 출간된 저서!
5) 《실증주의 정치 제도》, A. Comte, 1852-1854.

목적으로 만들어진 것이다.

과학은 '진실' '유일무이'를 의미한다고 우기고, 게다가 과학을 증진시켜야 한다고 주장하는 실증주의자 무리들은:

— 핵과 분자 개념에 반대하기 때문에 결국 화학과 통계물리학의 발전에 반대한다.

— 관찰을 왜곡시킬 가능성이 있는 현미경과 같은 몇몇 도구의 사용에 반대한다.

— 그들에게는 합리주의와 동의어인 결정론의 이름으로 확률 계산에 반대한다.

게다가 오귀스트 콩트는 수학을 상위에, 자연과학들을 하위에다 자리매김하는, 사실 완전히 '종교적인' 과학들을 순위를 매김으로써 유명하게 된다.

실증주의자들은 이 이론들을 수호하기 위해, 선전활동과 강제적인 방법과 같은 모든 수단들을 동원하였다. 마르셀랭 베르틀로라는 거물급 인사가 젊은 원자물리학자들에게 가한 가혹 행위는, 교회가 다윈 이론 추종자들에게 내린 형벌과 같은 수준이다.

그들은 과학이라는 이름으로, 진보라고 하는 아주 중요한 요소가 내포되어 있는, 과학을 짓누르려고 애를 썼다.

자신만만했던 이 합리주의자들의 명단을 들여다보면, 과학자들 중에는 베르틀로 · 생트 클레르 드빌 · 뒤엠 · 마흐라는 사람들이 있고 그리고 에밀 졸라 · 빅토르 쿠쟁 · 루이스 리아르 · 페르디낭 뷔송 같은 사람들이 있었다. 젊은 시절의 장 조레스는 베르틀로가 핵에 대해 반박했던 합리주의자들의 모임에 참석할 정도로 관심을 가졌었다. 과학은 입자물리학, 핵물리학 그리고 물성물리학으로 발전하게 되는 원자에 대한 연구가 급성장함에 따라, 30년도 채 되지 않아서 이들 집단 전체는 자신들의 입장을 번복해야 하는 쓰라린 고통을 맛보게 된다.

과학을 종교로 만들자고 하는 이 엄청난 주장을 하는, 이 독단적인 태도는 당연히 교회의 눈을 피해가지는 못했다.

과학을 경계해 왔던 교회는, 과학자들이 신의 종교를 '자신들의' 종교로 대체하려는 목적을 가지고 있었다는 것을 증명할 수 있는 유리한 상황을 맞이했다.

하지만 최고의 실권자였던 로베스피에르는 과학자 편에 서 있었다.

정신적인 면에서는 성직자적인 측면과 매우 유사하고, 실질적인 면에서는 훨씬 피를 많이 흘리게 했던 반과학적인 '교권지상주의적인' 또 다른 행태는 당연히 스탈린주의자들의 행태였다. 이를 상징적으로 보여주는 것이 통탄할 만한 리센코 사건이다. 식물학자이자 농학자인 그는, 스스로가 독창적이라고 말하는 영농 실험을 통해 획득형질 유전을 증명해 냈다고 주장했다. 그는 그렇게 얻어낸 결과들이 '공식적인' 유전학에는 일치하지 않지만, 마르크스-레닌주의와 변증법, 그리고 자연에서는 후천적으로 얻은 경험이 선천적인 습득을 지배한다는 이론에는 적합하다고 주장했다. 그는 종(種)이라는 개념을 거부하고, 밀을 귀리나 보리로 또는 그 반대로 변형시킬 수 있다고 주장했다. 그는 이를 바탕으로 염색체 이론과 유전자 이론이 잘못되었다는 결론을 내렸다. 유전학은 서양의 프티-부르주아과학이 만들어 낸 불순한 산물인 것처럼 묘사되었다. 그는 자신의 관점이 정당하다는 것을 스탈린에게 설득시켰고, '리센코 이론'은 공식적인 인정을 받게 되었다. 이 이론에 반대한 사람들은 대학에서 쫓겨났고, 어떤 사람들은 시베리아로 유배를 당하기도 했다.

체코의 브르노에서는, 사람들이 유전학의 아버지인 그레고르 멘델의 동상을 끌어내렸다.

그리고 리센코는 구소련에서뿐만 아니라 서양의 모든 공산주의자 지식인들로부터 과학 영웅이라는 대접을 받게 되었고, 아라공이 그런 지식인들을 프랑스로 데리고 왔을 때, 그들 중에는 애석하게도 적지 않은 수의 과학자들이 포함되어 있었다. 그것도 과학과 정확성과 합리주의라는 이름으로 말이다.

하지만 소련과학의 이러한 이념적인 개념은 비록 가장 큰 스캔들이 벌어진 곳이 생물학 분야이기는 했지만, 생물학에만 국한되었던 것은 아니다. 소련과학은 이념적인 통제를 받아왔음에 틀림없다. 무소불위의 과학 아카데미조차도 적임자들을 임명하는 우회적인 방법으로 통제를 받아왔으며, 이 과학 아카데미는 마르크스주의 원리가 과학연구의 지표였고, 게다가 "양(量)이 질(質)을 결정한다"라는 종(種)에 관한 마르크스의 저술 내용이, 과학에 의해 입증된 일반적인 법칙이었다는 것을 보여주기 위한 목적의 심포지엄을 개최하기도 했다. 예를 들면 화학 반응에서, 균일계를 구성하는 작용 반작용 법칙의 종류인 질량 작용의 법칙은, 마르크스의 변증법을 묘사하고 있는 것으로 표현되었다. 반대로, 자연은 결정론적일(우주의 온갖 현상은 선행되는 원인에 의해서 결정되어 있다) 수밖에 없고, 게다가 결정되어 있기 때문에 양자 역학은 변증법적 유물론이라는 이름으로 반박당했다. '역사의 의미'는 지배자로 그리고 물리학으로 군림했다.

게다가 '독단적인 교회'는 과학을 가로채려고 했었다. 그리고 서양의 수많은 과학자들은 이를 기이하게 여기고, 이런 지나친 행동들의 이유를 설명해 왔다. 마르크스주의는 정치의 과학적 접근이 아니었을까?

당신이 그 베일을 벗겨 보시죠.

교리의 수호자라는 임무가 성직자에게 속해 있다는 것은, 그것이 의구심에 봉착되는 상황만 일어나지 않는다면 지식적인 측면에서 안정된 상황이다. 하지만 이를 기점으로 해서 교리 · 확신 · 권력 · 강제권이라는 톱니바퀴가 맞물리게 된다. 성직자들이 정의라고 믿는 신조가 승리를 거두게 하려는 기본적인 목적에 따라, '종교'들은——포괄적인 의미에서——문명의 발전을 억압하고자 애써 왔다. 하지만 모든 권력은 투쟁을 전제로 하고, 모든 투쟁은 어떤 혼란을 야기한다. 그러나 기준점처럼 보이는 교리가 너무나 확고부동해서 투쟁은 난관을 맞이하게 된다. 그래서 숙명적인 상황이 발생한다.

그러나 종교는 교리의 진실성에 대한 확신에도 불구하고, 모든 종교들은 자신들의 교리의 진실성을 확고히 하기 위해, 처음에는 과학을 길들여서 자신들의 손아귀에 쥐고 좌지우지하려 한다.

결국 거의 대부분의 종교들은 보편적으로 과학에 대해 편견을 가지고 있었던 것이다.[6]

신의 존재를 수학적으로 증명하는 것을 기대하지 않은 성직자들이 어디에 있단 말인가? 마르크스와 엥겔스가 주장한 이론들이 실제로 자연의 기본 법칙임을 증명하고 싶지 않은 마르크스주의자들이 어디 있겠는가?

그러나 종교의 과학에 대한 관심은, 종래에는 교리를 지키는 성직자들에게 불편을 끼쳐 주었을 뿐이었다. 왜냐하면 과학은 신화와 교리와는 상반되기 때문이다. 과학은 객관적인 진실이 결코 이룰 수 없는 이상보다 낫고, 신경이나 뇌로 상상해 낸, 대개의 경우 일시적인 이미지나 장면보다 훨씬 개연성이 높다는 것을 완전히 인지하면서, 열정적으로 객관적인 진실을 탐구한다.

따라서 갈등을 피할 수가 없고 또 신앙이 경직되고, 변함없고, 줄기찬 교리만을 고집한다면, 충돌의 가능성은 늘 따라다니게 되는 것이다. 만일 종교들이, 사회와 결부되어 있는 종교들은 사회와 함께 발전해 나가야 한다는 것을 이해하지 못한다면 말이다.

---

6) 불교처럼 개인의 안녕에만 관심 있는, 비록 이 안녕이 전체로 스며들어 간다고 할지라도 소승적인 종교는 제외된다.

가톨릭과학을 창안하고자 했던 노력이 실패로 돌아가는 것을 보고, 그 실망감을 내용으로 하는 《성직자의 친구》라는 책이 1906년에 출간되었을 때, 이 책은 과학을 이해하는 데 있어서, 그리고 과학과 함께 발전하는 데 있어서 가톨릭의 무능함에 대해서만 지적하고 있다.

"과거의 과학만이, 추론적인 과학만이 가치가 있는 과학이었다. 이런 과학이 사실을 최우선시하는 것으로 대체되었고, 그리고 여기서부터 모든 불행이 비롯되었다."

이보다 더 나은 표현은 없을 것이다.

교회들의 성향이나 더 나아가 성직자들의 성향이, 결국에는 과학에 반대하는 성향이라 할지라도 그것은 그들의 자연스런 성향이고, 그래서 결국은 일반적으로 그런 성향들이 주종을 이루게 되는 것이다. 하지만 성직자들 전체 중에는, 배우고 익히지 않고서는 도저히 배겨내지 못하는 팔자를 타고난 사람들도 있었다.

조르주 뒤메질은 인도-유럽 민족의 3기능을 연구하면서, 지식인이 곧 성직자라고 여겼다. 학계와 종교계의 구별이 없었던 것이다. 천문학-점성학-아리스토텔레스-성직자들-사제들-대학-물리학-현자-교수들-연구자들, 여기에는 역사적 이상의 연속성이 있는 것이다.

그래서 교회는 학자들을, 아주 우수한 학자들을 배출해 냈던 것이다. 나는 나름대로 시대를 구분하면서, 특별한 의미를 지닌 업적을 남긴 네 명의 이름을 열거해 보고자 한다.

코페르니쿠스: '이 사람으로 인해서 사건이 시작되었다.'

아위: 프랑스 혁명 당시의 사람으로 결정학의 기초를 마련하였다.

멘델: 유전학을 창시한 체코의 수도사.

르메트르: 벨기에 출신의 신부로서 빅뱅 이론의 선구자 중의 한 사람이다. 바로 이 밑으로 20여 명 정도 더 있으나 이쯤에서 멈추기로 하겠다.

뿐만 아니라 역사가 진행되는 과정 속에서, 과학 발전을 옹호하기 위해 자신이 몸담고 있었던 교회와 반대편에 섰던 사람들도 있었다. 둔스 스콧 · 기욤 오컴 · 니콜 오렘 · 장 뷔리당, 자신이 깨달은 진실을 포기하는 것보다 차라리 화형당하는 것이 낫다고 생각한 조르다노 브루노, 자신이 몸담고 있었던 영국 성공회에 맞서 근대 지질학의 개념들을 관철시킨 플레이페어 신부. 현재의 가톨릭 지도자들보다 50년 앞서, 어떻게 성경을 해석해야 하는가에 대해 말했다가, 프랑스에서 강의와 강좌를 금지당하고 미국으로 유배당한 테야르 드 샤르댕.

물론 이 '명단'에, 이와는 별도로 예수회 수도사들이 포함될 것이라는 것은 당연한 일이라 하겠다. 이 예수회는 그들의 역할이 결정적이었던 로마 신학교 시절뿐만 아니라 온갖 역경에도 불구하고, 예수회 신학교 내부에서 과학의 비중을 지켜냈던 전 역사에 걸쳐서, 과학이 발전을 이룩하는 데 있어서 중대한 역할을 해왔다. 클라비우스에서 테야르까지 수많은 예수회 수도사들은, 자신들의 신앙에 저버리지 않도록 노력하면서 과학에 공헌해 왔다. 때로는 몇몇 수도사들이 권위주의적인 태도를 취하기도 했지만, 과학은 언제나 예수회의 중심에 자리잡고 있었다.

물론 아주 특별한 고찰 방법인 이 결의론(決疑論: 양심 문제를 이성과 기독교 교리에 따라 해결하려는 논리)을 발전시키도록 예수회를 이끌었던 것은 이 이중성, 이 말도 안 되는 이성과 교리의 합작에 대한 합리화였다. 그들 중에 얼마나 많은 사람들이, 진화라는 개념이 어떤 점에서 천지창조와 일치하는지를 설명해 왔던가! 얼마나 많은 사람들이 허턴의 이론들이 성서와 일치하는지를 설명해 왔던가! 어떤 성직자들의 종교회의나 모임에서 '타협'이라는 개념에 대해 글을 쓰고자 한다면, 예수회 수도사들에게 도움을 청해야 할 것이라고 생각된다. 그들은 오랜 역사를 거쳐 오면서 '타협'이라는 용어에 대한 정의를 내릴 줄 알게 되었던 것이다. 그것이 어쨌든간에 교회 내부에서 때로는 개혁적이고, 때로는 반동적이었던 이 과학 정신은 절대적인 역할을 해왔던 것이다.

뿐만 아니라 과학에 관심을 갖고 과학을 지원해 준 교황들도 있었다. 르네상스 시대의 니콜라이 5세나 식스투스 4세, 볼테르가 책을 헌사한 베누아 14세, 최근의 베누아 15세, 그리고 심각하게 고려중이기는 하지만 비오 11세조차도 이에 해당된다.

분명 그들은 교황들이었고 또 그들도 자신들이 교황이라는 사실을 잊지 않았지만, '과학적인 것'에 대한 그들의 관심은 가톨릭 교회와 과학 간의 이 애매한 관계를 설명하는 데 있어서 중요한 요인이었다. 그리고 교황청 산하 과학 아카데미를 세운 것도 바로 교황들이었고, 이를 통해서 교황이 과학에 깊은 애착을 가지고 있다는 중대성을 만천하에 강조하였던 것이다.

물론 이미 지적한 바와 같이, 개신교 세계에서의 관계들은 훨씬 단순하고 훨씬 유연했다. 분명 반동주의적인 행동들도 있었으나, 교회의 다분화(多分化)는 다양한 행동들을 불러일으켰다. 존 로크, 피에르 벨, 그리고 이마누엘 칸트와 같은 이론가들이 '신앙과 이성의 분리'라는 이론을 발전시키고 있을 당시, 개신교 과학의 비약적인 발전은 종교 개혁으로 생겨난 다양한 교회들의 폭넓은 지지를 받았다. 만일 우리가 가톨릭 사상에 한층 더 역점을 두었다면, 그것은 한편으로는 가톨릭 사상이 프랑스에 훨씬 더 직접적으로 관계되었기 때문이고, 다른 한편으로는 개신교에도 마찬가지이지만, 가톨릭 사상은 초월해야 할 끈질긴 대상이기 때문이다.

과학에 대한 교회의 '끈질긴 인연'이라는 이 역동성을, 훌륭한 전통이 존재했던 이슬람 세계에서는 전혀 찾아볼 수 없었다고 장담할 수밖에 없다. 이슬람 과학은 아무런 견제수단 없이 종교에 쉽사리 자리를 내주고, 조금씩 근본주의와 편협한 시각으로 흘러가면서 12세기 이후에는 자취를 감추었다.

바로 이 시점에서 우리가 제기했던 질문에 대한 해답을 찾아보도록 해보자. 종교와 과학 간의 갈등의 영향은 과학에는 어떤 영향을 끼쳤는가? 그리고 종교에는 어떤 영향을 끼쳤는가?

첫번째 문제에 대한 답변은 명확하다. 종교의 반발은 곳곳에서 과학의 진보를 더디게 만들 수 있었고, 걸출한 사상가들의 개인적인 삶을 어렵게 만들고 게다가 처참하게 만들기도 했다. 당연히 브루노, 갈릴레이의 인생 말년, 라마르크 그리고 교회가 불명예로 추락시키거나 활동하는 데 제약을 가했던 것 이상으로 훨씬 암울하게 보냈던 수많은 다른 이들이 머릿속에 떠오른다.

코페르니쿠스가 자신의 이론들을 발표해야 될 시점에서, 자신의 동료들과 자신을 돌봐 주는 성직자들의 기분을 상하게 하지나 않을까 두려워서 그렇게 하지 못했던 것은 사실이고, 데카르트가 갈릴레이 판결에 겁이 질려 출간을 늦추었던 것도 사실이고, 영국성공회 교회가 주축이 되어 자신의 친구인 샤를 라이엘을 무자비하게 공격하는 것을 보고 충격받고 겁먹은 다윈이 진화 이론을 제기하는 데 있어서 오랫동안 주저했던 것도 사실이다. 파스칼 자신과 뉴턴, 뷔퐁 그리고 많은 다른 사람들은 자신들 이론의 우수함을 인정받기 위해 수를 쓸 수밖에 없었다. 하지만 자세히 검토해 보면, 과학에 대한 종교의 공격이 전체적으로 봐서는 과학의 발전을 저지하지는 못했다. 어떻게 보면 교회의 공격이 반대의 결과를 불러왔다. 당연히 갈릴레이를 단죄하는 사건이 이어지고, 또 갈릴레이를 거의 한 세기 동안 세계 최고의 과학자가 되도록 발판이 된 기독교 과학의 눈부신 발전을 염두에 두고 한 이야기이다. 하지만 내가 특히 염두하고 있는 것은, 왕정복고 기간이나 20세기초에 있었던 가톨릭 교회의 무자비한 공격이다. 비록 교회의 공격이 대개의 경우 일시적으로나 피상적으로 살인적이기는 했지만, 과학을 완전하게 짓누를 수 있었던 적은 한번도 없었다. 교회의 극단적인 행동들은 자신들이 의도했던 것과는 정반대의 결과로 나타났고, 또한 과학을 선전해 주는 역효과를 낳았다. 교회의 공격이 실질적인 효과가 있었던 때는, 교회가 정치적인 연계나 사법적 차원에서 간섭할 수 있는 능력이 있을 때뿐이었다. 16세기나 17세기의 이탈리아가 그런 경우였고, 왕정복고 시대의 프랑스가 그런 경우였으며, 오늘날에는 이란과 몇몇 이슬람 국가들이 그런 경우에 속하고, 그리고 종교정당이 아주 막대한 정치적 역할을 하는 국가도 그렇다고 한다면, 이스라엘과 미국도 이 경우에 해당된다고 할 수 있다.

교회가 지상권(地上權)이 없을 때는——직접적이든 간접적이든——그들이 유죄판결을 내린다 하더라도, 과학의 발전을 멈추게 하지는 못할 것이다. 왜냐하면 보수적인 정착민들이 기동력이 뛰어나고 승승장구하는 유목민들의 기습공격에 한번도 견뎌내지 못했던 것처럼, 수동적인 방어로는 급속도로 확산되는 사상을 저지할 수 없기 때문이다. 과학은 끊임없이 확산되고 살아 움직이고 있다. 발전을 거부하고 적응하기를 거부하는 교리로는 과학을 저지할 수 없다.

반대로, 종교와의 갈등들이 역사적인 의미로 볼 때, 과학의 진척을 방해하지 못했다 하더라도 과학 발전의 리듬을 바꾸게 만들었고, 특히 지역적인 분포에 영향을 끼쳤다. 이런 갈등들은 과학을 고상한 과학과 덜 고상한 과학으로 '구분지어' 놓았고, 사상사(思想史)에도 영향을 끼쳤다.

그래서 가톨릭의 영향이 미치는 지역은, 사실상 교회와 교황들의 변덕스럽고, 대개의 경우 적대적인 태도 때문에 상당한 손해를 감수해야 했다. 모순적인 방법이라는 소리를 들을지 모르겠으나, 나는 가톨릭 교회가 없었다면 과학은 서양에서 발전하지 못했을 것이고, 또한 가톨릭 교회로 인해서 과학이 가톨릭보다는 개신교 세계에서 훨씬 더 꽃을 피우게 되었다고 생각한다.

가톨릭 세계에서 과학들은 갈등의 정도에 따라 서열이 정해졌다. 고상한 과학 측에 끼는 것은 순수과학들이었다. 과학들이 현실과의 관계가 적으면 적을수록 교리에 반대될 가능성이 적기 때문에, 그 과학들은 훨씬 고상한 학문인 것이다. 이 기준에 따르면 수학은 첫번째 서열이고 한참 아래에 물리학이 뒤를 잇는다. 그 이유는 물리학이 수학을 많이 이용하기 때문이다. 초창기 소르본대학에서 가르쳤던 과학들 중에 수학은 신학, 논리학 그리고 형이상학과 함께 항상 상위에 표기되어 있었던 반면, 물리학이나 자연과학들은 '금지'되었고, 또한 이들 교육은 대학 외의 다른 기관으로 쫓겨나 있을 수밖에 없었다는 것을 결코 망각해서는 안 된다.

결국, 종교와 갈등을 불러일으키는 주제들을 다루고 있는 지질학과 생물학 같은 자연과학들은 '하급' 학문으로, 발전시킬 만한 가치가 없었던 학문이었다. 게다가 이 자연과학들은 수학화(數學化)하는 것이 쉽지 않았기 때문에, 이 과학들은 이중으로 '하급'이었던 것이다. 가톨릭 교회는 오귀스트 콩트 교회에 가담했던 것이다. 교리주의자들끼리 서로 협력한 것이다.

개신교 세계에서는 완전히 다른 방향으로 진행되었다. 신을 이해하기 위해서는 자연을 이해해야 한다는 의도에 따라, 자연과학을 우선으로 삼았다. 게다가 사회 발전에 일조하겠다는 열망이, 금융에 대한 관심을 불러일으켰던 것처럼 기술에 대한 관심도 불러일으켰다. 자연과학들은 실용과학의 발전에 도움을 줄 수 있는 도구로만 간주되었다.

오늘날 과학 발전에 관한 세계지도나 현대의 '위대한 과학자들'의 명단을 살펴보면, 무신론자들이나 불가지론자들이 수적으로 급속히 증가하고 있는데도 불구하고 개신교와 유대교 문화 출신들이 대다수를 차지하고 있다.

프랑스·이탈리아·스페인·폴란드와 같은, 가톨릭 세계나 그리스나 러시아와 같은 정교회 세계는 이런저런 인물들의 능력이 어떻든간에 앵글로-색슨 국가들과, 특히 영국-독일 두 나라와 오늘날의 미국보다는 과학적 발명을 일구어 낸 것이 훨씬 적다. 프랑스와 러시아는 훌륭한 수학자들을 배출해 냈다. 이들 국가의 교육은 수학이 주를 이루고 있어서, 기술과 마찬가지로 실험과학은 경시되었고, 때로는 업신여기기조차 했다.[7]

물론 정치적, 어쩌면 경제적인 다른 요인들이 있었지만, 의식 구조를 형성시키거나 영향을 미치게 만들었던 것은 종교적인 요소였기 때문에, 이런 지리적 분포를 규정하기 위해서는 종교적인 요소가 필수적이라는 생각을 지울 수 없다. 프랑스에서 자연과학과 기술을(뿐만 아니라 자본주의와 은행을) 발전시키기 위해서는 국가의 강력한 개입이 있었어야 했다. 개신교 국가에서는 어떠한 국가의 개입이 없어도 이들 분야는 '자연스럽게' 이루어졌다.

만약 유럽에 있는 대학들이 과학 발전의 도구였다면, 그들이 취한 다양한 태도들 또한 이러한 발전을 이룩한 지역을 구분하게 만드는 단초였다. 오랫동안 대학인들은 종교인 출신들이었고, 이런 이유로 인해서 교회의 주장이 대학과 대학 교육에 반영되었던 것이다. 프랑스와 스페인에서는 대학들의 폐쇄적인 태도가 심각한 과학 침체를 불러일으켰다.

그럼에도 불구하고 대학이 자유, 지적 경쟁심, (갈릴레이의 유명한 조롱사건처럼) 토론의 장소가 된 시발점은 프랑스 대학이다. 프랑스 대학은 파란이 많았다(프랑스 대학은 파업을 발명해 냈다). 프랑스 대학은 개혁적인 사고를 가진 사람들을 모든 유럽에서 불러 모았다.[8] 어떻게

---

7) 일반적으로 말해서 '고상한' 교육보다 애석하게도 '하급'처럼 여겨지는 기술교육은 프랑스에서 창시하지 않았는가?

8) J. Le Goff, *op. cit.*

프랑스 대학은 반동적인 태도에 사로잡혀 있을 수 있었던 말인가? 어떻게 프랑스에서 과학과 새로운 지식들을 증진시키기 위해서는, 국가가 대학을 대신하지 않으면 안 되었던 말인가? 그 전환점이 된 것은 16세기, 종교 개혁이 시작되던 때였다. 실제로 그 당시는 15세기 이후 이탈리아의 분위기, 다시 말해서 그리스와 아랍과학의 재발견이 왕성했던 시기였다.

처음 로렌초 발라에 의해 〈구약성서〉에 얽힌 인본주의와 관련해서 (당시까지 성경은 라틴어로 되어 있어서 평신도들은 읽지를 못했으며, 교회는 성경을 소유하거나 만들거나 읽는 사람들을 처형했었다) 일어났던 성경 직접 읽기 운동에 뒤이어서, 볼로냐대학, 파비아대학, 파도바대학, 페라리대학, 피렌체대학에서 물리학·건축학·자연과학을 가르치기 시작하면서 이탈리아에 근대 과학이 파고들었다.

이 당시 프랑스로서는 전혀 예상치 못했던, 그러면서도 결정적이고 궁지에 몰리게 되는 파장이 불어닥쳤다. 루터는 1519년에 발생한 잉골슈타트대학과의 신학과 관련한 갈등을 불식시키기 위해서 소르본의 중재를 요청했었다. 그는 이 대학에, 자신의 주장에 동조해 줄 친구들이 있을 것이라고 생각했었다. 그리고 실제로 그런 친구들이 존재했었다. 에라스무스는 수많은 이탈리아 사람들처럼 파리로 강의하러 오고 싶은 마음이 없었을까? 소르본은, 다시 말해서 대부분이 성직자였던 소르본대학의 교수들은, 이 문제를 심의하기 위해 몇 달 동안 자리를 비웠다. 수많은 사람들은 이 비공개 심의에서 진보적이고 개방적인 결론, 즉 신앙과 종교 개혁과 인본주의와 신지식에 유리한 결론이 내려지기를 기대했다. 모든 기대를 저버리고 이 심의에서는, 반대로 반동적인 결론을 내렸다. 대학은 종교 개혁과 루터(나중에는 칼뱅)에게 유죄판결을 내렸을 뿐만 아니라, 새로운 학문인 '외국' 어——그리스어·아랍어·히브리어——와 물리학과 자연과학에 문호를 개방하는 것을 수락하지 않았다. 끔찍한 생바르텔레미 대학살이 일어났을 때, 몇몇 가톨릭 교수들은 지나치게 진보적인 쪽에 다소 공감을 표출했던 소르본의 교수들을 물리적으로 제거하기 위해 이 사건을 이용하게 된다. 프랑스 왕권과 국가 권력은, 몇 세기에 걸쳐서 연속적으로 콜레주 드 프랑스, 나중에 자연 박물관으로 탈바꿈하게 되는 왕립 정원, 과학 아카데미, 그랑제콜을 설립하면서 이를 보상해 주려고 애를 썼지만 아무런 소용이 없었고, 단지 지지부진하게 끌다가 대충 방침만 수정하는 선에서 마무리되었다.

프랑스에서 과학적으로 가장 왕성했던 시기는 19세기였다. 국가가 모든 것을 결정했고, 교회의 지상권은 위축되었다. 계몽주의 사상이 승리를 차지한 것이다. (라부아지에와 콩도르세를 단두대로 보내면서) 프랑스는 지식인들이 필요하다고 주창하고, 도량형 제도를 개혁하고, 이성 지배의 도래를 강렬하게 주장하던 혁명이 지난 후에, 과학에 물질적인 지원을 해주고 사회적 지위를 부여한 자들은 황제들이었다. 이때는 게이뤼삭·앙페르·프레넬·라플라스·라그랑주·샹폴리옹의 시대가 되고 이어서 클로드 베르나르·파스퇴르·푸앵카레의 시대를 맞이하게 된다. 오늘날 프랑스가 스페인이나 포르투갈의 과학 수준에 머물러 있지 않고, 20세기 과학에서 중요한 역할을 할 수 있었던 것은 이러한 도약 덕분이었다. 볼테르, 디드로 그리고 그들의 '유언을 따라 준' 나폴레옹 보나파르트와 나폴레옹 3세는 프랑스에서 과학 정신이 꺼지지 않도록 해주었고, 이를 통해 프랑스 과학을 구해 주었던 것이다.

종교재판소와 성 도미니쿠스회 수도사들이 결정적인 영향력을 행사하던 스페인에서는 대학들이 과학에 대한 문호를 철저하게 봉쇄한 상태를 유지한다. 인구가 4천만이나 되는 대국 스페인 역사에서 노벨 과학상을 받은 사람은 아무도 없다. 이와는 반대로, 영국이나 독일에서는 노벨상 수상자가 예순 명도 넘는다. 모든 면에 있어서 시발점이 되었던 이탈리아 경우는, 활기차고 독립적인 대학에 남다른 문화와 열성적이고 생동감 넘치는 지식인들의 온상이 존재했지만, 교황권은 이 모든 것들을 거의 말살시켰고, 국가는 이에 대항할 용기를 한번도 가져 본 적이 없었다.

반대로 과학은 왜 개신교 세계에서 발전되었는지 자문해 볼 수도 있다. 루터도 칼뱅도 과학에 호의적인 사람들은 아니었다. 루터는 지동설 이론 전체를 유죄판결 내렸고, 칼뱅은 제네바에서 의사들과 맞서 싸웠다. 이 두 사람은 모두 교조주의자들이자 비타협적인 사람들이었다. 개신교의 태도를 바꾸게 만든 것은 지적 움직임과 구조적 움직임, 이 두 움직임이었다. 첫째, 개혁은 역사적으로 볼 때 인본주의 그리고 새로운 지식과 관련되어 있다. 기독교 종교에 가담한 사람들의 동기는 신학적으로 뚜렷한 주관을 가졌거나, 가톨릭과 교황의 굴레에서 벗어날 수 있으리라는 기대 때문에 루터나 칼뱅을 추종했던 것은 아니다. 개신교에서 제일 우선시되는 것은 해방이다. 해방에 대한 열망은 교회의 분할이라는 두번째 요인을 조장하게 되는데, 이는 교회가 루터파·칼뱅파·성공회 등으로 분파되고, 이 자체도 다시 소단위의 교회들로 재분할하게 된다. 이 분할은 당연히 지식인들이 주도권을 잡는 데 있어서 유리하게 작용하였다. 둘째, 로크·벨·칸트 그리고 다른 사람들이 이 자유에 대한 가치를 높게 평가하게 되며, 동시에 개신교 대학들은 이에 영향을 받아 교육 방식과 신학과의 관계를 고려해서 다 변화되지만,[9] 모든 대학들은 각자의 자율과 진취적인 자유를 최우선시하는 데에는 변함이 없었다(개인의 책임이 개신교의 축의 하나라는 것을 잊어서는 안 된다). 셋째, 사제는 신과 신도들 사이에 매개 역할을 해야 하는 사명이 없고, 교회는 신학 분야에서 진실을 말하고자 하는

---

9) 유진 베버가 설립한 파리 과학 아카데미에는, 1666–1866년 사이에, 열여섯 명의 가톨릭 신자와 다섯 명의 유대인, 그리고 일흔한 명의 기독교 신자들이 있었다.

의지가 없으며, 목사는 신자들과 동등한 입장에서, 인도자의 역할만 하는 개신교 세계에서, 성경에 대한 상징적인 해석은 끊임없이 진척을 이루게 된다. 결론적으로, 예를 들어 이미 전술한 바와 같이 루터가 성찬식을 믿었던 반면에, 오늘날의 개신교는 성찬식을 믿지 않는다. 기적에 대한 믿음도 상당히 축소되었다. 성모 마리아는 인정되지 않았다. 이런 이유들은 정치적인 요인에 의해 부풀려진 것들이다. 개신교는 가톨릭에 대항하여 끊임없이 투쟁하면서 발전하게 되고, 이러한 투쟁 과정 속에서, 개신교는 신자들의 호감을 사기 위해서 가톨릭보다 훨씬 개방적이고, 훨씬 호의적인 모습을 보여주어야 할 것이고, 가톨릭에 대해 경제적으로 그리고 군사적으로 저항하기 위해서 교회는 보다 대담하고, 보다 굳건한 모습을 보여주어야 할 것이다.

이 시점에서 종교 자체에 관한 이 투쟁들의 결과가 무엇이었는가를 살펴보자.

전체적으로 볼 때, 이미 지적했던 바와 같이 종교들은 과학과의 갈등으로 인해 고통을 받았다. 가톨릭 종교는 다른 종교들보다 갈등을 더 많이 겪었기 때문에, 가장 많은 피해를 입은 것은 가톨릭 종교인 것이다. 과학 교육이 빈약해서 과학의 영향력이 미치지 않았던 지역에서는, 그들 지역의 종교들이 위상을 유지하기가 훨씬 수월했다. 이슬람교 · 힌두교 · 불교가 그런 경우였다.

반대로 이러한 예들은 종교 발전에 있어서, 과학은 매우 긍정적인 역할은 하지 않았음을 보여주기에 충분한 것들이다.

성서를 중시하는 가톨릭 종교 지역은 다른 지역보다 퇴보가 훨씬 심했다. 종교의 퇴보는 심각한 충돌이 일어날 때마다, '뜨거운' 시기를 보낼 때마다 점점 더 굳혀져 갔다. 분명 10년에서 15년 정도의 시차가 있기는 했었지만, 그렇다 하더라도 그 결과는 언제나 똑같았다.

오늘날 과학에 대한 가톨릭 종교의 태도가 통계적으로 볼 때 전보다는 훨씬 관대해졌다고 한다면, 이는 가톨릭 종교가 자신들의 피해가 커진 것이, 이 모든 갈등 때문이라는 것을 이해했음이 분명하다. 교황이 갈릴레이를 복권시켜 주고(조르다노 브루노는 복권시켜 주지 않았다), 다윈의 이론의 핵심적인 사실을 인정했을 때는, 그것은 필시 가톨릭이 전보다는 개방적이고 근대적이라는 이미지를 심어 주기 위해서인 것이다.

이 작은 행보들이 의미심장한 것임에는 분명하지만 아직도 충분하지 않다.

유대-기독교 종교는, 오늘날 인구수에서 유리한 고지를 점령하고 있는 '이슬람교'와 그리고 힌두교, 신도(神道: 일본의 종교), 불교와 같은 아시아 종교와, 신흥 종교와 같은 '비교(秘敎) 종교'라는 두 물결의 위협을 받고 있다.

이 두 형태의 '신앙'은 여러 개의 공통적인 특성을 가지고 있다.

이들의 신학적인 교리는 극도로 추상적이고, 상징적이고 모호하다. 그들의 교육은, 신체 수련과 초월적 명상의 결합을 시도하는 명상과 수행 쪽으로 방향을 돌렸다.

이 종교들은 사후 세계에 대한 약속이나 보장 같은 것은 전혀 없지만 그렇다고 그런 기대 심리가 없는 것도 아니다.

그리고 무엇보다도 이 종교들은 과학을 비난하지 않는다. 그보다는 오히려, 그들의 경전 내용은 과학을 인정한다는 듯한 입장 표명에다가, 과학 발명을 고대하고 있는 듯한 입장이라서 해석하는 데 별 무리가 따르지 않는다.

때때로 아구슈 종파와 같은 신흥 종교가 불교를 표방하는 것처럼, 신흥 종교의 힘은 자신들의 종교에다 과학과 기술을 끌어들이고, 또한 본래의 전통을 삼고 있으면서도, 근대적인 모습을 띠게 만들 수 있다는 것이다.

로스앤젤레스에 있는 히라이 사원은 이들 '합성 종교'들에 대한 또 다른 예가 된다.

더구나 어떤 정신적인 병들을 고치기 위해, 어떤 '기술'을 파는 사이언톨로지라는 염려스러운 종파에 대해서는 말할 필요도 없다.

이런 상황 속에서, 기존 종교들이 자신들의 고리타분한 교리에 얽매여서 사람들에게 더 이상 정신적인 구도의 길을 제공하지 못했기 때문에, 수많은 젊은이들과 지식인 그리고 과학자들이 도를 찾아서, 이 신흥 종교들에 눈을 돌리게 된 것은 놀랄 만한 일이 아니다.

왜냐하면 이는 우리가 되짚어 보고자 하는 근본적인 문제로서, 과학이 현세계에서 중요한 위치를 차지하고 있다 하더라도 과학은 종교가 아니며, 또한 과학은 '엄청난 신비'를 풀 만한 해답을 결코 내놓을 수 없기 때문이다. 과학에게 종교적인 지위를 부여하고, 진실을 쥐고 있는 것이 과학이라고 주장하는 것은, 그 자체가 진실을 왜곡시키는 것이다.

과학은 교리가 아니고 또 결코 교리가 될 수도 없다. 그런데도 만약 과학이 교리가 된다면, 과학은 과학이라는 이름을 상실하게 될 것이다. 많은 사람들은 과학에 대해 상당히 교리적인 관점을 가지고 있다. 이들은 직감적으로 내재적(內在的)인 지식이 있다고 생각한다. 다른 사람들은, 과학은 순차적으로 배열되어 있는 일련의 진실들이라고 믿는다. 그래서 기술적인 사고라든가 생물학적인 사고라든가 오염 사고처럼 어떤 문제가 발생하게 되면, 사람들은 과학을 비난하게 된다. 그리고 여론은 과학자가 자신은 언제 지진이 일어난다든가, 언제쯤 에이즈를 고치게 될는지 예측할 수 없다고 대답하는 것을 용납하지 않는다. 하지만 과학의 확실성을 믿는 사람들은 과학자들 자신이면서도, 과학적인 방식을 전혀 이해하지 못했던 것이다. 실제로 과학이 어느 정도 종교의 '외적(外的)인' 근거로서 이용될 수 있었던 이유는, 과학이 교리도 아니고 종교도 아니었기 때문이다.

이렇기 때문에 과학이 종교에 끼칠 수 있는 또 다른 영향은, 종교들간의 관계를 긴밀하게 만들어 주는 것이라고 생각할 수 있게 된 것이다. 과학은 세계 기독교 통합 운동에 있어서 강력한 요인이 될 수 있다. 몇몇 주제에 관해서 과학의 현실과 성서의 주장 간에 차이가 나기는 하지만, 이는 몇몇 종교의 교리들간에 '사소'하거나 게다가 '미세'한 차이가 나타나듯이, 그런 정도에 불과한 것이다. 신자와 '추종자'들이 급격하게 줄어들고 있는 상황 앞에서 신앙인들은 어떨지 모르지만, 기독교 교회들은 새로운 전기를 마련해야 하는 위급한 상황이라는 것을 느끼고 있다. 영국 교회는 사제들이 결혼하는 것을 허락해야 한다고 주장하고, 교회의 분리를 획책하였다. 교황은 진화론이 타당함을 인정하고, 동시에 다른 예하 종교의 종교 지도자들과의 만남을 빈번하게 가졌다. 어쩔 수 없는 상황 때문에 보다 긴밀한 관계들이 이루어지게 되었다고 생각할 수 있다. 적어도 기독교 영역에서는 말이다. 그것은 범기독교적인 만남이라는 의미가 아닐까? '기독교계의 종교적인 재집결'을 보게 될 것인가? 나는 그것을 말할 자격은 없지만, 확고하지만 위협적이지 않은 과학의 존재가, 이런 방향으로 몰고 가는 요인이라고 생각한다.

만약 전통적인 교회들이 과감한 대책을 수립하고, 공청회를 열고, 적응하고자 하는 자신들의 의지를 증명하는, 분명한 솔선수범을 취하는 노력을 하지 않는다면, 이 교회들은 신흥 종교나 신흥 종파에 의해 추월당하거나 자리를 빼앗기게 될지도 모르고, 아니면 아주 간단하게 이슬람교 근본주의자들에 의해 삼켜 먹힐지도 모른다.

오늘날 이런 운동들이 실낱같은 기미를 보여주기는 하지만, 그 진행 속도가 충분한 속도를 낼 수 있을까?

이와는 대조적으로 변모하고자 하는 의향이 없는 과학은, 자신의 영역 안에서 발전해 나가고 있고, 사회에서 점점 더 중요한 역할을 수행하고 있으며, 반면으로는 무지에서 비롯된 비난과 말도 안 되는 공격을 받고 있다. 누구나 과학에 감탄하고 있고 어쩌면 기술에도 감탄하고 있을 것이다.

우주와 빅뱅에 대한 탐구, 의학의 발달, 통신 기술, 컴퓨터, 신소재 등 이러한 성공들 앞에서는 감탄밖에 나오질 않는다. 그러면서도 동시에 사람들은 과학이 독보적이고 또한 만능적이라고 믿고 있기 때문에, 그리고 사람들은 과학을 제대로 이해하지 못하고 있기 때문에 사람들은 과학을 비난하기 시작한다.

사람들은 지구의 오염이라든가, 기술의 위험이라든가, 군사적인 위험이라든가, 우리 사회에서의 '의미의 상실'이라든가 하는 잡다한 문제들을 가지고 과학을 비난하고 있다.

만약 과학이 자신의 위상에 걸맞은 위치에 다다르고자 한다면, 과학은 과학 자신도 발전해야 한다. 과학의 적용에 있어서가 아니라, 연구의 주제나 그 방법론에 있어서 말이다. 과학이 여기서 멈추어도 과학은 과학이지만, 사회와의 관계에서는 그렇지 않기 때문이다.

과학은 자신의 행동을 바꿔서 모든 사람들이 접근할 수 있는 것이 되도록 노력해야 하고, 대다수에게 지적 행복을 안겨다 주어야 하며, 몇몇 전문가들에게만 국한되게 해서는 안 된다. 과학은 그 어느 때보다 이성적(理性的)이고 합리적인 영역으로 남아 있어야 한다. 다시 말해서 교리주의를 반대하는 입장으로, 그리고 무엇보다도 과학계 내부에서 발생할지도 모르는 교리주의에 반대하는 입장에 머물러 있어야 한다. 과학자는 정열적으로 진실을 찾아 헤매기 때문에, 과학자는 이 말이 절대적인 의미가 아니라는 것을, 그리고 자신이 옳다고 주장하는 과학자나 과학자들은, 바로 그 순간부터 이와 똑같은 주장을 하는 다른 사람들에게 위험한 대상이 된다는 것을 알아야 할 것이다. 과학적인 방식이 위대하다는 것을 보여주는 것은, 이런 야망과 이런 이중적인 인식인 것이다.

미래의 과학자들은 더 이상 유럽인들과 미국인들만 있는 것이 아니고, 중국인 · 일본인 · 인도인 또는 파키스탄인들도 과학자가 되는 세상에서는, 종교와 과학 간의 갈등을 변화시키는 방법이 인간의 미래를 좌우하게 될 것이다.

제8장

천연과 가공

우리는 과학과 신(神)의 관계보다, 과학과 종교의 관계에 대해서 더 많이 다루었다. 하지만 신의 매개체인 종교에 대해 논하지 않고서, 신에 대해 말할 수 있을까?

왜냐하면 장 보테로가 아주 잘 표현한 것처럼, '인간이 신을 만들어' 냈기 때문에 하는 말이다.

신은 인류가 만들어 낸 보편적인 창조물이다. 모든 문명들은 아주 멀고도 먼 옛날부터 신들을 숭배해 왔고, 또 이를 위해 종교를 만들어 냈다. 따라서 종교는 인류 문명과는 떼려야 뗄 수 없는 긴밀한 관계처럼 보인다.

수메르 종교나 이집트 종교를 필두로 페르시아 종교, 바빌론 종교, 아시리아 종교, 인도 종교, 중국 종교를 거쳐 파푸아뉴기니의 세픽인들이나 아마존의 인디언들에게 계시를 주었던 종교들에 이르기까지, 이들 종교에서 공통적인 것은 모든 종교가 영구 장생을 기원하면서 신(神), 초월성 그리고 사후 세계에 대한 개념을 발전시켜 왔다는 것이다. 이 모든 종교에서 신은 전지전능한 인간의 모습에 가깝다. 그리고 가장 핵심적인 것은, 신은 항상 인간과 인간의 운명 그리고 인간의 의무를 관장하고 있다는 것이다.

이렇게 하기 위해서 모든 문명들은 종교 의식, 제례, 수행 그리고 다소 강력하고 다소 체계적이고 다소 중앙집권적인 성직 제도를 발전시켜 나갔다.

고대 시대와 마찬가지로, 오늘날에도 확실하게 짚고 넘어가야 하는 것은, 종교가 인간들을 지배한다기보다는 종교가 문명들에 영향을 미쳤다는 점이다.

달라이라마가 장 클로드 카리에르와 가진 대담에서 "지구의 50억 인구 중에서, 이런저런 종교를 표방하는 10억 명 정도가 진지한 신자들처럼 보인다"라고 지적했던 것처럼, 제례 의식의 계율을 행하는 신자, 신도들은 항상 소수에 지나지 않는다. 이것은 낙관적인 평가라는 생각마저 든다.

여기에 자연이라든가 우리의 일상적인 활동 그리고 우리의 세속에서의 짧은 인생, 이 모든 것 위에는 초월적인 존재, 우주의 법칙과 같은 그 '무엇인가'가 존재한다고 믿는 사람들에 대해 조사를 면밀히 해 보면, 그 숫자는 훨씬 상회할지도 모른다. 경험에 비추어 보면 과학자들 사이에서조차도 진정한 무신론자들은 얼마 되지 않는다. 어떤 종교를 믿는 신자들 또한 얼마 되지 않는다. 아마도 신의 본체는 알 수 없다고 말하는 불가지론자들이 가장 많을 것이다.

종교들은 신의 섭리라는 것을 창안해 냈지만, 이 '최고의 존재'를 믿는 신앙심은 종교의 영역을 훨씬 벗어나고 있다. 따라서 과학 교육을 통해서, 그 속에 내재되어 있는 것들이 속속들이 밝혀진 신의 개념을 분석해 보는 것이 중요하다.

과학 분야, 과학의 활동 영역은 본질적으로 종교와 완전히 구별된다. 실제로 과학은 영구 장생, 부활, 또는 예견된 바와 같은 환생을 제공하지도 않고 또 결코 제공하지도 못할 것이다. 생명과 관련해서도, 생명은 의술의 발전 덕분에 조금 연장이 되었을 뿐이다.

하지만 동시에 우리 근대 사회에서 만연하고 있는 과학은, 모든 사회가 표방하고 있는 '의미의 추구'에 있어서 어떠한 역할을 할 수 있다.

과학은 지식을 전파하는 방법을 통해서, 결국은 무지로부터 생겨난 공포심을 극복하기 위한 투쟁을 통해서 이 역할을 수행할 수 있을 것이다. 과학이 우리에게 순수 인종은 존재하지 않는다고 말할 때, 그래서 결국은 인종차별주의는 근거가 없다고 말할 때 과학이 우리에게 사실을 감추지 말고, 사실을 해석하고, 엄격하게 사실들을 논하도록 하는 것을 가르쳐 줄 때 과학은 역할을 다하는 것이다. 빅뱅, 지구의 기원 또는 DNA가 유전 정보를 지니는 방법을 가르쳐 줌으로써 우리가 희망을 갖도록 해줄 때, 과학은 자신의 역할을 하는 것이다.

반면에, 광활한 우주 속에서 헤매고 있는 우리의 수천억 개의 신경 세포, 우리의 두뇌로, 무수히 많은 은하계가 있는 이 우주의 한가운데에서 우리는 무엇을 하는가? 우리는 어디에서 왔는가? 우주는 의미가 있는가?라는 중대한 질문에 대하여 과학은 답변을 할 수 있고, 또 답변을 갖게 될 것이라고 믿게 만들 때, 과학은 과학의 역할에서 벗어나는 것이다. 과학은 이 문제에 대한 해답을 가지고 있지 않으며, 또한 그 해답을 결코 얻어내지 못할 것이다. 그리고 과학은 부끄러워하지 말고, 이러한 사실에 대해 고백해야 할 것이다.

또한 과학이 과학 혼자만이 도덕을 창시했다고 주장할 때도, 과학은 과학의 역할에서 벗어나는 것이다.

따라서 과학이 자기 자신만의 정신적인 영역에만 머물러 있다면, 과학이 자신이 일구어 낸 성취감으로 인해 심혈을 기울이지 않는다면, 과학은 신의 문제에 대해 전념하지 못하게 될지도 모른다. 뿐만 아니라, 다른 한편으로는 종교적인 이유라 해서 모른 척할 수도 없는 노릇이다.

우리의 두뇌 속에서 가능한 시스템인 표현 시스템 속에, 과학은 일관성 있고 견고한 골간을 세워 놓았다. 물론 완전히 잠정적인 가설들은, 우리들에게 세상의 일부를 이해하게 만들어 주고, 필요한 도구들을 만들거나 우리가 세상에 속해 있다는 것을 깨우쳐 준다. 비록 과학은 한계가 있지만, 과학은 자신이 이루어 놓은 것에 대해 자랑스럽게 여겨야 할 것이다. 과학은 거만해질 것도 없고 물러서야 할 것도 없다. 우리 현대 문명에서 나타나고 있는 의미의 상실은, 과학이 발전하는 데서 비롯되었다고 비난하는 사람들은, 자신들이 무시하는 과학과 자신들이 이웃하고 있는 문명에 대해서 전혀 이해하지 못하는 사람들이다.

교리주의의 종말, 성공을 거두고 있는 과학주의의 종말, 뿐만 아니라 위선의 종말이 아닌가! 하지만 이 점에 관해서는 논쟁을 해보아야 할 것이고, 만약——여기서 만약이라는 말은 중요하다——사람들이 성서에 기록된 글자 그대로의 의미에만 집착한다면, 어떠한 성서이든 지간에, 현대 과학 지식과는 양립되지 않는다는 것을 명확히 말해야 할 것이다.

오! 당연히, 이리저리 찾다 보면 사람들은 힌두교 경전에서 다음과 같은 종류의 문장을 발견하게 된다.

"신들이 있던 초창기 시대에, 존재는 비존재에서 생겨났다."(《리그베다》, 10-72) 어떤 사람들은 이것이 빅뱅이라고 말하게 될 것이다. 또는 "결국 그래서, 오 광활한 지구여, 산(山)들의 평화를 가져다준 것은 너구나! 광활한 확장이 위대함과 함께 자연을 부추긴 것은 너구나!"(《리그베다》, 5-84) 어떤 사람들은 이를 지질학에 보내는 찬가라고 말들을 하게 되는데…… 그러나 그런 식으로 은유적인 표현을 하면, 빅토르 위고가 "우주 전체가 접촉된 원자로 인해 전율한다"라는 훌륭한 시구(詩句)를 지었다고 해서, 그가 로렌츠보다 먼저 기이한 인력(引力) 이론을 발명했다고 주장할 수도 있는 것 아닌가. 신은 전지전능한 창조주인 동시에 조직자·주관자·심판자·정의라고 하는 계시 종교들로 말하자면, 성경, 〈신약성서〉나 《코란》에서 표현하고 있는 세상과, 물질에 대한 묘사는 글자 그대로 해석하는 방식으로는 받아들이기 힘들다. 당연히 가장 난감한 부분은 성경의 천지창조를 기술한 장(章)일 뿐만 아니라, 또한 이 장을 통해서 우주와 지구의 기원에 관해, 인간의 기원에 관해, 그리고 자연 역사의 연대기에 관한 해답을 주었다고, 과학과 경쟁하기 위한 주장을 하고 있다는 점이다.

만약, 성경에 기록된 묘사나 《코란》에서 거론하고 있는 묘사를 글자 그대로 받아들인다면, 현대 과학 지식으로 비추어볼 때 어떤 것도 받아들일 수 없다. 이 점은 분명히 일러두어야 한다.

성서나 메소포타미아 전설에 의하면, 하늘과 땅은 서로 대칭적으로 묘사되어 있다. 하늘은 수십억 개의 은하수로 형성되어 있고, 은하수 자체도 수십억 개의 별들로 구성되어 있다. 지구는 하늘에 존재하고 있는 '미물(微物)'이다. 지구는 세상의 중심이 아니고, 셀 수 없을 정도로 무수한 별들 중에 떠다니는 우주의 한 혹성일 뿐이다.

만약, 그리스도의 가르침에 대해 구체적으로 분석하고자 한다면, 다음과 같은 질문에 다다르게 된다. 지옥은 어디에 있는가? 땅 속 한가운데라고 단테가 진지하게 말한 적이 있었다. 우리는 그것이 말도 안 되는 소리이고, 땅 속 한가운데에는 용해된 금속으로 이루어진 핵이 있다는 것을 알고 있다. 천당, 파라다이스, 영생의 장소는 어디에 있단 말인가? 가까운 행성에 있는 것일까? 우리는 우주여행을 통해서 그러한 것을 전혀 감지해 내지 못했다. 다른 별에 있는 것일까? 그곳의 온도는 수백만도에 이른다. 죽은 영혼이 실낙원에 간다고 상상하고 싶다면, '초광속'(육체는 1초에 30만 킬로미터를 주파하는 광속을 견뎌낼 수 없다) 이동 수단과 우주 영역 밖에 있는 장소, 다시 말해서 가시우주(可視宇宙)의 끝을 넘어가는, 120억 광년보다 '훨씬 먼' 장소를 상상해야 할 것이다.

또한 과학자들이 받아들이기 힘든 것은, 당연히 '기적'이라고 하는 것이다. 게다가 테야르 드 샤르댕은 "기적에 상관없이 나는 믿는다"라고 말하지 않았던가?

결국 과학자는 어떠한 성서이든지간에, 글자 그대로 받아들이지는 않는다.

프랑스의 외과 의사인 모리스 뷔카이유는 진지한 연구를 통해서, 《코란》은 현대 과학에 어떠한 모순도 제공하지 않는, 유일한 성서라는 것을 증명해 보이려고 애를 썼다.[1] 그럼에도 불구하고 《코란》은 성경과 마찬가지로 하늘과 땅이라는 대칭을 유지하고 있고, 빅뱅과 지구의 생성에 대한 시나리오를 혼동하고 있다. 《코란》에서 소중하게 여기는 7이라는 숫자의 영묘함은 완전히 터무니없는 것이다. 일곱 개의 하늘이란 어떠한 과학적 증거도 없다. 산(山)들은, 《코란》에서 말하는 것처럼 움직이지 않는 것이 아니라 대륙이 떠다니면서 이동한다 등등.

분명, 《코란》에는 현대 과학의 입맛에 맞는 구절들이 있다.

태양과 달에 관해 "태양과 달은 각각의 고유한 움직임과 함께 자신의 궤도를 돈다"(수라트(《코란》의 장(章)) 21장 33절)라고 기록하고 있는데, 이는 천체역학에 대한 정확한 개념이 있음을 보여준다. 뿐만 아니라 모든 신화 이야기 속에서, 《마하바라타》에 나오는 《일리아드》와 유사한 믿을 만한 내용들을 찾아볼 수 있다.

적어도 사람들이 말할 수 있는 것은 《코란》은, 과학자들이 볼 때 성경보다는 어원학적으로 말해서 '부정확한' 내용들을 덜 포함하고 있다는 것인데, 그 이유는 단지, 《코란》은 성경보다 10세기나 늦게 쓰여졌기 때문이고, 따라서 《코란》은 당시의 신앙을, 당연히 훨씬 근대화된 내용들을 편입시켰기 때문이다.

과학자들은 '성서 내용들'을 전설과 설화뿐만 아니라, 그것이 기록되었던 당대의 지식을 담고 있는 신화적인 이야기들로 보고 있다. 성서의 기록 내용은, 특히 성경의 경우 오랜 기간을 망라하고 있기 때문

---

1) 《성경, 코란 그리고 과학》, M. Bucaille, Paris, Seghers, 1976.

에 드러난 '진실'들은, 이따금 장(章)과 장(章) 사이에 서로 모순이 되기도 한다.

　어떠한 성서의 내용도, 그 내용과 연관된 예언자가 기록한 것이 아닌 것으로 알고 있다. 따라서 17세기에 리처드 시몬이 아주 훌륭하게 지적해 낸 것처럼, 그리고 우리가 앞부분에서 지적했던 것처럼 성서에 모세의 장례 모습이 묘사되어 있기 때문에, 모세가 성경을 기록하지 않았다고 하는 것은 확실한 것이다. 결국 성경은 한참 후에 기록된 것이다. 만약 모세를 파라오 람세스 2세의 지배 시기로 맞춘다면, 성경의 기록은 기원전 1200년 이후에 시작된 것으로 인정해야 한다. 이미 말했던 것처럼 성경은 옛 전설들을 담고 있다. 예를 들면 대홍수 이야기는 이미 길가메시 서사시에서 언급하고 있다. 성경은 또한 아시리아인들의 잔인성, 네부카드네자르의 지배, 고레스에 의한 유대인의 해방과 같은 역사적인 사실들을 포함하고 있다. 이 모든 것은 성경을 마지막으로 기록한 것이 기원전 4세기라는 연대 추정을 가능하게 해준다. 보테로는 "성경은 이스라엘의 후예들이 첫번째 천 년 동안에 걸쳐서 자신들의 독립적인 존재에 대해 기록했던 내용 중에서 추려낸, 일종의 단편 모음집의 전형이다"라고 썼다. 더 정확하게 말해서, 데보라 성가(聖歌)는 기원전 1100년으로 추산되고, 이스라엘 역사와 관련된 것은 기원전 4000년경에 여러 번에 걸쳐서 수정된 것으로 여겨진다.[2]

　파라오 람세스 2세의 통치하에서 모세의 역사나, 네부카드네자르 지배하의 바빌론에서의 억류 등에 관한 성경 이야기의 역사성은, 당연히 심도 있게 연구되었다. 최근에 과학적인 연구들은, 어떤 '기적'들이나 성(聖)스러운 사건들의 본질에 대해 진위를 밝혀내기도 했고, 해석을 내리기도 했다. 그렇게 이스라엘과 유럽의 지질학자들과 지구물리학자들은 다양한 연구들을 통해서 중동에 있는 바다의 높이가,

---

2) J. Bottéro, *op. cit.*

유프라테스 강과 티그르 강 삼각주에 있는 지반의 침강 현상에 따라 폭넓게 변한다는 것을 증명하였다. 신화 속에 나오는 어떤 도시들은 오늘날, 바닷물 속에 잠겨 있을지도 모른다. 마찬가지로, 제리코는 활성 지진단층 위에 위치해 있었고, 성경에 묘사된 성채의 붕괴는, 나팔 소리에 의한 것보다는 지진의 결과였다는 것이 더 확실할 수도 있을 것이다.

그렇다고 해도 후대들은 이 서사적인 화려한 이야기를, 이스라엘 백성들의 영향과는 상관없이 기존의 내용대로 알고 있다.

그리고 거기에는 또 다른 미스터리가 존재한다.

그리스도의 계시(啓示)도 마찬가지이다.

예수 그리스도에 대한 역사적인 진위 여부 문제를 논하지는 않겠다. 양자역학에서처럼 그리스도라는 존재는 '그로 기인된 결과 전체'에 의해, '증명'되었다고 말할 수 있을 것이다. 로마의 고문서에서 그에 대한 명확한 흔적이 보이지 않는다고 해도, 그의 파란만장했던 인생에 대해 알려진 것이 고작 3년 동안에 불과하다는 것을 생각해 보면 놀랄 것도 아니라고 보인다.

하지만 이러한 예수 그리스도의 위상을 수용함으로 인해서, 〈신약성서〉의 기록에 대한 불확실성이 잔존하게 되는 것이다. 〈신약성서〉는 예수가 사망한 이후에 기록되었다. 〈신약성서〉에는 성 마태오, 성 마르코, 성 누가, 성 요한 이 네 가지 복음서가 존재한다. 이 복음서들은 여러 가지 점에서 서로 내용이 매우 다르다. 따라서 부활한 예수의 출현은 성경에 따라 다양하다. 요한에 의하면 부활한 예수의 출현은 티베리아스 호수 근처이고, 누가에 의하면 유대에서, 마태에 의하면 갈릴리 등으로 묘사하고 있다. 게다가 성서 주석가들은, 필사생들이 〈구약성서〉만큼 다수의 〈신약성서〉 사본을 만들어 내고 내용을 덧붙이다 보면 상상력이 아주 풍부해지는 것 같다고 지적했다(성모 마리아의 처녀성, 연옥(煉獄) 등등).

《코란》과 관련해서도 마찬가지이다. 《코란》을 기록한 사람은 마호메트가 아니고, 《코란》이 기록된 시기에는 마호메트가 생존해 있지도 않았다. 《코란》은 오마르의 지도 아래서 사전 작업이 이루어진 후, 20여 년 후에 오트만에 의해 집대성되었다. 이 문헌에서는 수라(《코란》의 장(章))로 구성된 하느님의 계시를 엮어 놓은 성서이자, 이슬람 종교에 따르면, 마호메트가 말씀하고 제일 먼저 근대의 필사생들이 옮겨 적은 《코란》 자체와, 마호메트의 언행에 대한 이야기뿐인 《하디스》로 구별된다. 수라는 경전으로 간주되는 데 반해, 《하디스》는 경전이 아닌 해설서 성격을 띠고 있다.

《코란》의 기원이 가장 최근이기 때문에, 《코란》은 분명 성경보다 내용의 수정과 가필이 덜하다고는 하지만 그런 것들로부터 그렇게 자유로웠던 것은 아니다. 《코란》의 구조는 여러 수라들을 체계적인 '연대순'에 의거해서 구분하지 않고, 내용의 길이에 따라 구분하고 있다(《코란》은 '암소'라는 유명한 수라로 시작되고, 이 수라의 보편적인 특징은, 오늘날의 근본주의자들보다는 온건파들을 훨씬 더 부추긴 것이 틀림없을 것이다).

《코란》은 성경 내용 중에서, 설화적인 내용을 제외한 나머지 부분들과 유사한 점이 상당히 많다. 잠언이든 전도서이든, 이들 내용 속에서 《코란》과 일치하거나, 때로는 상당히 연관된 내용들을 어렵지 않게 찾아볼 수 있다.

힌두교의 가르침들은, 예언자들이 직접 손으로 기록한 본래의 경전에서 따온 것은 더더욱 아니다.

힌두교 교리를 규정하는 기록들은 베다와 《우파니샤드》에 실려 있다. 그 내용들은 《마하바라타》와 같은 서사적인 이야기 속에서도 재인용되고 있다. 따라서 성서를 해석하는 사람들은, 엄청나게 많은 신들 가운데, 이런저런 신들의 존경할 만한 역할에 관해, 이런저런 문헌들 속에 존재할 수 있는, 또한 빠르게 읽어 내려가는 독자들에게는 종종 혼란스럽게 비쳐지는 모순된 내용들에 대해 유의하고 있는 것이다.[3][4]

싯다르타(부처님) 왕자에 관한 기록들 또한 다른 사람들의 손을 거쳤다. 이 기록들은 부처님이 죽은 후에 회의에 모인 현자들, 제자들이 옮겨 적어 놓은 것들로서, 경전 내용과 부처님의 가르침들을 편집해 놓은 것이다. 나중에는 이 기록들에 수많은 주석들이 덧붙여지게 된다.

도교의 가르침을 말할 것 같으면, 이는 시종일관 사상가 노자에 대한 이야기이지만, 정확한 출처나 시기에 대해 알려진 바 없이, 전해 내려오는 대화나 속담 또는 격언에 훨씬 더 가까운 것들이다. 최초의 도교 신자는 양주가 아닐까 생각되지만, 기원전 5세기에 가장 유명했던 사상가는 노자였다. 그리고 서기 3세기에 갈홍이 도(道)라고 하는 교리를 해설하는 방대한 저서를 남겼는데, 이 작품의 사조는 특히 음(陰)과 양(陽) 간의 상대성을 채택하고 있다.[5]

사실 신화적인 이야기와 서사시 사이에는 관련성이 있다. 만약 그리스 사제들이 《오디세이아》가 《마하바라타》나 성경과 같은 수준의 성서라고 주장한다고 해도, 이에 대해 트집 잡을 사람은 아무도 없을 것이다. 마찬가지로, 격언과 종교적인 교훈 사이에도 일맥상통하는 면이 있다. 베다나 성경의 격언들은 도교의 말씀과 타이티의 격언과 유사하다.[6]

---

3) 《힌두교: 한 문명에 대한 인류학》, M. Biardeau, Paris, Flammarion, coll. 〈Champs〉, 1995 참조.

4) 《고대인도 문명》, L. A. Basham, Paris, Arthaud, 1988 참조.

5) J. Grenier, *op. cit.* 참조.

'종교적인' 맥락이 단절되게 된 것은 사제들 때문이었고, 그로 인해서 종교가 그렇게 만든 셈이 되었다.

서양 종교들에 대해 말하자면, 구약과 신약은 신으로부터 직접적인 계시를 받아서 기술했다는 것을 전제로 하고 있다. 《코란》으로 말할 것 같으면, 《코란》은 신께서 직접 하달하신 말씀으로 인정되고 있다. (신의 도움으로 기록하지 않았다면 문맹이었던 마호메트가 어떻게 그렇게 심오한 말씀들을 받아 적을 수 있었을까?)

이런 사실들 앞에서 과학의 태도는, 이 말씀들이 신의 계시를 받았든 안 받았든 간에, 과거에 발생했던 일이라는 것을 인정하도록 당부했다. 이 말씀들은 따라서 이 말씀들이 기록되었던 당시의, 그리고 과학의 발전으로 인해 뒤처질 수밖에 없었던 당시의 지식들만 포함할 수 있게 된 것이다. 반면에, 어떤 종교인인 과학자가 이 말씀들은 상징적인 내용이라 하고, 또한 당시 시대의 지식들을 존중함과 동시에, 그 말씀들은 신이 계시하는 미래의 길을 가리키는 것이라고 생각한다 해도 누가 뭐랄 사람은 아무도 없다.

사실, **성서 문헌에 상징적인 내용을 부여한다 해도** 과학과 성서 문헌들이 양립하는 데는 어떠한 어려움도 없다. 그것이 바로 중요한 요점이다.

나는 분석 전문가는 아니지만, 단순히 두 경우와 관계되는 것에 대한 분석을 시도할 수 있는데, 이는 나의 과학자로서의 재능이 어느 정도인가를 판가름해 줄 것이다.

〈창세기〉에 다음과 같은 내용이 있다.

"태초에 엘로힘〔하나님〕이 천지를 창조하시니 땅은 아직 모양을 갖추지 않고 아무것도 생기지 않았는데, 어둠이 깊은 물 위에 뒤덮여 있

---

6) 《타이티 신화》, T. Henry, Paris, Gallimard, 1962.

었고 그 물 위에 하느님의 기운이 휘돌고 있었다."

이 말씀이 뜻하는 것은 하늘과 땅은 함께 창조되었고, 태초에, 오늘날 우리가 알고 있는 것과 실상이 다른, 빅뱅과 태양 생성 간의 완전히 잠정적이고 현상학적인 괴리는 과거에 실재했던 증명된 결과라는 것이다.

만약 반대로 야훼의 말씀을 따른다면, 우리에게 전해진 가장 오래된 성경 말씀에 다음과 같은 내용이 있다.

"야훼께서 하늘과 땅을 창조하셨다 등등."

이런 식으로 표현하는 방법은 모든 난관을 제거해 준다.

야훼는 하늘을 창조하고, 한참 후에 땅을 창조했을 수도 있다.

따라서 성경의 연대기는 땅이 창조된 순간 이후부터 시작되었을지도 모른다. 이를 근간으로 해서 〈창세기〉를 다시 읽게 되면, 읽는 데 어려움은 없을 것이다.

"엘로힘〔하느님〕께서 '빛이 생겨라!' 하시자 빛이 생겨났다." 이는 최초로 흙덩어리들이 뭉쳐져서 만들어진 지구가 생겨난 이후에, 태양이 생성된 것으로 들릴 수 있다. 이 점에 관해서 우리들이 알고 있는 것과 일치되는 면을 찾아낼 수 있다. 지상에서의 가스 제거, 대양의 생성 등을 연상할 수 있다. 또한 당연히 천지창조의 여섯 날들을 우주의 날들로 바꿀 수 있는데, 대수 시간표의 도움으로 그렇게 바꾸는 데는 어려움이 없을 것이다.

생명체의 창조라고 하는 또 다른 중요한 점을 살펴보자.

성경에 따르면, 지상에서는 4일째 되는 날에 녹색 식물이 나타나고, 그리고 5일째에는 수생동물이 출현한다. 6일째 되는 날 동물들이 나타났고, 그리고 마침내 마지막으로 인간이 출현한다.

여기서 엽록체 합성이 맨 처음에 나타나고 맨 마지막에 인간이 출현하는 종(種)의 진화에 대한 상징 체계를 알아보고자 하는 엄청난 생각을 해서는 안 된다. 물론 '화산 잔재'는 남아 있고, 성경에 나오는 첫째 날의 '각기 종류대로 열매'는 분명히 없지만, 만약 상징 체계에 관심을 집중한다면 부인할 수 없을 정도의 유사점이 발견되는데, 그 증거로 옛날 사람들은 이미, 복잡한 생물체들 속에서의 진화에 대한 어렴풋한 생각을 가지고 있었고, 원시 생명의 탄생과 물과의 관계도 벌써부터 파악되고 있었다는 것이다.

지금까지의 나의 미천했던 수준의 글들을 이쯤에서 접으려고 하는데, 그래도 결론만큼은 확실하다.

자연사(自然史)에 대해 언급하고 있는 성서의 내용을 상징적인 의미로 수용한다면, 과학과 성서를 신봉하는 종교 사이에 건너지 못할 골이란 없다는 것이다.

현재의 신앙인들에게서 이러한 화해가 이루어지고 있는 것만큼은 확실하다. 왜냐하면 종교가 과학과 대립각을 세우게 되면, 결국에는 자신들의 명예도 훼손당할 위험성이 있기 때문이다.

물론 이러한 태도를 견지한다 하더라도 다른 문제들이 속출한다. 성서의 독창성을 훼손하지 않으면서 어떻게 상징적으로 해석할 것인가? 특히 같은 성서를 믿는 다른 종교들과 대비되는 독창성뿐만 아니라, 힌두교나 불교와 대비되는 독창성을 유지하면서 말이다. 성경의 첫 부분에 상징성을 부여하게 되면, 잠언이나 전도서에 해당되는 가장 중요한 본질이 훼손당하게 되고, 종교들간의 차이도 줄어들게 된다. 어떻게 이를 받아들일 수 있단 말인가?

하지만 이러한 진전이 이루어지지 않는다면 전통 종교들은 자취를 감추게 되거나, 아니면 살아남기 위해 정치판으로 뛰어들게 되거나, 폭력으로 자신들의 교리를 강제하게 될 것은 자명한 것처럼 보인다. 이는 당연히 믿기 어려울 정도로 엄청난 퇴보가 될 것이다.

그런데도 두 방향으로 흘러가는 징후를 감지할 수 있다.

긍정적인 징후는, 교황 요한 바울로 2세가 갈릴레이와 다윈을 인정한 것이다. 그것은 수없이 지속된 모든 기독교 교회의 노력의 결과이고 교회와 종교가 맺은 수많은 접촉의 결과이다.

부정적인 징후는, 당연히 알제리와 이란에서의 이슬람주의자들과, 이보다는 덜 하지만 이스라엘에서의 유대인이나, 미국에서의 기독교도들과 가톨릭교도들과 같은 원리주의자들의 기승과, 도처에서 생겨나고 있는 종교 정당 등을 들 수 있다.

나눔도 없고, 윤리도 없고, 미래도 없고, 온전한 정신 상태도 아니게, 작금의 세계를 지배하고 있는 달러($)라는 오만한 신(神)을 누가 끌어내리게 될 것인지 아직 아무도 모른다.

원리주의 종교가 이를 끌어내릴 것인가? 아니면 관용적이고 인간적인 민주주의 정신이 이를 끌어내릴 것인가?

무엇보다도 모든 지식인들이, 모든 교리주의에 대항하여, 모든 거만한 확신성에 대항하여 들고 일어나야 하는 이유가 여기에 있는 것이다.

아직도 마르셀 고셰가 생각했던 것보다 훨씬 환멸적인 이 세상에서, 마침내 중심적인 위치에 오르게 된 과학은, 다시 한번 자유를 위해 모든 수단을 동원하여 싸워나가야 할 것이다.

왜냐하면 과학의 '승리'는 과학 자신에게도 독이 된다. 교회와의 갈등은, 본질적인 문제에 있어서 과학에 대한 심오한 경외감과 지식의 탁월함이라는 기대를 잃지 않도록 해주었다. 근대 과학을 위협하는 위험성은 용도와 기술과 적용에, 다시 말해서 15세기 전에 중국과학을 침체시켰던 이런 행태로 너무 빠져들게 되는 것을 말한다. 종교는 유물론을 두려워했었는데, 결국 과학도 경제주의와 배타적 실리주의를 경계해야 하는 처지에 놓였다.

종교는 종종 창조자인 신의 이름으로 과학을 공격하였다. 경제주의는 달러($)라는 신의 이름으로 과학을 격리시키고, 결국에는 과학을 침체시킬 위험성이 있다. 과학이, 근본주의자들의 반계몽주의에 의해 그렇게 되지 않는 한 말이다.

과학자들은 신과 어떤 관계를 맺고 있는가?

그들의 태도는 천양지차이다. 어떤 과학자들은 기존 종교의 테두리 안에 있는 신자들이다. 파키스탄 사람으로는 처음으로 노벨물리학상을 수상한, 위대한 물리학자인 압두스 살람은 신앙생활을 하는 독실한 이슬람교도였다. 판구조론(지구 암석층이 떠 있는 여러 개의 판으로 되어 있다는 학설)을 주창한 사람들 중의 한 사람인 자비에 르 피숑은 가톨릭 교회 활동가임을 공공연하게 밝혔고, 전직 과학 아카데미 종신 사무국장이었던 폴 제르맹 또한 그러했다.

하지만 다른 사람들을 비난하고자 해서가 아니라, 오늘날 이러한 입장에 있는 사람들이 소수에 불과하다는 것을 지적할 수 있다. 이렇게 종교에 몸담고 있는 사람들이, 지식인들의 입장에 서는 것은 쉽지 않다. 그 이유는 당연히 그들은 성서에 대한 엄격한 해석과, 그들이 몸담고 있는 근대 과학의 결과 사이에, 모순이 존재한다는 것을 완벽하게 인식하고 있기 때문이다. 그들 중에 대부분은 성경의 내용을 글자 그대로보다는 비유적으로 받아들이고 있다. 그들이 신학적으로 접근하는 방법은, 자신들이 다니는 교회에서 가르친 공식적인 교리보다는 '앞서 있다.' 이는 당연한 것이고 그리고 과거에도 이런 경우는 종종 있었다.

파스칼은 태양이 태양계의 중심이라는 것을, 일찌감치 인정하고 있었다. 다윈의 책이 출간되자마자 그는 성서에 글자 그대로의 성격보다 상징적인 성격을 조금이라도 부여한다면, 생물학적인 진화는 성서와 일치할 수 있다는 것을 이야기하고, 또 글로 표현하기 위해(최소한이 아니라) 수많은 가톨릭 신자와 개신교 신자들을 접촉했다. 당시에 이들 과학자들은 모두 유죄판결을 받았지만 그들의 주장은 분명 옳았던 것이다.

오늘날에도 상황은 여전히, '감히' 약간 앞서나가는 종교인 과학자들에게 위험이 없는 것은 아니다. 내 동료인 조르주 웨더릴은, 지구의 나이는 알 수가 없어서 4000년이 될 수도 있고 또는 45억 년이 될 수도 있다고 말한 것을 인정했다는 이유로, 자신이 다니던 개신교 교회를 떠나야만 했다.

어떻게 이런 조건 속에서, 신앙인 과학자들이 자신의 직업적인 삶과 영적인 삶 사이에서 갈등하지 않고 살아갈 수 있단 말인가?

어떤 사람들은 단순 명료하게 정신분열증적인 행동을 한다. 그들은 "카이사르에게는 카이사르 것을 주고, 신에게는 신의 것을 주어라"라는 예수 그리스도의 유명한 말씀을 글자 그대로 따르면서, 신앙생활과 직업생활을 따로 갖는다. 당연히 이런 행동을 취하기에는 지질학자·생물학자·천문학자보다는 수학자·물리학자·화학자나 공학도들이 훨씬 나을 것이다. 하지만 이러한 행태는 실제로 존재한다.

두번째 행태는, 이미 지적한 바와 같이 성경에서 상징적인 것만을 보는 것이다.

그래서 사람들이 행하는 종교활동을 모두 다 상징적인 것으로 취급한다. 물론 이 두 가지 행태 사이에는 어중간한 입장도 있다. 기독교 종교는 신앙심만큼이나 금욕적이다. 어떤 독실한 신자에게는, 성경의 가르침을 따르는 것이 교리를 따르는 것만큼이나 중요하다. 종교활동은 정신적인 분야이고, 이를 근거로 신도는 과학과의 모순이나 갈등은 없다고 생각한다.

적어도 수많은 신앙인 과학자들이 입장을 정하는 것은 쉬운 일이 아니다. 여기 천문학자인 장 들라예가 쓴 글을 보자.

"개인적으로 나는 가톨릭과 로마 교회에 속한다. 나는 이에 감사하고 있다. (…) 내가 교회와 맺은 관계는 사랑 관계이다. 하지만 어떤 면에서는 너무 시대에 뒤처지고 (…) 어떤 면에서는 너무 교리주의적이고 (…) 모든 개혁 앞에서는 침묵을 일관하는 교회의 제도적인 성격에 대해서는 유감스럽게 생각한다."

브르타뉴 지방의 의사이자 가톨릭 신자인 베르나르 르 마렉은 훨씬 더 직접적으로 이렇게 말했다.

"내 생각으로는 로마 교황청이 지시를 했다고 해서, 무조건적으로 따라야만 가톨릭 신자가 될 수 있다고 생각하지 않는다. 나는 결코 피임약을 금지시키는 것을 인정하지 않을 작정이다."

장 들뤼모는 이 모든 내용을 《학자와 신앙》[7]이라는 훌륭한 저서에 요약해 놓았다. 그의 개인적인 태도는 극도로 타협적이면서도 미묘하다. 그는 교회의 개방을 강요하는 것이 아니고, 제안한 것이지만 '지식인의 종교'라는 것을 이미 생각하고 있었던 것은 아닌가 하는 생각을 들게 만든다.

그리고 신앙인 과학자들이 바로 그런 식으로 생각한 것이다. 한편으로는 신앙인과 과학자로서의 거동을 어느 정도 별개로 하고, 다른 한편으로는 성서를 해석하면서 말이다.

결국 과학은 신앙인 과학자에게 어떤 '진보된' 태도를 강요하지만, 반대로 종교는 이들에게 과학이라는 연구를 수행하는 데 있어서, 어떤 특별한 행동을 강요하고 있는가?

과학은 세상이 돌아가는 법칙들을 연구하고, 발견하는 것을 목적으로 하고 있다. 과학은 연구를 수행하는 데 있어서조차, 어떠한 신앙적이거나 전설적인 설명을 이용하는 것을 금하고 있다. 그렇지 않다면 과학적인 방식이라는 자체가 의미가 없을 것이다. 이는 과학이 신의 존재를 근본적으로 부정한다는 의미가 아니라, 일상적으로 신의 존재를 고려하지 않고 있다는 의미이다. 그리고 이런 객관적인 태도는 신앙인이든 신앙인이 아니든 간에, 과학을 하는 모든 이들에게는 절대로

---

7) 《학자와 신앙》, J. Delumeau, Paris, Fayard, 1989.

필요한 것이다.

오늘날 이러한 태도는 지켜지고 있는가?

나는 대체로 "그렇다"라고 대답하는 편이다. 물론 유전학자나 천문학자일 때보다, 수학자나 물리학자 이론가일 때가 '모든 것을 고려하는 데 있어서' 훨씬 쉽다. 하지만 언제나 예외가 있기 마련이다. 그리 오래되지 않은 과거에, 소르본대학에 개설되었던 강좌의 정교수였던 피에르 폴 그라세가, 진화 이론[8]을 저지시키려 애썼고, 동시에 분자생물학을 공격하면서, 자크 모노가 파리 과학 아카데미에 선출되는 것을 지체시켰던 일을 언급한 적이 있었다.

이 사건에 대해 교황 비오 12세가 취했던 입장을 주요 발판으로 삼아서, 빅뱅 이론에 찬성하거나 반대하는 몇몇 천문학자들의 공격적인 성향을 본 적이 있었다. 만약 차재에 우주의 검은 물체 덩어리에 대한 평가가 빅뱅의 주요 특징에 대해 의구심을 품게 만들고, 주기적 우주 생성론을 재야기시킨다면, 천문학계 내부 자체에서 벌어지는 싸움에서, 종교적인 저의가 수그러들지 않을 것임은 자명한 일이다.

하지만 내가 볼 때 이러한 행태들은 사소한 문제들이고, 어쨌든 이런 행태들은 가장 핵심적인 과학 자체의 발전에 위협은 되지 않는다.

두번째 과학자들 부류는 무신론자 부류들로서, 그들의 입장은 아주 단호하다. 이 과학자들은 어떠한 종교도 믿지 않으며, 신의 존재라든가 우주의 창조조차도 믿지 않는다. 그들의 주장에 따르면 물리학계는 자연에 내재되어 있는 법칙들을 따르는 것이고, 또 어떤 탁월한 사상이 이 법칙들을 만들어 냈다고 상상할 필요는 전혀 없다고 한다.

이 과학자들에게 있어서 세상이라는 것은 의미가 없다.

생명이라는 것은 어쩌다가 생겨난 것이고, 인간 개인의 운명이라는

---

8) 쇠이유 출판사의 *La Recherche*가 편찬한 '진화' 특집호를 참조할 것.

것도 정해진 법칙 없이 공간과 시간을 떠도는 것이다. 소립자 통일 모형을 만드는 데 공동으로 참여하고, 노벨상을 수상한 미국의 훌륭한 물리학자인 스티븐 와인버그는 《우주의 태초의 3분간》에서 "우리가 우주에 대한 이해를 증진시킬수록 우주의 역사는 의미가 퇴색된다"라고 말했다.

분자생물학을 창시한 사람들 중의 한 사람이고 노벨상을 수상한 자크 모노는 《우연과 필연》이라는 저서의 마지막 부분에서 "인간은 우연히 생겨난 우주의 초연하고 무한한 공간 속에서, 자신들만 있다는 것을 마침내 알게 되었다. 인간의 운명뿐만 아니라, 인간의 의무는 아무것도 정해진 것이 없다. 천국과 지옥을 선택하는 것은 인간 자신들이다"라고 말했다.

이것이 분명하고 명확한 태도이며, 사람들은 당연히 과학자들 사이에서 이런 태도를 가진 사람들이 대다수일 것이라고 생각한다. 실제로는 전혀 그렇지 않다. 무신론자들의 수가 많은 것은 사실이지만, 그러한 태도가 지배적이라고 하기엔 거리가 너무 멀다.

공인된 종교들, 특히 성서를 위주로 하는 종교들을 용납하지 않으면서도, 내심으로는 초월적인 존재와 신이 창조한 우주질서를 믿는 수많은 과학자들이 속하는 부류가 있다. 이런 행태의 전형적인 사람이 알베르트 아인슈타인이다. 그는 《내가 믿는 것》이라는 저서에서, 많은 페이지에 걸쳐 허심탄회하게 이같은 자신의 입장을 표명하고 있다.

아인슈타인은 유대인이지만 유대교를 전혀 인정하지 않았다. 그에 따르면 성서에 나오는 신은 '잔인하고, 인색하고, 복수심이 강할' 뿐만 아니라, 인간이 착한 행동을 하지 않으면 "벌을 받는다"라는, 개념도 말도 되지 않는 소리라고 했다. 그는 절대적인 신봉을 하는 성직자들뿐만 아니라 모든 종교의 교리가 받아들이기에 매우 듣기 거북한 말들을 쏟아냈다. 이에 대한 문제가 제기되자, 그는 침착하게 신을 믿는다는 입장을 밝혔다. 그는 한술 더 떠서, 과학 연구에서조차도 그 바탕에는 종교적인 사상이 깔려 있다고 주장하였다. 그는 "자신의 방법론을 강하게 떠받히고 있는 종교적인 정신은, 우주관적인 종교가 없으면 존재하지 않는다"라는 글을 남겼다. 우주를 지배하는 법칙들을 발견하기 위해서 노력하는 것은, 우주에는 어떤 법칙이 존재하는 것과 결국 누군가가 우주를 창조했다는 것을 인정하는 것이다. 세상의 복잡한 양상의 기초가 되는, 단순하지만 감춰져 있는 법칙들을 알아보고자 노력하는 것은, 신비주의 방식의 속성이 아니던가?

모든 과학은 "자연은 우리의 두뇌가 인정하고 이해하기에 충분할 정도로 단순한 법칙을 따르고 있다"라는 생각에 기초를 두고 있는 것이 사실이다. 그렇다고 해서 "누군가가 이 법칙들을 만들어 냈고, 누군가가 세상을 창조했다"라는 결론을 내려야만 하는 것인가? "세상의 움직임을 관장하는 법칙이 있다"라는 것을 부정하는 사람은 과학계에는 아무도 없다. 이 법칙들은 우연히 생겨난 것인가? 이 법칙들은 인간이 만들어 낸 허접한 산물인가? 아니면 이 법칙들은 전지전능한 신에 따라 움직이는 것인가?

백과전서학파들이 전 생애에 걸쳐 매달렸던 이 문제에 대해 각자 나름대로 대답할 수 있을 것이다. "자연은 법칙에 순응하고 있기 때문에, 우리는 자연을 창조하는 데 신을 필요로 하지 않는다."

아니면 반대로 "법칙이 있기 때문에, 우주를 지배하는 최고의 법칙이 있는 것이고, 그리고 우리가 신이라고 호칭하는 것이 바로 이 법칙이다"라고 말이다. 과학이 혼자서 해결할 수 없는 딜레마가 바로 여기에 있는 것이다.

두번째 문제는, 훨씬 미묘하고 훨씬 까다로운 것으로서, 과학의 언어처럼 여기고 있는 수학의 본질에 관계되는 문제이다.

수학은 수(數)와 기하학적 형태에 대한 정확한 관찰을 통해, 상당한 지적 재능으로 난해한 자료를 만들어 냈던 고난도의 지식 구성이라는 것은 의심의 여지가 없다.

수학은 비할 데 없을 정도로 강력한 고찰 도구, 정확한 문법과 간결한 표현 방식의 언어, 그리고 상당한 논리로 무장된 지식 체계를 동시에 아우르고 있다. 수학은 우주에 대한 근본적인 법칙들을 발견하는 것을 가능하게 해주었다. 특히 물리학에 그랬다.

그런데 과학자들은, 특히 수학자들은 여기서 그 이상의 것들을 보게 된다. 그들은 수학은 태생적으로 존재하고, 모든 물질이나 모든 생명체 이전에 존재하면서 공중에 '떠다니고' 있다고 생각했다. 그들은, 수학을 한다는 것은 구체적인 발견을 통해서 방법을 창안해 내는 것이 아니라, 감춰져 있었던 비물질적인 사실에 대한 발견으로 이루어진다고 생각했다.

이것이 세상에 대한 플라톤학파의 관점이다.

반대로, 인식론학파를 지지하는 사람들은, 수학은 인간의 두뇌가 생각하고 만들어 낸 과학언어로 이루어진다고 생각했다.

우리는 이 구별이 단순하지 않다는 것을 알게 될 것이다.

먼저, 수학을 규정하고 있는 수와 형태라는 두 분야에서, 발명과 발견 간의 논쟁을 분석해 보자.

오늘날 우리는 올바른 기수법(記數法)의 발견이, 모든 산술 발전의 전제 조건이었다는 것을 알고 있다. 우리의 근대적인 숫자 체계[9]가 발명되기 전에 인류는 수없이 헤매어 왔다. 중국인들과 바빌로니아인들은 기원전에 거의 인정할 만한 체계에 도달해 있었지만, 현재의 숫자와 숫자 체계를 발명하게 되는 사람들은 굽타왕조 시대의 인도인들이었다. 이 체계만이 높은 자릿수의 덧셈을 할 수 있었고, 나중에는 곱셈이 가능해졌다. 이 체계가 발명되면서 인도인 · 페르시아인 · 아랍인 · 중국인에 의한 산술의 발전이 가능해졌다. 그렇게 해서 무리수와 소수

---

9) 《수(數)의 세계사》, G. Ifrah, Paris, Robert Laffont, coll. 〈Bouquins〉, 1994 참조.

가 발명되었다. 이런 형태의 발견 앞에서 어떤 수학자들은 "보시다시피 이것이 발견입니다. 숫자는 만국이 공통으로 쓰는 데이터입니다. 숫자는 규명해야 할 특성을 내포하고 있습니다"라고 말한다. 이 주장들에 대해, 만일 한 소설가가 어느 특정 나이에 있는 한 주인공을 만들어 내고, 그 주인공을 어떤 장소, 어떤 상황에 처하게 만들었을 때, 그 이후의 내용은 이 조건들에 따라 규정되고, 그의 초기 설정에 따른 몇몇 안 되는 결말만을 보여주게 될 것이라고 대답할 수 있을 것이다. 얼마나 많은 소설 작가들이 그들은 자신들이 만들어 낸 인물들에 얽매여 있다고 말하고 있는가? 수학자들과 무엇이 다르단 말인가?

숫자들과 숫자를 다루는 규칙들은 아직도 훨씬 경직되어 있고, 거의 신비에 가까울 정도이다. (이런 성향에 벌써 유대교 신비철학과 음어화 개념을 결부시키고 있으니, 어쨌든 조심해야 한다!)

기하학에서 현실과 발명 간의 괴리 현상은 훨씬 명백하다. 기하학자는 당연히 현실 세계에서 얻어낸 개념·선·원·각·면을 바탕으로 개념 체계를 구성하고, 정의를 내리고, 대상물들을 분류하며, 이 대상물들의 특성과 그것들의 법칙을 찾아낸다. 이 발견들은 본질적으로 물리학자들의 발견과 다를 것이 없다. 하지만 수학자들은 이를 바탕으로 일반화하고, 관측하고, 고안하고, 완벽한 지능 체계를 만들어 낸다.

만약 유클리드를 따르면서 "한 점에서 다른 직선까지는 하나의 평행선만 통과한다"라고 정한다면, 이는 기하학이고, 만약 로바체프스키를 따르면서 "한 점에서 여러 개의 평행선을 통과할 수 있다"라고 정한다면, 이는 또 다른 지식 체계가 만들어지는 것이다. 소설가·화가·음악 작곡가한테처럼 그 법칙은 그것이 고정하고 있는 범위의 결과물이다.

하지만 그래서 주지주의자들의 관점에 대항하여, 수학은 세상의 법칙들을 표현하고 있기 때문에, 순수한 지식 체계가 아닌지에 관한, 훨씬 강력한 또 다른 반박을 내세울 수 있는 것이다. 자연의 법칙은 본질적으로 수학의 성격을 띠고 있는가?

서양의 과학 발전이 가속도를 내게 된 원인들 중의 하나는, 케플러와 갈릴레이가 행성들의 움직임이나 기울어진 판자 위에 놓인 구슬의 움직임을 설명하기 위해 수학 법칙을 이용했었다는 사실과 연관이 있었다는 사실에 관해 수많은 책들이 쏟아져 나왔다.

이 사람 저 사람 할 것 없이, 자연에 대한 표현 양식은 수학이라고 믿어 왔다. 어떤 자연의 법칙들이 '수학적'인 것은 의심의 여지가 없다. 피타고라스의 정리, 원의 면적과 반지름과의 관계, 어떤 나뭇잎의 형태를 묘사한 피보나치의 수열, 카오스 이론에서 접하는 파이겐바움의 상수나 황금수(서기 연수에 1을 보태어 19로 나눠서 남는 수; 부활절 날을 정하는 데 씀)는 전부 수학 규칙들이다.

이 법칙들의 심오한 본질은, 뉴턴의 법칙이나 우주에서 가장 빠른 속도인 광속(C)에서 나타나는 상수(常數)(G)의 심오한 본질보다 훨씬 명확하지 않다는 것은 틀림없다. 그리고 전시대에 걸친 물리학자들이 물리학 법칙에서 나오고, 본질에 대한 '데이터'인 것처럼 보이는, 이들 숫자에 매혹되었던 것도 사실이다. 분명 어떤 수학 법칙들은 같은 범주에 속한다. 그리고 뉴턴의 중력 법칙의 발견이나 맥스웰의 전자기 법칙은 수학 법칙의 발견인 것이다. 이것이 내가 "현실에 근거를 두고 있다"라고 부르는 것이다. 하지만 내가 볼 때 수학은 그 이상으로 가고 있다. 수학은 자연을 탐구하기 위해서, 인간의 생각이 만들어 낸 표현 양식을 구성하고 있다. 나는 표현 양식이 발생론에서 유래되었다고 생각하지 않는 것과 마찬가지로, 모든 수학들이 자체적으로 발생되었다고도 생각하지 않는다.

수학이 물리학의 표현 양식이라고 해서 물리학이 수학의 종류라고 결론지어야 한단 말인가? 그리고 이를 확대해서, 수학은 자연과학이라고 말할 수 있단 말인가?

간편한 문자 체계가 없었다면, 그리고 부수적으로 인쇄술이 없었다면 소설은 초보적 수준을 벗어나지 못했을 것이다. 그렇다고 문학의 본질이 문자나 인쇄술로 귀착된다고 결론지어야 한단 말인가?

쿼크(우주 물질의 기초를 이루는 소립자 중의 하나)를 고안해 내고 노벨상을 받은 미국의 유명한 물리학자 머레이 겔 만의 말처럼, 수학은 '초자연섭리적'이다. 수학은, 한편으로는 자연과학에 적용되는 언어 재료를 포함하고 있고, 다른 한편으로는 자연 현상을 초월하고 완전히 추상적이고 자연 섭리라는 것에 개의치 않는, 지능 체계로서의 언어재료를 포함하고 있다.

이것이 근본적인 차이점이다. 수학적인 '진실'은 두뇌 작용에 따른 논리로 이루어졌고, 과학 이론의 '진실'은 자연에 대한 관찰로 이루어진 것이다.

수많은 수학자나 물리학자들이 수학을 '자연 섭리'적인 것이라고 생각하고 있다는 사실은, 상당한 절박감과 자신들이 항상 탁월하다고 하는 생각이, 그들의 마음속에 뿌리 깊게 자리잡고 있다는 것을 잘 보여준다.

사실 교회는 중대한 전략적 오류를 범했는데, 토마스 아퀴나스까지 거슬러 올라가는 이 오류는, 플라톤에 대항한 아리스토텔레스를 택했다는 것이다. 가톨릭의 성체(聖體)와 지구의 부동(不動)을 주장하는 이론적인 면에서 볼 때 아리스토텔레스는 교회에 우호적이라 할 수 있으나, 현실에 대한 관찰과 실험에 대한 그의 방법론과, 그의 취향으로 볼 때 그것은 위험한 동맹 관계였다. 반대로 플라톤은 확실한 동맹 관계였다. 플라톤의 이론들은, 모든 점에 있어서 종교의 구미에 부합되는 것이었다. 어떻게 교회는 플라톤을 포기하는 실수를 범했단 말인가? 그것도 과학계에서 가장 훌륭한 사람을 말이다!

수학에 대해서 말한 것을, 신에 대해서는 그렇게 말할 수 없었던가?

신은 지능 체계가 아니란 말인가? 신은 전 문명에 걸쳐서 인간들이 만들어 낸 강력하고 보편적인 개념이 아니란 말인가? 불교신자들이 말하는 것처럼, 모든 인간들 두뇌 속에 신이 있다는 것이 아니란 말인가?[10] '힌두교도들'이 믿는 것처럼 신은 '사랑의 묘약'이 아니란 말인가?

아인슈타인이 말한 것처럼 만일, 우주를 창조한 불멸의 신이 존재한다면, 그 신은 어떠한 형태로도 인간을 닮지는 않았을 것이다. 그것을 거의 '수학적으로' 증명할 뻔하지 않았나! 하지만 그런 '추상적인 관념'은, 사실상 인간 자체에만 관심이 있는 인간들에게는 설득력이 떨어진다. 더구나 삼위일체 중에, 유일하게 인간의 형상을 띠지 않는 성령(聖靈)이 처하고 있는 무관심이 이를 설명해 주고 있지 않은가!

같은 관점에서, 종교들간의 경쟁심은 쓸모없는 짓이다. 성경을 따르는 종교들은 자신들이 다른 종교들보다 우월하다고 주장하는데, 그 말이 의미하는 것이 무엇인가? 힌두교가 아주 잘 표현한 것처럼, 만약 다른 신들이 존재한다고 한다면 그 실상은 브라만(바라문교에서 우주의 창시자)이 다른 인간들의 머릿속에 다른 형상을 하고 나타난 것이다.[11]

어찌 전지전능한 신이 다른 경쟁자를 신경 쓴단 말인가?

실제로 성서가 표방하는 일신론(一神論)이 거의 지배적이다. 모든 종교들은 최고의 신은 하나라고 인정한다. 힌두교도들에게는 브라만이 최고의 신이고, 타히티 사람들에게는 타아오라가, 바빌로니아 사람들에게는 마둑이 최고의 신이다. 성서에 나오는 신은 단지 그의 능력과 그의 현현(顯現)에 있어서 유일하고, 보다 보편적일 뿐이다.

이런 식의 단순한 고찰은 세상의 모든 명상가들로 하여금 노골적이고 생뚱한 방법으로 종교 문제를 제기하게 만든다.

신은 존재하는가?

---

10) 《불교란 무엇인가?》, J. L. Borges와 A. Jurado, Paris, Gallimard, 1979 참조.
11) A. Daniélou, *op. cit.*

신에 대한 종교들의 모독 행위는 역사, 사회학 또는 인류학에 해당되는 문제이고, 따라서 이 모독 행위는 '에피소드'에 불과할 뿐이다. '신은 존재하는가?'라는 질문에 대해 긍정적인 답변을 내린 이후부터는, 저 종교보다는 이 종교를 믿는다고 하는 것이 사실상 아무런 의미가 없다.

그럼에도 불구하고 우리가 이 책에서 내내 도외시해 왔던 문제가, 아주 자연스럽게 제기되고 있다.

과학은, 종교들을 약화시킨 이 의기양양한 이 과학은 신의 존재를 증명하거나 아니면 신이 존재한다는 사실을 뒤집을 수 있는가?

신은 인간이 종교를 통해서 만들어 낸 창조물이었다고 여러 차례에 걸쳐 이야기한 이후로, 다양한 종교들이 신에게 부여한, 의인화되었든 되지 않았든 간에 그런 이미지에서 벗어나고, 특정한 서술 내용으로부터도 벗어나서, 신의 존재라는 문제를 검토해 보고자 한다.

신의 존재, 다양한 과학자들이 이를 증명하려고 애써 왔다.

다른 수많은 학자들 중에 몇 사람 이름만을 인용하자면 데카르트 · 파스칼 · 버클랜드, 이 주제에 관한 정리(定理)를 발표하기조차 했던 유명한 수학자 코시가 있다. 이들은 아무도 설득시키지 못했다. 각양각색의 또 다른 과학자들과 이성주의자들과 유물론자들은, 호전적이고도 광적으로 신은 존재하지 않는다는 주장에 가담하였다. 만일 그들이 성경에 대한 글자 그대로의 해석들과 종교 교리들을 나쁜 식으로 취급했었다면, 그들이 공격하는 본질적인 목표에 더 빨리 도달하지 못했을 것이다.

과학은 신의 존재를 증명할 수도, 신이 존재한다는 사실을 뒤집을 수도 없고, 입증할 수도 없다. 이는 다음과 같은 이유 때문이다.

원칙적으로 과학은 연구 분야에서 신을 포함시키지 않는다. 나폴레옹에게 "본인은 이러한 가정(仮定)이 필요하지 않습니다"[12]라고 선언한 라플라스의 말이 옳은 것이다.

이미 지적했던 것처럼 과학이 접근 방식에 있어서, 신의 개입을 배제하는 것은 방법론 때문이지 신념 때문에 그런 것은 아니다. 과학에 있어서, 정확히 말해 과학적인 방법론에 있어서 신의 개입이라는 문제는 '여타 문제'일 뿐이고, '설명하지 않고 있는 것' 뿐이다.

하지만 과학은 계속해서 발전해 나가고 있기 때문에, 이해되지 못했던 것들은 언젠가는 밝혀지게 될 것이다. 과학의 철칙은 단호하다. 과학의 방법론은 고찰·증명·경험·관찰이며 또 그래야만 한다. 그 외에 다른 아무것도 없다.

과학의 목적은 모든 신의 개입과는 무관하게 '객관적인,' 결국은 '진정한' 세상의 전형(典型)을 정립하는 것이다.

과학은 연구 영역에서 신을 배제시키면서, 동시에 신이 존재하는지 아니면 존재하지 않는지에 대한 증명도 배제시켰다.

두번째 이유는, 과학은 절대로, 우주는 의미가 있는가? 우주가 생성되기 전에 무엇이 있었는가?라는 이 두 개의 근본적인 질문에 답하지 않을 것이다.

이는 "과학은 시간과 공간의 연계 속에서, 무(無)와 무한대가 의미하는 것을 절대로 말하지 않을 것이다"라는 훨씬 추상적인 표현 양식으로 해석될 수도 있을 것이다.

그에 대한 이유는 괴델의 정리(定理)에 담겨져 있다. 우주에 의미가 있는지를 알아보는 문제는, 우주 자체에 대한 연구를 통해서는, 전문 용어로 '결정 불능'이다. 그것을 결정하기 위해서는 별도의 연구가 필요할 것이다. 마찬가지로, 우리가 기존 시스템 속에 '완전히' 갇혀져 있다면, 우리는 시스템 밖에 있는 것은 알 수 없다. 가장 멀리 떨어져

---

12) 라플라스는 나폴레옹에게 태양계 생성에 관한 이론을 설명하고 있었다. 나폴레옹이 "그렇다면 신(神)은 어떤 역할을 하였단 말이오?"라고 묻자 라플라스는 다음과 같이 대답하였다. "폐하, 저는 그러한 가정(假定)은 필요하지 않습니다."

있는 은하계는, 우리로부터 120억 광년이나 떨어져 있기 때문에 우리
는 우주에서 120억 년 전의 것은 볼 수 없다. 따라서 우리는 빅뱅 이
전에 있었던 일을 알 수 없는 것이다.

믿느냐 믿지 않느냐 그것이 문제인 것이다.
그것은 프랑수아 자콥이 말한 것처럼, 개인 '취향,' 개인 선택 문제
이다. 신을 믿고 안 믿고는, 존경받을 만해야 되고 또 존중되어야 하
는 개인적인 선택이고, 또 여전히 그렇게 여기고 있다. 이것이 자유의
가장 중요한 근본인 것이다.

그러면 당신은 이 개괄적인 검토 말미에서 나에게 이렇게 묻겠지
요. "그러면 당신은? 당신은 신자입니까? 아닙니까?"
"우리는 당신이 독실한 신자가 아니라는 것을 잘 알게 되었습니다.
하지만 신은 존재하는가라는 중대한 문제에 대한 당신의 입장은 무엇
입니까?"
나는 "당신은 신앙심이 있습니까? 없습니까?"라는 질문을 받은 위
대한 역사학자이자 성서 전문가인 장 보테로처럼 대답하고자 합니다.
"내가 당신의 질문에 대답하는 순간부터 이런저런 의미에서, 내가
쓴 책은 더 이상 아무런 가치가 없습니다."
만약 당신이 뜻을 굽히지 않고 계속해서 질문을 다그친다면, 나는
11세기에 살았던 페르시아의 위대한 수학자, 오마르 하이얌의 시(詩)
로 대답을 대신할까 합니다.

내가 여태껏 단 한마디의 기도도 중얼거린 적이 없었다는 것을 세상
사람들은 다 압니다.
내가 여태껏 나의 잘못을 감추려고 애썼던 적이 한번도 없었다는 것
을 세상 사람들은 다 압니다.

정의와 자비가 존재하는지 나는 모릅니다.

하지만 나는 믿고 있습니다. 나는 언제나 진심 어리었으니까요.

색 인

송대영
한국외국어대학교 불어과 졸업
프랑스 파리8대학교 정치학과 학사 · 석사 · D.E.A.
현재 동대학원 정치학과 박사 과정
역서: 《일반 교양 강좌》(동문선)
《대담》(동문선)

문예신서
349

신의 존재와 과학의 도전

초판발행 : 2007년 12월 10일

東文選
제10-64호, 78. 12. 16 등록
110-300 서울 종로구 관훈동 74번지
전화 : 737-2795

편집설계 : 李姃旻

ISBN 978-89-8038-619-2 94100

【東文選 現代新書】

42 龍鳳文化源流	王大有 / 林東錫	25,000원
43 甲骨學通論	王宇信 / 李宰碩	40,000원
44 朝鮮巫俗考	李能和 / 李在崑	20,000원
45 미술과 페미니즘	N. 부루드 外 / 扈承喜	9,000원
46 아프리카미술	P. 윌레뜨 / 崔炳植	절판
47 美의 歷程	李澤厚 / 尹壽榮	28,000원
48 曼茶羅의 神들	立川武藏 / 金龜山	19,000원
49 朝鮮歲時記	洪錫謨 外/李錫浩	30,000원
50 하 상	蘇曉康 外 / 洪 熹	절판
51 武藝圖譜通志 實技解題	正 祖 / 沈雨晟·金光錫	15,000원
52 古文字學첫걸음	李學勤 / 河永三	14,000원
53 體育美學	胡小明 / 閔永淑	18,000원
54 아시아 美術의 再發見	崔炳植	9,000원
55 曆과 占의 科學	永田久 / 沈雨晟	14,000원
56 中國小學史	胡奇光 / 李宰碩	20,000원
57 中國甲骨學史	吳浩坤 外 / 梁東淑	35,000원
58 꿈의 철학	劉文英 / 河永三	22,000원
59 女神들의 인도	立川武藏 / 金龜山	19,000원
60 性의 역사	J. L. 플랑드렝 / 편집부	18,000원
61 쉬르섹슈얼리티	W. 챠드윅 / 편집부	10,000원
62 여성속담사전	宋在璇	18,000원
63 박재서희곡선	朴栽緒	10,000원
64 東北民族源流	孫進己 / 林東錫	13,000원
65 朝鮮巫俗의 硏究(상·하)	赤松智城·秋葉隆 / 沈雨晟	28,000원
66 中國文學 속의 孤獨感	斯波六郎 / 尹壽榮	8,000원
67 한국사회주의 연극운동사	李康列	8,000원
68 스포츠인류학	K. 블랑챠드 外 / 박기동 外	12,000원
69 리조복식도감	리팔찬	20,000원
70 娼 婦	A. 꼬르벵 / 李宗旼	22,000원
71 조선민요연구	高晶玉	30,000원
72 楚文化史	張正明 / 南宗鎭	26,000원
73 시간, 욕망, 그리고 공포	A. 코르뱅 / 변기찬	18,000원
74 本國劍	金光錫	40,000원
75 노트와 반노트	E. 이오네스코 / 박형섭	20,000원
76 朝鮮美術史硏究	尹喜淳	7,000원
77 拳法要訣	金光錫	30,000원
78 艸衣選集	艸衣意恂 / 林鍾旭	20,000원
79 漢語音韻學講義	董少文 / 林東錫	10,000원
80 이오네스코 연극미학	C. 위베르 / 박형섭	9,000원
81 중국문자훈고학사전	全廣鎭 편역	23,000원
82 상말속담사전	宋在璇	10,000원
83 書法論叢	沈尹默 / 郭魯鳳	16,000원